b

d

a

c

f

e

h

g

【河合家のアルバムから】

a 丹波篠山での幼稚園時代
b 河合家の父母兄弟と 左端が中学生の隼雄
c 高校の教師だった1954年ごろ弟の逸雄と
d フルブライト米国留学時代
カリフォルニアの沙漠にて 1959年
e スイス留学時代 1964年
f 奈良市の自宅書斎で ユング研究所留学から帰国
g 米国UCLAのブルーノ・クロッパー教授
h スイス・ライン河畔にて 1963年

新 潮 文 庫

河合隼雄自伝

―未来への記憶―

河 合 隼 雄 著

新 潮 社 版

10203

はしがき

人間は人それぞれ、いろんなことに関心をもつ。私の場合、子どものときからずっと関心をもってきたのは「人間」、特にその「こころ」ということだった。それはまた、「私のこころ」に対する関心であった。おかげで臨床心理学などという学問までするようになったが、未《いま》だにわからないことが多すぎるのだ。

ほんとうに不思議で不可解な存在「私」というものについて、思いがけなく、その半生を振り返ることになった。そこでまず「私」について研究するのではなく、研究の素材を提供するような方法をとることにした。臨床心理学の研究素材は、人間が考えたり編成したりしたものではなく、思いつくままに自由にしゃべったものが一番いいのである。

というわけで、勝手気ままに私の半生について話をしてみた。「研究」とまではいかないにしても、読者が生きていく上での何らかのヒントでも、ここから得て下さると幸いである。

目次

河合隼雄自伝

——未来への記憶

I

家族のなかで

——丹波篠山の思い出

亡《な》くなった弟のこと

ぼくのいちばん最初の記憶についてお話しましょう。ぼくには亡くなった弟がいるんですが、その弟と私と母親でうちの家の裏で遊んでいて、そして、弟が棒かなんか持って叫んでいるんですよ、「トッカーン、トッカーン！」と言ってね。「トッカーン」というのは兵隊ごっこの突撃の喊声《かんせい》です。それを母親が喜んで見ている。ぼくも叫んでいたかどうかわからんけれども、ともかくその弟が「トッカーン！」と言って遊んでいたのをよく覚えています。

それはぼくが五つぐらい、弟が、まあ、三歳になったかならないぐらいでしょうね。それと、やっぱりその弟なんですが、部屋のなかにタンスがあって、そのタンスのいちばん上の戸棚にお菓子があるんですよ。それを弟はとれないので、タンスの下に来て「なんのおっち」と言ってタンスを揺すっているのです。

あの頃、子どもたちはお菓子のことを「なんど」と言っていたんですよ、つまり「なにかいいもの」ですね、「なんぞほしい」「なんかほしい」。その頃は、ぼくは覚えていますが、お菓子屋にものを買いに行くときに「一銭でなんどー」と言ったんです。

つまり「一銭でなにかください」という意味で「一銭でなんどー」と言う。弟はその「なんぞほしい」「お菓子がほしい」というのをうまく言えないから「なんのおっち、なんのおっち」といってタンスを揺すっていたんですね。そういう記憶もあります。

その頃、私の家はまだ古い家屋でそんなに広くない。あとで父親がものすごく大きい家を建てるんですが、その家が建つ前のことです。古い家のみんながいっしょに寝ている部屋にタンスがあって、弟がそう言ってたのですね。だから、ぼくら兄弟はよくまねをしていたんです、「なんのおっちー」といって。

弟一人の記憶が鮮明だというのは、やはり亡くなったからでしょうね。それからすぐ亡くなっているから。

ところが、その弟が亡くなってお棺を出すときに「捨てたらあかん、捨てるな」って、ぼくがものすごく泣いてその出棺を止めたらしい。ということを母親がよくしゃべってくれたんですね。あまり聞いたから思い出があるように思うけど、ほんとうは覚えていないのです。しかし、あんまり言われたから、なんかそれをやっていたような気がするんですね。それはぼくにとってはもうすごく大事な思い出になっています。だから、その前の二つの光景もずっと忘れなかった。それからその「トッカーン」というのはよく遊んでいたので、そのことを母親とよう言うていたなという記憶はあるんです。

で、その子が亡くなって母親が抑うつ的になったと思うのです。そういうことはぼくはぜんぜん覚えてませんが、母親は、もうお経ばかり読んでいたらしいんです、本当にお経ばっかり。どうせぼくは、そのとき母親にまとわりついていたにちがいないんです。そういう思い出は無意識的に残っているでしょう。そのことはぼくの一生にとってすごく大事なことになっているのではないかと思いますね。

弟がどうして亡くなったのかというと、あれはたしか、家には女中さん（当時はそう呼んでいた）がいて、弟がドブにはまっていたのをその女中さんが助けたのですが、そのときに泥をかなり飲んで、それが肺のほうへ入って、その結果、肺炎で亡くなったんです。だから、母親にしたらすごく残念だっただろうと思いますね。失敗で亡くしちゃった。その子がいかに賢い子やったかというのをよく母親から聞かされているんです。ぼくらよく冗談言っていた、うちの兄弟のなかでいちばん秀才やったにちがいないって。

それで、そういうことがあったからかどうか、それはわかりませんが、幼稚園だから五歳ぐらいですね。その頃に、私は人間が死んだらどうなるかというのをかなり考えていたんです。そして息を止めたり、目をつぶってみたりしたんですがね。自分の意識が、無くなるいうことがどういうことかというのは、考えられないことでしょう、それを一生懸命考えたのですね。そのことは兄弟や親には内緒で、自分だけで思っていた。ぼくは一般的に言って、子どもが死ぬことを考えるのは、大人が思っているより多いと思います。

入園式での出来事

あの頃のことでもうひとつわりと鮮明に残っていることに、幼稚園の入園式があります。それはすごくよく覚えているんですよ。なぜかというと、母親に連れられて行くわけですね。そして、式が始まるまでみんな遊戯室で——遊戯室といっても体育館みたいなところに親子がみんな行くわけです——待っているんだけど、そのあいだにみんな子どもは親から離れて遊んでいるんです。そのときに、ぼくは母親から離れることができなくてずっと母親の横についていたんです。そうしたら母親が「みんな元気に遊んでいるじゃないか、いっしょに遊びなさい」と言うんだけど、そんなのぼくは絶対にできなくて、ずっと母親のそばにいました。母親は「元気出しなさい」というんだけど、そばにいるのを許容していました。

で、ずっと見ていたら、すべり台の大きいのがあるんですね、それでバーッと滑ったりしている子たちがいるんですよ。「ワーッ、いいなあ」思うて、「世の中には元気なやつがいる」と思って見ていたんだけど、そうしたら、すべり台から降りてくる子と下から上がって行く子が衝突したんです。そしてものすごく泣いたんです。「ザマミヤガレ」って思った。そんなことを覚えていますわ。やっぱりあんまりそう元気にやるもんやない思うてね。

なんかわれながら、ちょっと情ないところがありました。みんな走り回っているでしょう、ぼくだけは母親のとこにいて、情ないと思ううちにそれでも泣くやつがおったから、ちょっとうれしゅうなった、なんてね。

それにしても小さい頃の記憶は、本人はそう思っていても、じつは親や他人から言われて思い込んでいるということが多いですね。だから、その弟のお葬式の話なんかは覚えているような気がするんだけども、あとから言われた記憶なんですね。初めにお話した二つははっきりイメージがあるんです。母親が着物を着ていたというイメージです、その頃まだ着物でしたから。それから弟の着ていた甚平《じんべえ》というのかな、なんかそういうものを覚えています。甚平といっても薄いやつを着ていたから、暑いときじゃないかと思います。

父の建てた大きな家

私の生まれたのは篠山《ささやま》（兵庫県篠山市）ですが、弟の記憶は古い家のほうで、その家は後ろがずっと空いていたんで、そこへあとで大きいのを建てたんです。

家の普請《ふしん》をしているときと弟が亡くなったときとは重なっているのじゃなかろうかと思う。建前のときは大きく飾りを立てたりしたのを、おぼろ気に覚えています。あの頃はみんなして酒飲んでやりますからね。

父親は思い切った性格でね。だからその頃の篠山にしては大変珍しい大きな家でした。学校ができると噂《うわさ》になったとか。どっかやっぱり不思議にハイカラだったんですね。当時としては大変珍しく、子ども部屋をちゃんとつくった。それから中学生の勉強する勉強部屋と、それから洋間があった。その洋室をぼくら「洋館、洋館」といっていたんです。物知りの兄貴に洋館ではなく洋室であるなどと怒られたりしたけれど、ぼくら「洋館」いうてね。

あの頃の日本の家屋は四角で部屋がみな隣あっているでしょう。そうじゃなくて、

L字型に曲がった家で庭を囲んでいるんです。そこがずっと廊下でつながっているんです、二階も下も。だからそれぞれみんな個室になっているんです。個室といったって、もちろん日本的ですから障子とか襖《ふすま》でね、ドアはないんだけど、しかし、いちおうは個室でした。それも非常に珍しかったですね。

その頃個室をつくったというのは、つまり個人主義のよさがわかる親だったんですね。

それはひとつは父親が次男坊だったからでしょう。もともと家はずっと田舎のほうです。篠山よりもっと田舎の庄屋《しょうや》なんです。そうとう大きな庄屋で、でも百姓でね。最近ぼくはよく紫綬褒章《しじゅほうしょう》とか朝日賞なんかもらうのですが、ある人が「先生よく賞をもらいますね」というから「先祖は庄屋や」と冗談を言ったぐらいです。

ところが、昔の百姓の家のことですから、長男だけ大事にしよってね、長男は跡取りだというわけで白いメシを食って、次男以下は麦メシなんです。ものすごく極端なんです。それから御馳走《ごちそう》も長男だけなんです。それで、うちの親父《おやじ》は次男ですから憤然として家出をするんです。そのときに「おれは一生白いメシを食える人間になる」と言って家出する。そして、京都に来ていちばん初めは弁護士のところへ行く。

その頃は大学や上級学校に行かなくともがんばって検定を取れば弁護士になれた。

だから私の家にはだいぶ法律の本がありました。しかし弁護士になる勉強をしているうちにだめと思ったんでしょうね、合わないと思った。それでつぎに考えたのは歯科医です。つまり歯科医も資格を検定でとれたんです。京都のどこかの歯医者さんの書生になって、そして勉強して資格をとった。

父と母、松山で出会う

その頃のことで、うちの親父の得意の思い出話は「いもぼう」という料理屋にめしを食いに行ったことです、川魚ですね。篠山の常識で「川魚ならこんな安いものはないだろう」と思って入ったら、どんなに高かったか、という話。だから、ぼくは「いもぼう」の川魚がどんな恐ろしいか、なんべん聞かされたかわからない。

そして、資格をとって、そこからなぜかわかりませんけれども、奈良県の松山（現宇陀《うだ》市）というところに歯医者の見習いに行くわけです。つまり、自分ですぐ開業できないから歯科医の修業に行く。

そうしたら、その頃に私の母親が松山の小学校の先生をしていた。また母親の場合もおもしろいんです。奈良県吉野《よしの》郡東吉野村滝野というところの出身で、全校生徒七人か八人ぐらいで、一学年一人そこそこの小さな小学校――ものすごい山奥ですよ――そこから師範に行っているんです。だから、ものすごい不思議なのですね。ほんとうは田舎でずっと田舎の人間として育つはずなのが都会へ出てくるんです。

それは、ひとつには、私の母の兄がそもそも師範学校を出ているんです。師範学校へ行ってすでに先生をしていた。だから、それをたどって奈良の師範学校へ行った。当時のハイカラなモダンガールで、スカートをはいて、テニスをしたり、ヴァイオリンを弾いたりしていた。それは今から考えれば相当にモダンだった。そして、松山に赴任したんですね。

ところが、小学校の先生をしていたから結婚する機会がなかなかなかったんですね。そこへたまたま母親の兄が出てきて、歯が痛くなって歯医者に行ってうちの親父に会うわけです。そして、頼りになる若者がいる、妹と結婚させたいというんで申し込んだんです。

篠山で歯科医開業

じつは私の母親のほうが親父より四歳年上なんです。あの頃としてはものすごく珍しいことです。それも親父の説明によると、自分は一匹狼《おおかみ》で飛び出したわけでしょう。それでも篠山に帰って開業したいと思っているし、そのときにいろいろと取り仕切ってくれるには年上の女性のほうがいいと考えた。

婚約してから、それもうちの親父の偉いところだと思うけど、やっぱりちゃんと正式のことを習わないかんというので、資格を持っているのに東京歯科医専（歯科医学専門学校）の研修生かなんかにならせてもらったんでしょうね、そして東京で一年勉強するんです。そのあいだ東京にいるんです。

よく親父がしゃべってくれたそのときのエピソードのひとつは、患者さんを診て「あっ、これはもうあんじょうできますよ」と言ったら、「先生、関西の方ですね」と言われた。「あんじょう」なんて関西弁だというわけです。それもよう聞かされました。

親父は松山にまあ、三年ぐらい住んでいたんじゃないのかな。それで結婚して、丹波の篠山に住み、歯科医を開業したのです。

だから、今でいえば国際結婚みたいなものですね。また、母親も丹波篠山へまでよう行きましたよ、教師をやめて行李《こうり》ひとつの親父のところへ。柳行李ってあるでしょう。金もなにもないのに。ところが、歯科医を開業したらものすごく流行《はや》って、それで経済的に安定した。

そんなこんなで、二人とも独立独歩の精神の持ち主なんですね。うちの親父がしょっちゅう言っていたのは、自分は絶対に子どもたちを区別しない、長男から下まで全部同じだ、と。長男との差別を経験していますからね。

それはだいたい一九三〇年代のことですが、その頃の日本社会にはずいぶん流動性、モビリティーがあったのです。まあ、うちの母親にしてもよく丹波まで出てきましたね。しかも父親というのは財産も何もないわけでしょう、家出しているわけだから。篠山に帰ってきたらもちろんおじいさん、おばあさんはおったんですけれど、援助など受けていないでしょう。もちろん成功してからおじいさん、おばあさんもだんだんやってくるようになるんですね。だから、母親は、開業して患者さんが来たときどんなにうれしかったかという話をよくしてくれましたよ。

家を継いだ伯父さんのこと

ところで、長男である父親の兄貴は、百姓を継いで働いていたんですが、詳しくは話せないんですよ。しかし、ちょっと言うと、その伯父さんというのが仕舞や謡《うたい》に関してはプロ級なんですよ。長男で大事にされて、庄屋の家でしょう、だから遊び人で、それで財産をつぶしているんです。そのために、私の両親は相当に苦労したんですね。なというのは、その伯父さんが来ても、なんとなくぼくらおかしいと思うんです。なんか両親の接し方に違和感がある。それでも、やっぱり兄弟ですから、うちの親父はわりと平気にしているんだけど、なんとなく雰囲気がおかしいんで、なんかあると思っていたんですよ。ところが、中学生のときその話を全部母親から聞いたわけです。ぼくを大人扱いしてくれたと感激したことを覚えています。

土地のほとんどは売られたのですが、墓は元禄《げんろく》時代からのがあるんですよ。しかし、あとになると伯父さんは立ち直って行くのです。またぼくら兄弟は伯父さんが好きやったんです。

終戦後はだんだん関係も良くなりました。じつはぼくがのちに神戸工業専門学校に行っていたときにその伯父さんの家に下宿していたんです。そんなわけで、うちに祝い事があるとその伯父さんがきて謡をうたって舞を舞うんです。それがものすごくカッコええんですよ。こっちは昔のことを知らんもんやから、カッコええなあ思ってね。でも、うちの両親はそういう芸とか芸人に金を使うのにはなんとなく抵抗がありました。

親の財産をほんとうにキープしてそのままいくか、めちゃくちゃにするか。うちの親父が飛び出たように、その伯父さんも内奥になんかあったんでしょうね。進取の気性があったんでしょう。だから農業を継いだままの生涯は送れなかったんじゃないでしょうかね。

父親ゆずりの性格

ところでその大きな家の記憶についてですが、初めの頃に住んでいた家をぼくらは「旧館」いうていた。それでこっちは「新館」いうた。ぼくの思い出はほとんど新館なんです。旧館で生活した思い出いうのは、弟の「なんのおっち」ぐらいで、あとはもう新館のことです。それから新館になってしばらくして弟が生まれた。逸雄《いつお》です。それは覚えています。

その旧館には二階があるんです。二階の東半分が壁で閉じられている。昔の建物だから何も使っていないところがあるんですよ。ところが、そこに宝物が入っているという家の伝説があってね。そのことでよく冗談言いましたけれども、残念ながら、壊したときに何も出て来なかったようです。

それと、新館のほうは南側が藪《やぶ》なのです。ものすごい竹藪なんです。だから大きい家のほうはあまり日が当たらない。ところが、旧館の二階の南側には太陽が当たるわけです。だから、病気なんかしたときに、その旧館の二階へ行って日光浴したり太陽が当たるのを楽しんでいた、そういうイメージ、特別なイメージがある。そこには天皇家の御真影《ごしんえい》が掛けてありました。昔風のものがずっと掛けてありました。新館のほうは御真影とかそういうのはいっさいなかったですね。

家の宗教は仏教で、うちは浄土宗です。私の父親はわりと近代的で、むしろ無宗教に近い。ともかく形式的なことが嫌いでした。ただ、仏事をやることはやります、それなりに。もちろん墓参りもします。しかし父親の里の庄屋のところへは父親は行きませんでした。お盆にはかならず墓参りに行くのですが、かならずぼくらに行ってくれといって、それで母親と子どもたちが行った。父親はいやだったんでしょうね。

母親は、いろいろ付き合いがあるでしょう、親類がありますからね、そんな付き合いもちゃんとやっていた。しかし、父親は行かない。それをまた通すところがうちの親父の面白いところで、その親父がそういうときに「おれは行かん」とか言うのをあとはうまく母親が始末していたわけです。

私の父親は手紙いうのを書かないんですよ。よっぽどのときでないと手紙を書かない。母親が全部書いた。だから母親がよう嘆くのですが、「字まで男らしゅうなった」と。父親は何でもやらないと決めたら絶対にしない。自分は歯科医としての仕事に専念すると言うたら、もうそれしかしない。そういう点はものすごく徹底していました。それでいろいろな人付き合いをせんならんときには、母親がだいたい引き受けていました。そういう点は、ぼくらよく言うけど、ぼくらの兄弟みな父親の血を引いていますね。これはしないといったら絶対しない、みんなそれぞれ似ていますよ、常識とちがうんです。

「男の子でも泣いてかまわない」

兄弟いっしょになって遊ぶということはものすごくありましたね。ともかく兄弟が六人いましたからね。だからうちの兄弟にはあまり友達ができなかった。兄弟だけで遊んで、それで、だいたいみな兄弟思いだから、いろいろ適当に心を配って遊んだんですね。

それから幼稚園の思い出ですが、先にも言いましたように、ぼくは他の子どもと行動するのがいやなので幼稚園は嫌いでした。

ところが、幼稚園に行ってみたら、担当の先生がものすごく好きになった。いまでも覚えていますが、桑村先生です。先生もぼくを可愛《かわい》がってくれた。だから幼稚園へ行くのがうれしかった。それで、わりと喜んで行っていたんです。

しかし、それがいつ替わられたか季節がわからないんですが、もう秋になっていたと思うのですけれど、桑村先生が辞めて結婚されたんです、新しい苗字《みょうじ》はわからないけれども。その大好きな先生がお別れのあいさつをした。そのときに女の子だけはちょっと泣いていたのです。ぼくはものすごく泣いて、涙が止まらない。ところが、男の子というのはだいたい泣いてはいけないというのがその頃のカルチャーでしょう、だから、ぼくが泣くのを皆がジロジロ見るわけですね。自分もカッコ悪いと思うけども、もう泣けてしかたない。それでも必死になってがまんして家に帰った。

家に帰ったら、母親が「桑村先生のお別れの会があったか」って言うわけです。ぼくはカッコ悪いからあまり悲しそうな顔をせずにがんばっていたんです。そうしたら母親が「ほんとうに悲しいときは、男の子でも泣いてかまわないのよ」と言った。それでぼくはいっぺんに泣いてしまったんですね。みんなから見たら、あいつは泣き虫ということになるし、自分でも自己嫌悪《けんお》になっていたのが、その母親の言葉ですごく救われた。私の母親はこんな考え方をする人でした。

それにはまだ続きがあるのです。ぼくがよく遊んでいる同級生の隣の男の子がタカちゃんという名でした。タカちゃんが遊びにきて、「今日は男の子でも泣いてるもんがいた」と言うのです。タカちゃんはぼくが泣いたのを見たので、男のくせにワーワー泣いただろうと言いたいけど、そこまではよう言わんから、ちょっと冷やかし半分に言った。ぼくは腹が立ってね、母のセリフを思い出して「ほんまに悲しいときは泣くやつのほうが偉いよ」と、言い返したのですが、「泣くほうが偉い」は言いすぎかなと思ったことを覚えています。

中学生は絶対的に偉い人

ところで、男ばっかりの六人兄弟のぼくは五番目なんです。上から仁《ひとし》、公《ただし》、雅雄、迪雄《みちお》、ぼく、そして逸雄《いつお》です。だいたい二歳ずつちがうんですが、上の迪雄と私のあいだが三歳ぐらいで、あとみんな二年、それを足していくと、一番上の兄貴とは九歳か一〇歳ちがいぐらいですね。だから、もうその一番上の兄さんというのはぼくにとってはすごい人ですね、絶対的に偉い人。ぼくが小学校へ行ったときは向こうは中学校に行っていた。

当時は中学生になるとわが家では大人扱いだった。それで、小学生は母親が言うおやつしか食べてはいけなかったのに、中学生は好きなだけおやつを食べてもよかった。中学生はそれを自分で判断した。

だから、帰ってくると、おやつのいっぱい入った戸棚があるんですが、そこを開けて、中学生はバーンとつかんで好きなだけ食べてもかまわないのです。

それから中学一年になったら勉強部屋に行って勉強するのです。小学生はそこらの机で勉強したり遊んだりしたが、中学生というのは大人扱いにされていばってました。寝る部屋もちがうし、勉強する部屋もちゃんときまっているしね。だから、ぼくにすると、一番上の兄貴とか二番目の兄貴なんてのはちょっと別世界の人間でしたね。また可愛がってくれるいうても、ちょっとちがう感じで接した。雅雄兄というのは、可愛がってくれるし、いじわるもされるというか、同じ世界に属している大将なんですね。よく言うんだけど、雅雄は、上の兄貴二人の世界のいちばん下におるという感じと、次の世代の上におったのと両方なんです。だから、すごくおもしろいなと。

篠山という宇宙

ところで当時の篠山は篠山盆地の真ん中にあって城下町だったんです。人口六〇〇〇。その六〇〇〇というのはずっと変わらなかった。まわりに村があって、われわれは町に住んでいた。青山藩の殿様が学問に熱心だったので、それで、田舎やけど、わりに文化程度が高いんです。一般に言われているほどのすごい田舎でもない。

私らははっきり篠山町の住人であって、田舎の人を「在所もん」と言っていたですね。篠山の方言では「ザ」と「ダ」とをあまり区別しない。ぼくはよく「ぜんぜん」と言うのを「でんでん」と言うて笑われた。子どものころ田舎の人をダイショもんと言ってたのは「在所者」のことだと大人になってからわかりました。

篠山の言葉は関西弁ですけど、関西弁でも少しずつニュアンスが違うのですね。たとえば、とくに親しい人、上級生でも、友達でも兄弟でもお互いに使うのに「そうけ」という言葉がありました。「そうか」という意味なのですが。京都では言いますが、阪神《はんしん》では言わないですね。

それから篠山から出ていく場合には、京都よりもむしろ大阪ですね。それでもなかなか出ていきにくい。昔、鉄道を敷くというときに、篠山の長老たちが話し合って、あんなものを先祖伝来の土地に通すことないというので拒否するんですよ。それで福知山線というのは篠山町を通っていないんです。それで篠山町はずいぶん損するのです。だから、ぼくはよく言うんだけど、長老の考えはロクなことない、と。

やがて、福知山線に篠山口という駅ができて、篠山口から軽便《けいべん》鉄道に乗り換えるんです。その軽便鉄道が走っているところはいつも見ているんですが、まさに小さい汽車なんですね。ところが、福知山線というのは本線で、ものすごくカッコよかった。

当時、篠山の町はもう完全に一つの世界でした。というのは、だいたい本線に乗るというのは大変なことだったんです。その当時、めったに乗れないわけでしょう、篠山で充足しているわけですから。それでたまに宝塚に行く。それがすごくうれしくてね、本線に乗って宝塚へ行って、そしてぼくら子どもだから少女歌劇なんかは見ないんだけれども、けっこう遊ぶものがあったんですね。

あの頃、修学旅行というのは海まで行って海を見てこい、と言われていたのです。修学旅行で初めて海を見る子は多かったのじゃないのかな。海に対するなんともいえん憧《あこが》れが今もやっぱりありますね。「海は広いな、大きいな」という歌は好きですね。

少なくとも都会にはすごい憧れがありました。そのうちに長兄が東京へ、次兄は京都へ行きましたが、兄が帰ってくるときには、かならずちょっと土産を買ってきました。だから兄たちによって都会とつながっていくということがありましたね。でも、一般の人は都会とのつながりというのはあまりないわけです。

得意科目は数学と国語

それにしても兄弟は自然のなかでころげ回ってよく遊びましたよ。けどね、ぼくだけはちょっとちがったんです。兄弟はだいたいが外へ出て遊ぶんですが、ぼくは家で本を読んでいたんです。そこらがちょっとちがう。そして、あの頃は本を読んでいる子どもは不健康だといわれた。だから、本を読まないで外へ出るようになりたい、ならなければならない、そういう思いがあるのだけれども、実際にはぼくは家にいた。だから幼稚園で他の子とワーッと遊ぶなんて絶対できない。うちの兄貴なんか外へ出てバーッと遊ぶ。兄貴からみてもぼくはちょっと異常だったのではないですか。兄たちは弱虫のぼくのことをかばってくれた。

ぼくは小さいときはものすごい内向的でしたね。それでも兄がおったおかげでけっこう外で遊ぶ面白さも知ったわけです。

中学はうちの近くの鳳鳴《ほうめい》中学。それが一クラス五〇人で二クラス、それで篠山周辺全部をカバーしている。小学生はとても多くて、大きな小学校があったのですけどね。それでその中から中学生になることには大きな意味があったのですね。

中学校のときは、学校で勉強することが中心ですから、先生も兄弟たちも親たちもぼくが一番になることを期待しているけど、中学のときには二番か三番かで、一番にはなれなかったんですね。ぼくにしたら、いくらがんばってもなれないと思うてるのですが、親も先生もなんとなくぼくが勉強しない、努力が足りないから一番になれないと思っている。ぼくは自分では努力しているんですが、まわりでは努力すればもっとよくなれると、なんかそういう感じがしていたみたいです。

一番になる子は大変な努力をする。しかし、ぼくはええ加減のところでやめている。ところが、やっぱりちゃんとする子は一〇〇点をとったのですね。だから担任の先生がぼくのこと歯痒《はがゆ》がって、もっと努力しろと言うんですけれど、ぼくにすればがんばっているんだけど、一定以上はもうできないですからね。一番というのは無駄な努力がいるのです。

勉強のなかではやっぱり数学はすぐわかりました。数学、理科系ですね。ところが、国語もよくできて、国語の先生はぼくが国語、国文をやるのじゃないかと思っているし、数学の先生はぼくが数学をやるんじゃないかと思っていたんです。できなかったのは英語なんです。できないといってもそこそこのよい点はとっていたのですよ。だけど、一番にはなれなかった、それを思い出しますよ。ぼくは語学ってのは、これはあまり考えたらだめで、いい加減にやらないかんと思って、なんかいい加減にやったらまちがう。勘がつかめないんですよ。いくらやってもまちがうんですね。英語はむずかしいなあと思ったのを覚えていますよ。数学は考えればいいでしょう。どうも英語は苦手ですね。英語は苦手やという意識はずっとつきまとって今でもあります。

ウソをついてげっそりしたこと

そういえば、ぼくは抽象的に語るということは、あんまりないですね。文章にちょっと関西弁が出てくるし、それからしゃべり言葉的だしね。抽象的な硬い概念を駆使して話すことはあんまりないんです。それはぼくは小さいときから兄弟と一緒にしゃべっているでしょう。あんまり形をつける必要がないからなんですよ。そして、カッコつけてもすぐばれるわけでしょう、兄弟の場合。そうするといつも本音でしゃべっているわけだから、ちょっとカッコつけていうても、突っ込まれたらすぐだめになりますからね。

それから両親もわりとしゃべるのが好きやったし、とくに母親はそうですね。だいたい家中しゃべるんです。

母親といえば小学校のときに、こんな記憶があります。一年のときの先生は山内先生でしたが、ぼくはその先生が好きだったんです。それから青木の周ちゃんというよくできる子がいて、学校が終わって帰るときに、ケンカをしでかしたのですね。それでぼくと青木の周ちゃんの二人が残らされた。もともとぼくたちはそんなに悪い子でもないわけです。それなのに帰りが遅い。それで一番上の兄貴が心配して迎えにきたのです。そしてどうしたと聞くので、カッコ悪くて残らされたって言えるかと思って、三人の悪いやつにやられたとウソついた。そうしたら、兄貴が思いのほかに憤慨して「どいつや！　やっつけてやる」と言いだした。じつは二、三日前に、ぼくの同級生の子が上級生に捕まえられていじめられているのを見たから、それを使ったんです。それで兄はやっつけてやると息巻いているので、ぼくは「もうおらへんおらへん」とごまかした。

それで、家に帰ったら、母親が待っているでしょう。そうして、そのときにぼくは覚えているのですが、母親とか兄貴がものすごくやさしいんですね。けども、言いかけたからにはがんばらなしょうがないので、また母親にもウソをついた。

話を終わって、あとは外で遊んで帰ってくると、担任の山内先生が珍しく家に来られている。それで、遊びながらフッと見たら、うちの母親とその担任の先生が話をしているんです。あんなげっそりしたことはない。これはえらいことになったと思ったら、あとで母親が「ケンカぐらいしてもよいが、ウソはつかないようにしなさい」とね。

ささやかな抵抗

思えばその頃だんだんに時代は悪くなっていたようですね。とくに篠山からは本庄大将とか磯谷《いそがい》中将とかそういう偉い人がいっぱい出ているんです。だから、なにかにつけて儀式めいたことがよく行われていた。

今から思うとよくわかるんですが、半分無意識のうちに厳粛さに抵抗するような傾向がぼくの内にあって他の子どもを笑わせるのです。みんなが厳粛に頭を下げたりするというのに、ぼくはなんか抵抗があるんですね、子ども心にも。それでなんかすぐおもしろいことを見つけたりジョークを言うんですよ、その頃から。で、ぼくが悪いということになってよく怒られた。でも、やっぱり形式的なことに抵抗があるんですね。だから笑わせてひっくり返そうとする。そうすると、皆バーッと笑うでしょう。ものすごく生意気な子だったと思います。だから、ぼくに対して先生方もちょっと遠慮があったのかもわかりませんね。

それから先生がなんか言うでしょう。そうすると「知ってるわ」「そんなの××に書いてあった」とか言う。そういうことを言って権威に対してなんかちょっかいを入れるということをよくしました。

だから先生から嫌われて、小学校の四年生のとき、通信簿に操行というのがあったのですが、それが「乙」なんですよ。その頃は甲乙丙丁で、ぼくはずっと全甲やった。全甲を誇りにしていた。それが、全甲のはずなのに操行が「乙」になった。何しろその頃はうちの親父が怖かったんですね、子ども心に。通信簿をもらったらかならずちゃんと親父に見せないかん。見せたら親父が怒るのに違いないと、おそるおそる見せた。

ところが、親父は「小学校はちょっとやんちゃということで操行乙のこともある。これは大したことではない。しかし中学校で操行乙いうたら不良だ」と言ったのです。ぼくはそれを聞いて中学生ってなんてすごいんだろうと思って、それをよく覚えています。中学生というのはなんか小学生とぜんぜん次元の違う世界に住んでいるという、そういう感じでした。怒られなかったのでほっともしましたが。

それと、ぼくはよく物忘れをしたんです。宿題を忘れたり物を持って行くのを忘れる。むちゃくちゃに多いというわけではないけど、成績のよい子にしては多い。それでよく怒られた。

どうしてなのかというと、やっぱりほかのことにぼくは関心が向いてしまうんでしょうね。だから忘れるんですね。

それともう一つ、朝礼なんかのときぼくはよそ見しているんですね、しかも級長で。それでおもしろい話があるんです。うちの親父は酒が好きで、みんな飲ませてワイワイ、ワーワー騒いで帰す。その常連のなかに学校の先生がありました。うちの親父は学校の先生が好きなんでしょうね、小学校の先生など、正月なんか年賀にきて、へべれけに酔っていた。

よく家に来られていた先生がいるんです。その先生がある時、朝礼で「きをつけっ」と号令をかけた。そして先生が「何年何組の河合なにしとる」ってちゃんと個人名をおっしゃったんですね。学生全体がびっくりするわけですよ。普通は「そこの男子前へ出ぇ！」とか言うわけでしょう。先生が子どもの名前を知っているというので緊張する。しかし先生はぼくを知っているわけですよ、いつも飲みにくるからね。ぼくはまた級長のくせに横向いてポワーンとしていたんでしょうね。しかし、そんなこと言わんでもええやないかと子ども心にも思うて、それは印象に残っていますね。それにまたつぎの日、ニコニコやってきて景気よく飲んでいるわけですから。

特別なはからい

小学校の頃から本はよく読んでいたのですが、さっきも言ったように当時は、本を読む子は悪い子、不健康だという考え方ですね。だから、健康な子どもは外で遊ぶわけですよ。また、うちは健康な子どもばかりおるわけですね。それでぼくは不健康ということになる。うちの親父は土曜日以外は本を読んではいかんと言った。

それで傑作なのは、たとえば、『少年倶楽部《くらぶ》』という雑誌があるわけね。雑誌をとる家は少なかったんです。ところが、それが届いても土曜日まで隠してある。それだから、土曜日いうたら兄弟がみんなダーッと走って帰るんですよ。それでいちばん初めに持っているやつが先に読んでしまうまでつぎの子は待っとらんといかんわけです。そんな取り合いをしていたんです。

母親はわりと文学的なところもあって本を読んだりするのが好きなので、ぼくは母親とようしゃべったりした。小学四年の担任の先生が「アルセーヌ・ルパン」好きで、『エイギュ・クリューズ』(『奇岩城』)という作品などをときどき読んでくれました。それをぼくは好きで好きでね、夢中になって聞いていたんです。

するとあるとき母親が親父に「隼雄は教科書以外の本も読んでいることによって評価されている」と言ったのです。たしかにそのとおりですね、ほかの子より読んでいるから。「だから、日曜日もええことにしてくれ」と親父に頼んでくれた。そうしたら、親父がぼくに向かって「隼雄はどんな本を読むのか」と言う。それでぼくはすぐに「アルセーヌ・ルパン」と言ったんですね。そうしたら、親父が「何、そんなもんあかん」言うんですよ。「そんな探偵物なんてのを読んだかて何の役にも立たん」と。先生が読んでくれているのに「そんなもん」と言われてものすごくげっそりした思い出があります。それでも母親がいろいろとりなしてくれて、とうとう日曜日も読んでいいことになった。

そして、日曜日になるでしょう。本を読みたくてしかたがないんだけど、兄弟は全員外で遊んでいる。それで思い出しますが、雪が降ったりすると、雪合戦をやろうとする、兄弟全員が。ぼくはそれぐらいやったら『少年倶楽部』の臨時増刊号を読んでたいんやけど、そんなときに『少年倶楽部』を読んだらどんなにばかにされるか。だから、心を残しながら参加しました。

ところが、参加したらおもしろいでしょう。そこは兄貴がものすごうまい。そこがうちの兄弟のええところでね。絶対に弟をやっつけないんですよ。全部ハンデをつける。たとえば、兄貴は一発当たったら死ぬけど、何年生以下、ぼくらは三発当たったら死ぬんやとそういうルールにする。いつもそうです。

卓球でも、いまでも覚えていますが、三対一〇。三対一〇で勝てると四対一〇にしてくれるという、それでまたゲームを続けてね、そういうことが全部兄弟のあいだできまっているんですよ。ところがそんなときに迪雄《みちお》という兄貴が上とわりと対等にやるのです。ですから、ぼくと迪雄の二人のあいだにガクッとハンデがつくんです。

だいぶ兄弟の話をしましたが、兄弟のなかでぼくが子どもの頃のいちばん細かいことを覚えています。一緒に酒を飲んで思い出話になると、いつも「おまえようそんなアホなこと覚えているな」って言われるのです。

岩波文庫と出会う

中学校に入ったのは一九四一（昭和一六）年のことです。そのときに、一番上の仁《ひとし》という兄貴が新潟医大の学生でしたが、「中学校に入ったらそろそろ岩波文庫ぐらい読んでもいいんじゃないか」というんで本を送ってきたのです。それが『坊っちゃん』とコナン・ドイルの『シャーロック・ホームズの冒険』。

当時のぼくは、岩波文庫というたらもうむちゃくちゃに難しい本やと思っていたのですね、つまり大人が読むものだと。ところが、読んだら二つとものすごくおもしろいでしょう。「なんや、こんなおもしろいものがあんのに読まなかったら損や」と、そういうふうに思ったのです。

それともう一つは、コナン・ドイルはほんとうにおもしろかったんですが、『坊っちゃん』のほうは、自分がおもしろいおもしろいというだけで読んでいるのはだめなんじゃないか、岩波文庫やからやっぱり素晴らしい教訓かなんか入っているはずなんだろう、それをおもしろいと思ってばっかりで読んでもいいんだろうかと思ってね。兄貴に「送ってこられた本二つがあんまりおもしろかったので、これから岩波文庫を読みたいと思うんだけども、おもしろいおもしろいでいいんだろうか」と手紙を書いたのです。そうしたら兄貴から手紙で「いや、おもしろくていいんだ。いいんだけど、『坊っちゃん』はやっぱり正義感ということが中心になっていたようにぼくは思った」というふうに書いてきて、さすがに兄貴はうまいこと言うなと思ってね。それがとても印象に残ってますよ。

それで、そんなに喜ぶんだったらといって『草枕《くさまくら》』とか『吾輩《わがはい》は猫である』とか送ってくるのですよ。

一番上の仁兄は本がほんとうに好きやったんです。母親が「あの子は本にカネをよく使う」と言って、誇らしいけど、ちょっと嘆いておったのを覚えています。

それで、『吾輩は猫である』なんて大好きになった。ぼくは好きになったらもういちいち覚えているぐらいほんとに好きでね、わからんところもたくさんあるんですけどね。

話はちょっととびますけど、あとで神戸工業専門学校というところへ入るのですが、そこで会った友だちで『吾輩は猫である』が好きなやつがおったんですよ。そいつと『吾輩は猫である』の話を何度したかわからんのですわ。そいつもよく覚えているんです。だから「この日や天気晴朗とくると必ず一瓢《いっぴょう》を携えて墨堤に遊ぶ」とかなんとか、ああいうセリフを全部覚えているんですよ。そういうのをお互いに覚えていて、これやった、あれやったといったんですがね。

ぼくは中学校一年でしたが、岩波文庫は一種のカルチャー・ショックでしたね。

それと、大人が難しそうな顔をして読んでいる本に、むちゃくちゃおもしろい本があるという大発見をしたのです。そうしたら兄貴が、私の家に新潮社の黄色い背表紙の世界文学全集があったんですが、「そんなに本がおもしろいんやったら、あのなかのおもしろいのを読みなさい。まず『アイヴァンホー』を読みなさい」と言うんです。それもまたものすごくおもしろかったですね。

それから『モンテ・クリスト伯』。子どものときに『岩窟王《がんくつおう》』を読んでますからね、とくにおもしろかった。『モンテ・クリスト伯』を読んで、好きになって好きになって、あんまり好きになって、なにかあるとモンテ・クリストのことを言うから、兄貴に「おまえはモンクリ党や」と言われましたね。

「文学」より「物語」が好き

兄貴たちもだいたい同じような本を読むわけでしょう。だから「一瓢を携えて墨堤に遊ぶ」とか、そういう文章やセリフをみんな知っている。共通の言葉が冗談なんかによく出てくるんですよ。

たとえば『モンテ・クリスト伯』でも、モンテ・クリストが初めてアルベールの前にあらわれてくるときに、「貴族だ、これは純粋の貴族だ」というところがあるでしょう。なんかあるとそういうことを言うたりするわけですね。

半分劇にしたりしてよくやっていました。『モンテ・クリスト伯』はとにかく好きでした。あれはもう忘れられないですね。やっぱりぼくはどうしても物語的なものが好きなんですよ。

よく覚えているのは、たとえば、中学校の教科書。岩波書店が刊行していた国語の教科書ですよ。あれに、たとえば吉田《よしだ》絃二郎《げんじろう》の文章やったかな、文学的な描写が素晴らしいというので例に出てくる文章があるのですが、そういうのはぼくはぜんぜんおもろうない。長塚節《たかし》やいわゆる自然主義の文学者などの文章もあまりおもしろくない。ぼくは物語がおもしろいんです。だから「ああ、ぼくは文学的才能がないなあ」とその頃から思ってましたね。本を読むのはすごく好きだけど。

それから、短歌とか俳句とか、ああいうのは何がいいのかぜんぜんわからんでしたよ。「鶏頭《けいとう》の十四五本もありぬべし」という子規の句があるでしょう。あれを「こんなんは子規がつくったと思うからみんなほめているのであって、そこらのおっさんがつくったらだれも顧みないんじゃないか」と言って、「そんなばかなこと言うんじゃない」とものすごく怒られた。けど、それがなんでばかなことかいう説明がないんですね。

頭ごなしに怒られるから腹立つんですよ。腹立つけど、片方ではまじめなところがあるから、やっぱりぼくは文学的才能がないと思うてましたね。

兄の読書指導

そういうわけで、一番上の兄貴がぼくの読書の指南役になっているんですね。『シャーロック・ホームズ』とか『坊っちゃん』を送ってくれるんですから。『シャーロック・ホームズ』もあれは三冊あったと思いますけど、三冊とも読んで、『シャーロック・ホームズ』もうちでようマネしましたな、「ワトソン君」とか言って。漱石《そうせき》はほんとに好きで読んでいました。兄貴が漱石の関係の本を持っているのですよ。だから、森田草平の書いた『夏目漱石』とか小宮豊隆《とよたか》の『夏目漱石』を一つ一つ読んでいったと思います。

『草枕』、『虞美人草《ぐびじんそう》』などは読みましたが、後期の作品は読んでいない。読書指導するほうもそのへんはやっぱり考えていますからね。

『こころ』は中学校の頃は読んでいないと思う。あとで読みますけどね。あとで読んで好きになるけど、初めの頃は兄貴の指導になかった。

とくに一番上の兄貴はぼくら兄弟全体に対してそういう指示を出していた。ところが、二番目の兄貴公《ただし》は一番上の兄貴に叛乱《はんらん》せないかんのですよ。だから、石川達三《たつぞう》の『結婚の生態』とか、ああいう本を持っているんです。それをまた読ませてくれる。だけど、ぜんぜんちがうでしょう。それから石坂洋次郎の『若い人』。あれは大きい本だったのを覚えているのですけどね。

つまり系統がちがうんですね。岩波系統が長男で、次男は石川達三みたいな作家とかね。二番目の兄貴の持っている本はちょっと毛色がちがう、それもそれなりにおもしろくて、ちがうな思いながら読んでいたけど、そっちのほうはあまり印象に残ってないんです。

映画にヨーロッパ文化を見る

映画についてはおもしろい思い出があります。中学校に入る直前の春休みのことです。二番目の兄が、京都大学臨時医学専門学校というのができて、その臨時医専に入って京都にいたのですが、入学祝ということでそこへ初めて一人で訪ねて行ったのです。

そのときにその兄が映画を見に連れて行ってくれた。総天然色映画『ロビン・フッドの冒険』を見ようというんですよ。だいたい総天然色というのがすごいでしょう、それから話がロビン・フッドの恋物語で、ちょうど中学校一年になるというときですから「こんな世界があるのか！」と思った。だからあの映画のいろんなシーンを非常によく覚えていますよ。あんなきれいな女の人が出てきて、カッコええことといって。すごい体験でしたね。

ほかにもう一つ二つ見ているのですが、その題は覚えていないのです。だけど『ロビン・フッド』はすごくよく覚えているのです。ロビン・フッドがシャーウッドの森で演説をするところがカッコよくてね。あの映画を見たのは、ぼくにとってはほんとに大事な体験やったですね。

『ロビン・フッド』の物語はイギリスでしょう、『モンテ・クリスト伯』はフランスでしょう、だから戦争のときにぼくはとても不思議に思ったんですよ。つまり、あんな素晴らしいものをつくった国の人間が鬼であるいうことは考えられない、それがずっと心のなかにあって……それでヨーロッパへ行きたかったんですよね。行きたいもとになったのはシャーウッドの森とかモンテ・クリストでしょう。だけど敵国ですからね。

それは日本にない世界ですよ。そういうきれいな恋愛とかがある世界の文化と比べて日本を見たら、日本はむちゃくちゃ意地汚いというか、ヤクザ精神みたいなもんでしょう。だから「鬼畜米英というけどほんとにそうなのか？」という思いはずっとありましたね。それでヨーロッパへなんか一生行けないやろうけど、いっぺんは行ってみたかった。だけど、それは人に言えないしね、とくにぼくなんか田舎でしたから。妹尾《せのお》河童《かっぱ》さんの『少年H』の場合は神戸でしょう、だからまだ全体に〝鬼畜米英〟といっても実際にはとても信じられないという雰囲気はあったのでしょう。ぼくの場合はまったく孤立的に思っているわけで、同級生には絶対に言えない世界ですからね。

つまり、あのころ中学校二、三年の連中が考える恋愛というのは、いわゆる女たらしというか、ナンパをはってくるとかそういう考えでしょう。そういう考え方がいやでいやでね、ほんとはもっとすごいのにと。しかも、男女の関係の話イコール助平であるとか、男女関係イコール悪いと思っているけど、「なにを言うとるんねん、男女の関係は素晴らしいということをおまえら知らんのか」という感じがありましたね。そやけど、それは話せない。

母の『万葉』『古今』論争

ところで、両親は読書に関しては黙っていました。前にも言いましたが、中学生になったらそうとう自由になるんですよ。中学生になると、土曜日以外は教科書以外の本を読んではいけないということもなくなった。それからおやつも好きなように食べていい。中学生は大人として扱っているということに表面上はなってくるのです。だから、中学生は勝手していいんです。本もなにを読んでいてもいい。親父《おやじ》はそういうことにあまり関心がなかったんじゃないかと思いますね。

母親はわりと文化的なことに関心があって、ぼくらが読んだ本の話をちょっとすると、向こうからも応答が返ってくるというところがありました。

中学校時代にすごく印象に残っているのは――あるいは小学校のときかもわからんぐらいですが――兄貴の雅雄とか迪雄《みちお》のたぐいは中学校へ行っているでしょう。中学校の先生に万葉集は素晴らしいけども、新古今とか古今はだめだという考えを習ってくる。うちに帰ってきてそういう話をするのです。

そうしたら、母親が「なにを言うとるねん、和歌は古今集のほうがよっぽどいいんや、百人一首を見てみい」とか言ってやりだすんですよ。それに対して兄貴が「なにを言うとるんや、あんなもんは全部歌やないよ、歌は万葉集や」って反駁《はんばく》する。そのときに母親が言うたセリフが忘れられないのですが、「おまえたちがほんまにそう思うんやったら、万葉集のこの歌のほうが自分たちにとって古今のこれよりええと言うてみい。だけど、おまえが言うとるのは先生の言うたとおり言うてるだけやないか」。

その先生は川端いう先生やったんですよ、われわれはカバさんというアダ名をつけていた。うちの母親が言うたセリフをそのまま言うと、「あんたらカバさんが言うたとおりを言うとるんやないか、カバさん抜きで自分の意見を言ってみい」と。カバさんは正岡子規の言うたとおりに言うているわけでしょう。それでぼくは、これは兄貴は負けたなと思いましたよ。だからよく覚えていますわ。うちの母親らは古今集がすばらしいという教育を受けてきているわけでしょう。その論戦になったときに最後に言うたセリフがそれで、兄貴は黙ってしもうて、ああ、これは母親のほうが勝ったなと思うたのですが、それはぼくが小学生の頃のことでしょうね。

一方、父親はそういうことにはぜんぜん関わらなかったのですよ。父親は自分の歯科医としての仕事のほうをちゃんとやっているということを見せる。

うちの父親の大好きな言葉で、ぼくらなんべん聞かされたかわからないのは「本分を尽くす」ということです。「わしは歯科医としての本分を尽くす、子どもは遊ぶのが本分やから遊んだらいい。だから、お父さんが働いているのに自分たちは遊んでいるなんて思う必要はぜんぜんない。子どもは遊ぶのが本分やから遊んだらええ、わしは働くのが本分だから働いている」というわけです。そういう姿勢をぼくら兄弟は全員持っているんじゃないでしょうか。

だから、いま言うたような話題に母親は入ってくるのですが、父親はもうぜんぜん入らなかったですね。それでも、そういうふうにピチッと生きている親父がおるいうことは、なんとなくずっと怖かったですね。つまり、ばかなことをしてはいけないという思いはずっとありました。

中学生時代の読書

哲学の本は中学校ではまだ読んでないです。哲学の本を読むのは中学四年の終わりぐらいですね。その頃からそれもやっぱり兄貴の影響で読みだすんですよ。しかし、中学校のときというのは、ぼくは二年生ぐらいまでしか勉強はほとんど習っていないのです。三年になったらほとんど動員に出ていった。三年の初めぐらいに学徒動員で伊丹《いたみ》へ出ていくんです。

伊丹へ行って、伊丹の兵器工場で、寮に泊まって、ぼくは旋盤工になるのですよ。みんなと寮生活するんです。しばらくはよかったけども、すぐに食べものなんかすごく悪くなってくるし、痩《や》せてヒョロヒョロやったですよ。

学徒動員前後の事情についてはいずれ話すことにして、中学生時代に読んだ他の本のことについてもう少し続けましょう。

田舎でしたから、岩波の広告なんてこないんですが、教科書に『草枕』が載っていたですね。あれは何年生やったかな、「「おい」と声を掛けたが返事がない。」（一章）というのから始まるのです。

それから『源氏物語』の一節で子どもの紫上が登場するところがあったのは中学三年ぐらいやったかな。「なによ、これ？」と思ったのを覚えています。「なんでこれがええのか」と。その一節だけですしね。先生はむちゃくちゃほめるんだけど、なにもいいこと書いてないでしょう。大庭《おおば》みな子さんみたいに小学校のときに『源氏物語』を読んだという、そこまで天才じゃないから。それに、西洋かぶれしていますから。西洋のおはなしとぜんぜんちがうし、ただ一節を習うだけでしょう。どこがええんやろと思うたのをすごく覚えていますよ。

だけど、それでもぼくは国語は好きで、点はとてもよかったのです。とくに文法が大好きやった。うちで〝文法博士〟というアダ名がついていたんです。みんながなんか言うと、「それは文法的にどうなっている、それはまちがっている、実はこういうべきである」とかやっていたんですよ。それで〝文法博士〟という名前をつけられて、国語の先生にはそういう意味ではものすごく評価されていた。その先生はぼくが国文学をやるんとちがうか思うていたくらいでした。ただし、自分自身は、文学的才能はないという気持ちがつよくありましたからそんなことはできないと思っていた。

それともうひとつ、中学校一年ぐらいのときに長いあいだかかって必死になって読んだ本があります。それは『南総里見八犬伝』です。中一から中二にかけて一年がかりで読みました。あれも兄貴が持っていたんですよ。兄貴がフッと古本屋かなんかで買《こ》うてきたんですね。「ちょっとおもろいぞ」と言って読みだしたら、おもろうてもろうて。文章もまあまあわかりやすいですわね。

いまでも覚えているのは、あのなかに船虫いう毒婦が出てくる、「船虫春をひさぐの図」という、なにを言うているんかわからないが、どうもよくないことをしているらしい。なんか売っているらしいけど、なにを売っているのかよくわからなくて、でも、これはどうも他人に訊《き》くべきことじゃないと思ったことを覚えていますよ。

〝文法博士〟だったというのは中学校二年ぐらいのときです。論理的な思考が非常に好きやった。だいたい、それは小学校のときからありましたから、それでよう先生をやっつけて手柄顔した。

しかし考えてみれば、そのことと、たとえば『南総里見八犬伝』のような物語が好きだったということは、ちょっと両立しない話ですね。

神話とむかし話

その両立しないということはずっとありました、二つの傾向がね。数学も好きやった。数学はとび抜けていたんです。だから数学は試験勉強をしたことがないんです。もう絶対にできるぞと思うてました。そのぐらい数学はできた。だから、論理性のほうは自分は得意なんだけど、片方で物語が好きであった。だから日本の神話なんかに対してひどくアンビバレントな気持ちがありました。

というのは、論理性が高いというのと同時に軍隊が嫌いなこともありますからね。そやから「なに言うとるんや、あほな」というようなものがまずあるわけでしょう。

ぼくは覚えていないんだけど、うちの兄貴、サルの兄貴（河合雅雄）によれば、「進化論的にいうと、アマテラスはいちばん猿に近かったのとちがうか」とぼくが言うたというんですよ。

で、片一方で物語が好きでしょう。だから、勝手に古事記を読むと、これがむちゃくちゃおもしろい。でも、おもしろいということを認めたくない。腹立っているからね。そういう気持ちがほんとにありましたね。だから、イザナギの黄泉《よみ》の国へ行く話とか、ああいうのは本質的に好きだったですね。

そもそもぼくは子どものときからグリムとかも大好きでした。だから、ヨーロッパを好きになる一つの原因はやはり昔ばなしですね。いちばんわからないのが自然主義の文学とか志賀直哉《なおや》とかね。文章がうまいとかいうけど、ぜんぜんわからなかった。

当時の時代の背景からすれば、日本神話はいろいろな意味でより神話化されて出てきていたわけでしょう。それには腹が立って、頭ごなしに否定したいのに、神話を読んでみると自分は好きなんです。それでどうも困ったというかね。だから、好きなほうはあまり表明していないですね。

読書という点でいうと、谷川俊太郎さんもそうらしいですが、アルスの日本児童文庫の大きい影響があるんです。あれでだいぶ読んでますよ。あのなかに昔ばなしがたくさんあった。挿絵とかも覚えているぐらいですよ。

また、地球の歴史みたいなものを書いてあった本もあるんですよ、恐竜なんか出てくる……。そういう科学ものも好きで、中学校一年から三年ぐらいのあたりはわりと科学ものを読んでいますね。

　だから、自分はそういう点ではものすごく分裂していたわけですね。物語というようなことと論理的なことが両方好きでしたからね。

雅雄兄の『デミアン』を失《な》くした！

　その科学読物みたいなものを好きになったのは、雅雄兄貴がそういうことをわりと知っていたからです。あれはいつごろになるんかな、雅雄が二浪して新潟高等学校に入るのです。当時、丹波の篠山へんから現役で高等学校に入ったりしたら途方もない秀才で、みんな名前を知っているぐらい。それと同等に、わりあい軍人のいるところだから陸軍士官学校や海軍兵学校に行くんですね、陸士・海兵と高等学校。で、高等学校といっても、一高なんかだれも行けないから、姫路高等学校とか六高とかへよく行くのですよ。

　だんだんそういう世界があるということがわかってきたときに、うちの兄弟がみんなぼくだけは現役で高等学校に入れという一種の期待みたいなものが出てくるわけですよ。隼雄は行くやろうというし、ぼくも行かないかんと思った。早くから受験勉強みたいなことをしたりしてたんですよ。

　そのうちに、雅雄兄貴が、中学校時代は遊び倒しているぐらいでしたが、あとから急に翻然と勉強しだして、高等学校へ行くんですね。新潟高校へ入った。

　そやけど、雅雄兄貴は高等学校に入っても、肋膜炎《ろくまくえん》で休学してずっと家で寝ていたんです。だから中学生のぼくは家に帰ってきたらまずその兄貴の病床へ行って、兄貴は寝ていますからね、そこでひたすら雑談するんです。宇宙のことをしゃべったり、「モンクリ」とか、そういうことをしゃべるのは全部その兄貴だった。そのころは河合雅雄がぼくの指導者だったんです。

　どっちにしろ、系統がちょっとずつちがうんだけど、兄貴たちの影響をものすごく受けました。ぼくは大学時代でも、偉そうに人にパッと意見を言うてるときに、ほとんど兄貴の意見の受け売りであることに気がついて、愕然《がくぜん》としたことを覚えていますわ。自分の意見はほとんどないわけですよ。兄弟のだれかの意見を借りているだけで。

　それから、雅雄兄貴のことで忘れがたい体験は、あの兄貴がヘッセの『デミアン』がものすごく好きだったんです。しかしぼくはちょっと見て、これはどうも歯が立たんな思うてやめてたんです。終戦後、もう中学校を卒業して神戸工業専門学校へ行っている頃ですけどね。しかし兄貴にとうとうその『デミアン』を借りて、電車の中で読んでいたのですが、それを忘れて帰ってきてしまったのです。兄貴の『デミアン』をぼくは失くしてしまったんですよ。当時は本がなくて、買って返すことはできませんから、兄貴にどう言おうかしらんと悩みながら言うたら、兄貴は「それはしゃあないやないか」と言うて怒らなかった。

要するに『デミアン』がぼくにはわからなかったんですよ。あんまりわからんから忘れてきたんですね。それが恥ずかしいて恥ずかしいてね。兄貴がこんだけほめる本をぼくはぜんぜんわからないという思いが、ほんまによく残っています。『デミアン』に感激するのはもうちょっと年いってからですね。それにしてもあれは忘れがたいことです。

洋楽との出会い

文学の話以外で、何に興味をもったかというと、そうそう、音楽については絶対に言っておかなければいけないことがあります。一番上の仁《ひとし》兄貴が東京へ行ったでしょう、そこで洋楽というものに初めて接するわけですよ。その兄貴が洋楽のレコードを持って帰ってくるんです。それは田舎とはまったくちがう世界のもので、いちばん初めに聴いたのは『森の水車場』という曲です。『森の水車場』で感激して、『カルメン』とか『セビリアの理髪師』とかに進む。

それで、いまでも覚えていますが、『セビリアの理髪師』ってものすごくいい音楽でしょう。しかしなんでこれが散髪と関係があるのか不思議でしょうがなかった。それで兄貴に「これはいったい散髪とどう関係あるんや」言うたら、兄貴がカラカラと笑って「歌劇というものはそういうものではない」といって教えてくれるんですよ。これは歌劇の序曲であって、序曲とはどういうものかといったことをね。それがまたうれしくてうれしくて。それからシャリアピンの『蚤《のみ》の歌』とかね、あれはすっごい体験でした。

一番上の兄は音楽が大好きやったんですよ。音楽とか、もちろん映画についてもたくさん話を聞きましたね。一番上の兄貴はヴァイオリンがやりたくてしかたがなかったんです。うちの母親はヴァイオリンを弾いていて、うちにヴァイオリンがあったんですよ。ところが、「いや、男の子はヴァイオリンなんか弾くもんやない」と言われた、そういう時代ですね。それでレコードを買うてきた。当時はＳＰですね。曲のどこで盤を裏返すかいまでも覚えていますよ。手で裏返さないかんでしょう。

一番上の兄貴も次の公《ただし》兄貴も夏休みに帰ってくる。そして西洋の歌を教えてくれたり音楽を教えてくれたりする。それで、ぼくは音楽によって勇気づけられたり慰められたりしたのだけれども、そのうちに戦争になって、そういうことが全部消えていくでしょう。なんともいえない気持ちだったですね。だから、音楽との関係でいうと、ぼくの青春時代は中学校二年ぐらいで終わっているのです。

青春時代の歌

それから、これは両親が偉かったと思うのですが、うちは男の子ばかりだから、女の子と付き合うべきであるというので、近所の女の子を呼んできて、いっしょに歌を歌ったり散歩したりしたんですよ。だから、そのときが『ロビン・フッド』から始まるぼくの青春時代だったという気持ちがあるんです。

そうそう、そのときにタンゴがめちゃくちゃにカッコよかった。『薔薇《ばら》のタンゴ』とか『想い出のカプリ島』とか、いまでも全部歌えますよ。『小さな喫茶店』、『ラ・クンパルシータ』とかもね。

うちにオルガンがあったんです、それも篠山では非常に珍しかった。そのオルガンを母親が弾くでしょう。兄貴もそういう歌を弾いてみんなで歌うんですよ。それはほんとにわが青春という感じがあります。そして、そこから急激に灰色になって、青春がいっぺんになくなってしまうのです。ぼくは青春時代というと、いまでもあの頃にうたった歌を思い出しますよ。『巴里《パリ》の屋根の下』とかね。自分は映画を見ていなくても、兄貴の話を聞いているうちに見たような気になるのです。それから『会議は踊る』とかもね。

つい最近もじつはアメリカのコロラド州に行ってきたのですが、あそこへ行って、『コロラドの月』という曲のことを聞いたら、アメリカ人はだれも知らんですよ。ぼくたちはあれを歌うてたんです、しかも英語でね。

そういう新しい文化を二人の兄貴が持って帰ってくるのですが、長男と次男とは種類がちがうのですね。次男のほうはちょっとやわらかい。長男はまったく正統派。

次男のほうはマンドリンを弾いた。だからポピュラーというか、ちょっとちがうんですよ。ぼくは中学一年のときが昭和一六（一九四一）年ですから、戦争に突入しかけていたけれどもまだよき時代だったたんですね。それで青春時代という感覚があったのですが、それから急激に暗くなっていきます。

軍医になった次兄

もう一つ忘れがたいのは、二番目の兄貴は陸士（陸軍士官学校）に行きたかった。軍人になって国のために尽くすとずっと言っていたのです。真正面からそういうふうに考える感じの人間だった。

ところが、幸か不幸か、陸士をすべって臨時医専（医学専門学校）に入ってしもうたんです。本人はほんとやったら軍人になっているのにと思ってずっと鬱々《うつうつ》としていた。それで臨時医専を出て軍医になるんです。ところが、軍隊に入って初めて日本の軍隊の実体がわかって、「行かなくてよかった」と思うんです。

いまでも覚えているんやけど、その兄貴が出征するときにみんな集まるでしょう。酒飲んで賑《にぎ》やかにやるけれど、ぼくは兄貴が死ぬかもわからないと思うから、悲しうて悲しうて。でも、悲しい顔をしてはいけないんですよ。それに耐えられなくて、物陰に隠れてずっと泣いていたのを覚えています。この兄貴が死ぬなんて考えられへんと。

その兄貴が軍医になってとうとう最後に戦地に向かう前に家に帰ってきて、ぼくに「戦《いくさ》のようなばかなことはおれたちがやるから、おまえは絶対軍人になるな」といって出て行くのです。それがあとでぼくが陸士の推薦を断わるときのすごい支えになる。その兄貴はぼくが軍人に向いていないことをよく知っていたわけですし、しかも自分は日本の軍隊のいやなところを見たわけだから。

その後、兄貴は軍医として病院船のぶゑのすあいれす丸に乗っていたんです。たしか陸に降りているあいだにそのぶゑのすあいれす丸がアメリカ軍に撃沈される。大事件やったですね。乗っていなくて奇跡的に助かったんです。それからマレーのプーケット島にいて、敵艦隊が来て「もうだめや」いうときに終戦になって……それで命拾いするんです。

話はちょっとあとのことになりますが、そんな兄貴やから、自分は独身で軍医だからというんで、復員の仕事を全部引き受けて一番最後に帰ってきたんです。みんなの世話をして、マレーシアから帰ってくる最後の引き揚げで帰ってくるのです。

ぼくはそのときにもう神戸工専（工業専門学校）に行っていたから神戸にいました。兄貴が最後に帰ってくることを知って、何度も何度も問い合わせて、兄貴の乗っている汽車が夜中をすぎて神戸を通ることがわかったのでずっと待っていました。その汽車に乗り込んで「河合公《ただし》いう軍医はいますか」と聞くと「いますいます」って、みんな軍医やからよう知っているわけです。やっと会えたが、やっぱり痩せこけていてね、それでもぼくにはわかったんです。それで「オーイ」と言ったら向こうはぼくがあまり大きくなっていたのでわからへんのですよ。「どなたさまですか」と言ったのを覚えています。

育ち盛りだからぼくは背がワーッと高くなっているでしょう。「どなたさまですか」と言うのも無理はなかった。すごく喜んでくれて、いっしょに帰ったのを覚えていますね。

死ぬのが怖い

話を元に戻すと、その兄貴はぼくには「おまえは絶対軍人になるな」と言って、軍隊に行ったわけです。

ところでその関連でいうと、中学校の二年ぐらいになると、みんな予科練とかに行くんですよ。ところが、中学校二年か三年のときかちょっと覚えがないんですが、自分は死ぬのが怖くてかなわんわけやね。みんな死ぬのは平気なわけでしょう。国のために死ぬんだとかみんな言うているわけ。だから自分だけ怖いと思っているいうことを人に言えないんです。

一番上の兄貴はそのころ新潟医大に行っていた。それで思い余ってその兄貴に手紙を書いて、「正直に言うと自分は死ぬのは怖い。死ということがほんとうに怖いし、わからない。自分は愛国精神はあると思うけど、みんなが死にに行くのを見ると、自分だけそれが怖いので、それが非常に残念だ」と。

もう一つは「死ということがわかればどんなにいいだろうか。父親とか兄貴とかが死に対して悟った態度をしているのは医学をやったからではないか。だから、もしそれがわかるんだったら、自分は好きではないが医学を学びたいと思う」という手紙を出したんです。

そうすると、兄貴から返事がきて、死ぬのが怖いのはあたりまえである。なんにも恥ずかしがることはないということ。それから国に尽くすのが軍人ばっかりでは能がない。それこそ自分の本分を尽くして国に尽くしたらええんで、軍人になる人がいちばん愛国者であるとは自分は考えていない。それから三番目がショックやったんですがね、医学をやっても死ぬことはわからないと書いてありました。医学をやると人間の死についてはわかるが、自分の死についてはわからない、と。つまり人間がどうして死ぬかということはわかるけども、自分にとっての死はわからない。

そして、そのつぎがぼくはいちばんショックを受けたんですが、「そういう点で言えば、父上もぼくも悟ってはいない。だから自分の好きなことをやって、長いあいだかかって自分で悟るよりしかたがない。死ぬことがわかるために医学部へ行こうというのは、好きだったら行ってもいいけど、そういう考えは捨てたほうがいい」と書いてありました。その手紙をぼくはずっと持っていましたよ。

父への手紙、父の決断

そういうことがあったんですが、中学四年の終戦のちょっと前ぐらいのとき、陸士が生徒を確保するために推薦制を言いだす。それでうちの中学校はぼくを陸士の推薦に決めて、家に言いにきたんです。

そうすると、うちの父親も喜ぶわけ。なにしろ丹波篠山ですからね、陸士にはなかなか入れんでしょう。軍人一辺倒の世の中ですから、それは名誉であるし、父親はもう喜ぶし、母親もありがたい話だと言う。けど、母親はほんとうはいややったんですね。そこはうちの母親のおもしろいとこで、そんな簡単に兵隊になったり死んだりすることはないという考え方を持っていたんです、それはあとでわかるのですが。

それでぼくは推薦を受けて、ものすごく困るんですよ。絶対に行きたくない。でも、あんまり親父も喜んでいるし先生も喜んでいるし、「こんなめでたいことない」とか言っているから、よう言わんで、とうとうその日の晩に父親に手紙を書くのです。その手紙の中に、二番目の兄貴が戦《いくさ》はわれわれがやるからおまえは軍人になるなと言ったと、それに一番上の兄貴が軍人になるばかりが国に尽くす道ではない、本人の本分を尽くすのが本当であって、ぼくは軍人に向いていないと言ったという二つのことを引用して書いて、親父の枕許においておいたのです。

それで翌朝学校へ行ったものの、ぼくはどうなったかすごく心配だった。家に帰ってきたら、親父が「うん、あれは断わっておいた」と言うんです。どう断わったか、いまだにわからない。言うたら国賊みたいなもんでしょう。下手したら、非国民という非難をこうむるんですからね。

親父はわりとストレートに国のためにと思っていた人でしょう。愛国心の強い人で、陸士の推薦がきたときは本当に喜んだと思うのです。ところが、母親は、あとでわかったことですが、ぼくの意見を支持していたんですね。子どもをよく見ているから、あの子は軍人に向いていないし、息子の六人が次々死なんでもええやないかぐらいのことを思ったんじゃないですか。

あんまりむちゃくちゃな非難も受けずにともかく親父は断わってきました。けど、その断わる支えになったのは二人の兄貴の言葉なのです。

うちの親父は男性的で、厳しくて、パカーンとやるほうでしたからね、ぼくの考えには賛成しないと思うとった。しかしパッと断わってきた。しかもグズグズ言わんのです。「あれは断わってきた」とそれで終わり。そのときにどんなに大変やったかとか、そういうことは絶対に言わない。

思わぬ結末

ところが、それが変な効果を及ぼすのです。これは傑作な話なのです。ぼくはぜんぜん覚えてなかったんですが、雅雄兄貴が覚えていて、ぼくが大学を卒業するぐらいに教えてくれて「ヘェーッ」と言うたんだけど、そのためにぼくは高等学校を落ちたんですよ。姫路高校を落っこった。

ぼくは中学四年だった。その頃は動員でずっと工場にいたのですが、そのときに中学校を四年で卒業させるということが決まったんですよ。五年と四年両方が卒業したんです。そして、戦争で大変だから高校入試は書類選考でほとんど落として、残ったのを面接して入れるということになったわけです。

ぼくは一番にはようなったことない。でもいつも二番だったから、書類選考でいうと絶対通ると思ったのです。三高やったら危ないけど、姫高やったら絶対確実やいうんで姫路高校にしたのです。ところが一次で落ちた。まさか落ちるはずないと思ったのに落ちた。

そしたら、そのときに父親がわざわざ、当時は空襲に次ぐ空襲で汽車に乗るのは大変やった時代ですが、とうとう姫路まで行って、なんで落ちたか聞いてきたんです。そうしたら、教練が「丙」だからだとわかった。それは陸士を断わったので教練の教官が「丙」を付けた。姫路高校は教練が「丙」のやつは全部落とすということだった。だから、それこそ家中の願いがあったのに、むなしく一次で落ちてしまうのです。

おもしろいのは、教練が「丙」で落ちたということを親父が言うてくれたのをぼくは覚えていないのですよ。親父が姫路まで聞きに行ったということはよく覚えている。親父にすごく感謝しましたからね。そういうわけで高等学校をすべったから神戸工業専門学校電気科に行ったんです。

ちょっと横道にそれますが、雅雄兄貴が新潟に行った理由はというと、それは一番上の兄貴が新潟医大におるから新潟高校を受けたわけですよ。いっしょに暮らせるというんで。もうちょっと言うと、一番上の兄貴は、親父が歯医者だから歯医者を継ぐために、いまの東京医科歯科大の前身の東京高等歯科医専――そのとき唯一《ゆいいつ》の官立の歯医者の学校だった――へ行った。その専門学校を出たあとで、成績がよかったら医大へ行けたんです。あとから兄貴に聞くと、ほんとうはやっぱり兵隊になるのを遅くするために行っているんですね。それで推薦されて新潟医大に入ったんですよ。その兄貴が新潟へ来いということで、三番目の雅雄兄貴が新潟高校へ行った。三番目の兄貴は二浪して入っているのです。

ぼくの場合はといえば、神戸へ行ったのは近いし、それから理科系だったからですね。あのときに理科系は徴兵猶予《ゆうよ》があった。そして高等学校をすべったから専門学校でしょう。それで神戸工専の電気科を受けたんです。

中学当時の恋愛観

さっき男の子の兄弟ばかりだったので、両親のほうで女の子を呼んでという話をしましたね。中学生ぐらいだと当然異性に対する関心が出てくるころですが、ぼくの場合には、それはまったくロマンチックなファンタジーでしたね、ロビン・フッドですよ。きれいな女の人がきて、兄貴たちといっしょに歌をうたったり遊んだりしているんだけど、そこに具体的に恋愛とか結婚とかいうことはイメージに出てこなかったんじゃないかと思います。それでも、そういうすばらしい女性によって自分を高められるというか、そういう気持ちはものすごくあったと思いますね。

つまり文学の世界は別世界と思っている。だから自分にそういうことがあるとはちょっと思っていなかったんじゃないでしょうか。それで前にも言ったように同級生とはぜんぜん話が合わなかったのを覚えています。

男女関係のことは軟派で、硬派は武道とかいうけど、ぼくはどっちでもない。だけども、兄弟とは話ができたんですね。みんなが同じ本を読んでいるわけだから共有できたし。

そのうちに兄たちが恋愛を始めるんです。あれもほんとになんとも言えん経験でしたね。ああ、恋愛いうのは本とか映画の中にあるんじゃないいうことがわかってくる、身近に起こりうるものだって。みんなわりあい話しますからね。

母親もその中に入ってきていっしょにしゃべるんです。そしてあの女の子はここが悪い、ここがだめだとかいうことを言いだすんですよ。そういうことを親・兄弟でどんどん話をするわけです。

そう考えると、当時の家庭としてはやっぱり普通とはまったくちがうと思うんです。

父親はそういうのに入ってこないんです。父親はそういうのから離れて、ただ本分を尽くしていただけ。

父の出番

兄の雅雄は病気で寝てばかりいて自分で行動できないでしょう。アジテーターになってくれるわけです、いろいろなことのね。これ読めとかもっと頑張れとか。終戦後になると、だんだんアジテーションが強まってきて、自分の意見は堂々と言えとかいうんですよ。そのうちに弟の逸雄《いつお》いうのがそれに感激しすぎて、高等学校の先生がばかなことを言ったときに、出て行って、「もっと先生らしくしろー」とか言ってボーンとみんなの前で殴りつけたんです。

それで大問題になってね。そりゃそうでしょう、みんなの前で殴ったんだから。そんなときまた親父が活躍するんですよ。親父が出て行って、こういうのこそ正当防衛というんだ。つまり教官は言語によって暴力を働いている。生徒は体による暴力でしかこれに応《こた》えることができないじゃないか、というのが親父の論理です。

それからうちで「正当防衛」いうのがはやって、なんかあると、「これは正当防衛だあ」とか冗談を言ってました。それで処罰は受けなかった。

ところでスポーツとか体を動かすことは、ぼくはだめなんです。兄弟六人のうちぼくだけ運動神経がない、弱いんですよ。ほかはみんなできるんです。いちばんすごかったのが雅雄なんです。あれはもう運動会の花形やったんですよ。あのころよく最後はクラス対抗とかをやるのですが、そのときにスターになるんです。むちゃくちゃに速い。ぼくらなんべん応援に行ったかわからないです。カッコようてね、最後にアンカーになってきてバーッとみんなを抜いて。

そして、ぼくと雅雄のあいだに迪雄《みちお》がいるのですが、これもそこそこできるんですよ。あとはそれなりに、まあまあ、二流どこぐらいできるんですよ。ぼくだけぜんぜんだめなんです。

傑作なエピソードがありましてね。小学校の運動会で一等は黄色のリボン、二等がブルーのリボン、三等が赤のリボンをつけてもらうんですよ。どの兄貴もみんなリボンを持っとる。ぼくだけリボンがないんですよ。三等にもなったことがない。

それで、小学校六年最後の運動会で、ここでリボンをもらわなかったらカッコ悪い思うて一生懸命走ったら、途中ぼくは四番やったんですよ。一人抜いたらリボンもらえる思うて走っとったら、二番のやつがコースをまちがえて走ったんですよ。三番もそれについて走ったわけです。ぼくはちゃんとしたコースを走ったんで二番になった。それでぼくはブルーのリボンをもろうてきた。家中でどんなに冷やかされたか、「おまえが二等になったとはなあ」とか「大したもんだ」とか言って。

それから、前にも言いましたが、いろいろハンディキャップをつけて遊ぶでしょう、そういうときにぼくだけハンディがちょっとちがったんです。いまから思うと、ものすごく不器用やったんですよ。

それで最近、兄貴と大笑いしたのですけど、「このごろ年をとったのか、ときどき階段なんか上がっていて、けつまずいて引っくり返ったりする」いう話をしたら、兄貴が「そんなもん年のせいやない、おまえは子どもの頃からそうやった、だから心配するな」って。

篠山ではそういう「不器用」というのを「またい」と言うんですよ。そのとき兄貴は「おまえなに言うとるんや、おまえ子どもの頃からまたかったやないか」言うて、ぼくも「そうやなあ」言うたら家内が大笑いしました。

だからぼくは小学校ぐらいのときに、ぼくだけほんとここの子やないいうのをなんべん考えたかわからんですよ。ぼくだけちょっと顔がちがう。それから運動神経がない。それに、上のほうはみんな生まれたときの写真があるのに、ぼくだけないんですよ。ぼくは幼稚園まで写真がないんです。これもどうも怪しい。

それからひたすら本が好きで、論理的に文句言うのはぼくだけでしょう。ほかの兄弟はわりあい体を使って外で遊んだりするのが好きだから、ぼくだけほんとこの家の子とちがうんじゃないかと、真剣に思いましたよ。

そういうことを全部論理的に考えて、親父がどうもぼくに対して冷たいとかね。そういう気があったから、親父が姫路高等学校へ聞きに行ってくれたのはめちゃくちゃうれしかった。

矛盾した愛国少年

さて急転直下、非常に暗い時代に入るわけですが、あれは大正デモクラシーの名残を兄貴二人が感じて、それがぼくらに伝わって青春時代を楽しんでいた、そのときに急激に戦争になった、ということなのですね。そのときはおもしろくなかった。

ただ、物語と論理性の場合といっしょで、ぼくはいつも割れるんです。ぼくは真《ま》っ直《す》ぐで素直なところがあるから、熱心な愛国者なのですね。だから国のために働かねばならないという気持ちはものすごくある。しかし片方では、どうも怪しいと心の中で思っているんですね。

それをいちばん思ったのは、軍人の偉い人が講演にきまして、そのときに、世界の歴史を見れば侵略者は結局は敗《ま》けるという話をするのです。そして、いまアメリカがサイパン島を侵略し、ついに日本を侵略しようとしているが、結局、侵略者は敗けていくのである、みんな頑張れという話をするんですよ。

そういう話を聞きながらぼくは、「初めに中国を侵略したのは日本でしょう。日本はそれをいまやっているんや、敗けるほうを。だからこれは絶対に敗けるにちがいない」と思った。

それをとうとう兄貴の雅雄に言うんですよ。あの頃に「必勝の信念」という言葉があった。ほんとうに残念だけど、ぼくは「必勝の信念」は持てないと、いま言うたようなことを話して、「もう歴史的に見ても日本は敗ける筋に入っていると思う」言うたら、雅雄は顔色を変えて「絶対に言うたらあかん、だれにも、両親にも言うな」と答えたのを覚えていますわ。ぼくの考えが正しいとか正しくないとは言わなかった。

だから片方では愛国少年で頑張っている。でも片方では論理的にはおかしいと思っている。非常に矛盾した状態でした。そして軍人になるのがいやだという気持ちがあったから、軍人の横暴には腹が立つし、なんかアンビバレントな感じでしたね。

動員・空襲・原子爆弾

そして、学徒動員で伊丹で旋盤工をやっていたのです。海軍の鉄砲の弾を旋盤で削るんですよ。一日に何個削るいうたって、ぼくら中学生がやってもなかなかそんなにできないんですよね。ほかの人に比べると、ぼくはできていないからだめだといつも思っていた。

そうしたら、ある日班長に呼ばれて「おまえはこれをやれ」と言うんです。それはなにかというと、戦争が苦しうなってきたから、いままでおシャカになっているやつをもういっぺん測り直してなんとか救えるものは救うという仕事なのです。その作業をぼくはやらされたんです。その班長がそのときに「この子は熟練工やからなあ」とか言うたのを覚えている。自分の思いとその人の評価とはぜんぜんちがうから、「へエーッ」と思った。それはものすごく印象に残った。

ぼくが熟練工で全部わかっているから、どこをどうするかわかるだろうと見なされていたんですね。だけど、ぼくは自分ではだめやだめや思うておったのにね。そのパターンは人生に何度も出てくるんです。自分ではだめや思うてるのに他人の評価がちがう。

それから、寮の中でぼくは『レ・ミゼラブル』とか読んでいるわけですね、ほかの連中と読む本がぜんぜんちがう。それも印象に残っていますね。そのときに『怪傑黒《くろ》頭巾《ずきん》』とかああいう本を持ってきてみんなに見せてやったら、中学三年生ぐらいだから、みんなむちゃくちゃ喜んで「こんなおもろい本はない」言うてね。

なにを読んでいるか先生にはわからないですからね。それにぼくの場合はうちにもともとあったわけです。

空襲は毎日ありました。とくにあのとき神戸の空襲があって、神戸に伯父さんの家があったので、つぎの日すぐ行ったのですが、全部焼野原になっているのを見ました。蔵だけがポツンポツンと残っていた。ぼくはあの印象があるから、今度の神戸の大震災では、あんなにひどい被害だったにもかかわらず、あんがい建物が建っているなと思ってびっくりしたのを覚えていますよ。

ぼくは伊丹にいたから直接は爆撃されなかったのです。それでも、大阪や神戸に焼《しょう》夷《い》弾《だん》が落ちて燃え上がるのは何度も何度も見ましたね。

それは三、四年生ぐらいのことです。中学は四年で終わって、神戸工専に入って、あとは終戦です。そのときでも雅雄兄貴は病気で寝ているわけでしょう、だからなんとか家に帰っては兄貴としゃべっていたんですよ。その兄貴からいろいろな情報なり本を読む知識なり全部入れたのです。

そのときに「科学する心」ということが強調されて、兄貴はわりあい理論物理の本を読んでいたのですね。原子爆弾が落ちたときに「もうあかん」言うたのは兄貴です。「これはもうぜんぜんちがう爆弾や」と。「もうそれができたんや」と兄貴が言うたのを覚えています。原子爆弾と言ったかどうか覚えていませんけれどもね。つまり特殊爆弾によってやられたということでした。でも、ぼくらが絶対に怪しいと思うたんは、その爆弾で宮さん（皇族）が死んでいるんです。ふつう宮さんなんて絶対に死なないでしょう。

それでぼくは中学校のときに、四年で卒業させられたために神戸工専に入った。そして寮に入るんです。ところがその直前、中学四年の終わりの頃にぼくは肺浸潤になって、二ヵ月の静養ということで休んで家に帰って寝なければならなかったのです。兄貴も寝ているでしょう、ぼくも横に寝て終戦の頃もようしゃべった。

しかしそれもちょっと怪しくて、あとから風聞で聞いたところによると、その診断をしたお医者さんは僕があまりに可哀《かわい》そうだから肺浸潤という診断をつけたという話があるのです。いまはなにも痕跡《こんせき》が残っていませんからね。その人はぼくに同情してつけたのかもしれません。ぼくはさっき言うたように大愛国少年という顔をして、食うものも食わんとヒョロヒョロになって死ぬ思いで働いていたから、もう見るに見かねたんじゃないでしょうか。

敗戦のとき

さすが工専で、校舎は焼けてしまってたけど、やっぱりある程度寮の中で授業をしていたんです。肺浸潤はもうよろしいということになって寮に行ったら、みんなはずっと習っているのですよ。それに追いつくのにずいぶん苦労しました。どういう授業があったかというと、おもに電気の授業です。もちろん数学もありました。

おもしろいことに、神戸工専へ行ったのですが、みんな工場が疎開《そかい》したので、神戸工専からその疎開先に行けいうことで、ぼくはまた家から通えるところになった。丹波の篠山の近くの山奥のほうへ行くことになった。それで家に帰ってきて、しばらくたって終戦になったんです。だから終戦のときのことはほんとによく覚えていますわ。

あの頃は食いものがなくなっているでしょう。だからぼくら川へよく魚釣りに行ったんです、魚はよく釣れたんです。あの日も魚釣りに行って、雅雄は川へは行けないのですが、魚をとりに行けとか魚はどこにおるとか、よく知っているから、その雅雄の指令のままにだいぶ魚をとって、帰ってきた。そうしたら大事な放送があるというので、ぼくらはてっきり「頑張れ」いう放送だと思ってましたね。

ところが、ラジオのある家があまりないんですよ。だから私の家に近所の人がいっぱいきたのを覚えています。そして雅雄も迪雄《みちお》もぼくもいた。両親ももちろんいたし、近所の人もいるわけですが、わけのわからん放送でしょう。その中に「ポツダム宣言を受諾するのやむなきにいたった」いう言葉があって、ぼくら三人とも敗けたことがわかったから、なんともいえん気持ちやったけどね。

そのときに、ほんとうによく覚えているのですが、「敗けた」いうたときにすぐに思ったのが、兄貴が死なずに帰ってくるということです。二人の兄貴は戦場に行っていますから。そして、それをすぐに心の中で打ち消したのを覚えていますわ、もっと国のことを考えなければいかんのに、すぐ私情を入れてはいけない、とね。愛国少年のくせで、それをまず思った。

ラジオ放送が終わったら、みんなわかってへんから、まだ戦争せないかんと思って帰っていくわけ。ぼくら三人だけ敗けたとわかっている。ところが隣組の偉い人が一人ノートに放送の記録を書いていた。それでぼくら三人、「敗けたいうことがわかっているのはあの人だけやで」と言うていた。ところが、その人は帰るきわに「みなさん、頑張って戦いましょう」と言うた。何もわかってなかったのですね。

戦争には敗けたからしようがないし、どうなるかわからんし、家におったわけですが、そのうち少しずつ変わってきたんですね。それでも結局はだんだんよくなってくるぞという感じがした。

大学受験に照準を定める

しばらくたって神戸工専が再開されるいうことで、とうとう神戸へ行くわけです。神戸へ行ったら、神戸工専は空襲で丸焼けですから校舎がないんですよ。まったく焼けちゃったのです。それがぼくに幸いしたようなところがあった。要するに、ぼくの嫌いな実験はなにもせんでよかったんです。理論ばかりですよ。理論いうたらぼくにとっては簡単でしょう。ですから電気科の出身ですが、ほとんど実習をしていないんですよ。兄貴によう冷やかされたんだけど、「おまえヒューズの換え方知らんやろう」と言われる。

神戸工専へ行ったときにものすごく迷ったのは、やめて高等学校を受験するかどうかいうことだった。あのときにそうしておったらぼくの人生もまた変わったと思うんですよ。篠山の中学では大秀才が一人だけ高校へ入れるわけでしょう。だから自分は神戸工専をやめても高等学校に入学できるかどうかわからない、それが怖いわけです。

ところが、戦争が終わったあとで制度が全部変わってしまって、工専の卒業生も大学を受けられるようになったのです。それやったら、もう工専を卒業して大学を受けたほうがええやないかというふうに考えが変わって、そんなら神戸工専は行くけども、これは大学受験のためにしようということにした。そのときにも兄貴とどうするか言うてよう話し合いしたのを覚えていますわ。それから以後、ぼくにとっては高等学校を出ていないという劣等感がずっと付きまとうわけです。

あのころ高等学校というのは人生の教養を身につけるところだったのです。みんな哲学書を読んだりするでしょう。だけど、工業専門学校いうたらいわゆる即戦力だから、電気の技術を確実に身につける。幸いにも校舎が焼けて実験はなかったんだけども、それを習いながら、自分は勝手に大学の受験勉強していたんです。あのころ理学部、工学部を受けるためには英語と数学と物理と化学が必要だったんです。だからその受験勉強を勝手にしていたんです。

そのときに竹内端三《たんぞう》いう人が書いた『微分積分学』の本があったのです。いまでも覚えているけど、その本を読んで、微分学の基礎から始めるのです。その中に直線は連続体である、だから切断するとき「片方にハシあれば片方にハシなし」と書いてあるのです。これはいったい何事かと思うてね。結局、あれはハシなしというのはまちがっとるので、片方に命名すれば片方は命名不可能という意味がほんとうでしょう。あれもすごく印象に残っています。そんな工専ではやらないような本を勝手に読んで受験のために勉強していたんです。

英語も結局は英文和訳だけでしょう。しかも戦争で中学校は二年までしかやってませんわね。それで中学二年の本、三年の本、四年の本と順番に自分でやって、それからいろいろな本を読んで受験に備えたんです。だから発音なんてぜんぜんわからない、英文和訳だけやっているんだから。

そういうわけで、中学では、ぼくは世界史は習ってないと思いますね。日本史はある程度習ったし、東洋史は習いかけて、あともう戦争でしょう。工専ではドイツ語なんかもちょこっとドイツ語の先生が教えてくれたかな。つまり、いわゆる教養として高等学校で習うことをぼくは全部習ってないんですよ。大学に入学したものの無教養であるという劣等感はずっと付きまとったんです。無教養の自覚は今もありますけれど。

希望に満ちた時代の到来

戦争のさなか死について考えた時、宗教には関心が向かなくてそういうのはみんな哲学の問題でした。仁兄《ひとし》も哲学が好きやったから哲学的な本をこれから読んだほうがいいんじゃないかいうことはありました。その第一が河合栄治郎の『学生に与ふ』です。あれを読んだのは中学生のときです。すごい感激して読んでいるんですよ。

それで『学生に与ふ』を読んだから、あと同じ河合栄治郎の『学生と読書』とか、「学生とナニナニ」という学生叢書《そうしょ》があるのですが、あれを順番に読んだと思います。

しかし、宗教への関心はぜんぜん出てこなかったですね。やっぱり哲学的に考えるということでしたね。ぼくも「実際そんなん哲学の問題や」いう気持ちは強かったですね。だからその頃からそういう本を読みだしたんです。哲学書を本格的に読むようになるのは終戦後です。ところが、哲学はぜんぜんわからない。

あのころは西田幾多郎の『善の研究』を買おうと思うたら本屋の前に並ばなければいかん時代だったのです。そういう時代ですから、やっぱり『善の研究』をちょっと読もうと思ったのですが、ぜんぜんわからない。はなからわからないんです。ですから神戸工専の時代には、哲学を敬遠しつつわりとみんなが読む本を、それこそ『狭き門』なんか読んで感激して、兄弟でしゃべっていました。

それから、『アルト・ハイデルベルク』、岩波文庫にあるでしょう。あれはぼくの家のひとつの定番みたいになっていた。みんなロマンチストが多いから。いまでも兄弟が集まったら、うちの一番上の兄貴なんか『アルト・ハイデルベルク』の歌をうたいますよ。あれには歌があるんですよ、「いざや入りませ我が家に」という……。終戦後の新しい自由な雰囲気がものすごくあったですからね。

学校の外では、いろいろなことが急激に変わっていきました。それはもう希望に満ちていましたね、新しいことがどんどん入ってきて……。それと、ぼくにとってうれしかったのは論理的な思考が認められたこと、それをわりあい公《おおやけ》に言えるようになったことです。

あの頃のひとつの流行で「日本はアメリカの物量に敗けた」という説があったのです。物量戦には敗けたが、日本の精神は敗けていないと言う。ぼくはそれにひどく腹が立ったのを覚えています。日本は精神に敗けたのだ、アメリカの合理精神に敗けているる、だから物に敗けたというのは大間違いであると思いましたね。あの頃は日本の国のために自然科学で頑張らないかんと、思っていたわけですね。

神戸工専の時代の大きい出来事は、初めて本物のクラシック音楽を生《なま》で聴いたということです。そのときに友だちになったのが、コンサートのことなどよく知っていて誘ってくれた。当時一晩徹夜して夜警をしたら五〇円もらえた。その五〇円で歌劇が聴けたんです。それで藤原歌劇団の『カルメン』を見に行った。あれも忘れがたき経験の一つで、もうどんなにすばらしかったか。藤原義江《よしえ》がホセになって、オペラを日本人がする、というだけで感激だった。

大阪の朝日会館でやったんです。五〇円といったらだいぶ高いですが、一晩夜警をすればいいのです。それに徹夜する連中にはおもろいやつがたくさんいた。一晩しゃべっていたらいいわけでしょう。バレエの『白鳥の湖』とかは死ぬほど感激したですよ。

それから関西交響楽団の演奏を朝比奈隆《あさひなたかし》さんの指揮で聴いた。アンコールにブラームスの『ハンガリア舞曲』の六番やったかな、それを聴いてものすごく感激して、そのフシを覚えていました。

そして、その関響を聴いているうちにオーボエに感激するんです。あれはいい音がするでしょう。絶対あれをやりたいと思うて……。京都大学に行ったときはほんとはオーボエをやりたかった。そうしたら、ぼくの友だちの中にフルートをやっている友だちがいて、ときどき貸してくれたんですよ。それをプープー吹いていたんですね。とにかくなんでも全部新鮮に受け止めることができて幸いだったと思います。だから感激のしどおしなんですよ。一つ一つにやたらに感激するのです。こんなすばらしいものはない思ったら、まだ上があるんですよ。

N響を聴いたのは京大に入ってからです。それはそれでまた感激するでしょう。その後ロサンゼルスへ行って、向こうの演奏を聴いて感激するでしょう。そのまま素直に受けとって感激しているからとても得しているのですね。

工専時代の学友

工専時代に親しかった友だちは二人いまして、「花咲爺《はなさかじじい》」みたいなおもろい名前で花坂というのと、井上というのがおった。その花坂和雄、井上隆（後に、岩田隆）が音楽にわりあい詳しかったり、券を買ってきてくれたりして、その二人と一緒によう行動していた。その花坂が『吾輩《わがはい》は猫である』が大好きだったんですよ。

井上という友人は音楽が好きで、映画なんかよう一緒に見に行ったのですね。井上というのは美的感覚が鋭いんです。彼は美しいものに感激するけれど、ぼくは物語派でしょう。たとえば『巴里の屋根の下』なんか見ても、ぼくはそんなおもしろうないんですよ。しかし井上は感激するんです。ぼくは物語でおもろいのはむちゃくちゃに好きなのですけれどもね。そのときもやっぱりぼくには美的感覚はないなあとよう思うてました。もっとも、井上は京大農学部に入学してきて一緒に行動していたので、この映画は大学時代に見たものかもしれませんが。

ジャン・コクトーの『美女と野獣』とかオーソン・ウェルズ主演の『ジェーン・エア』もありましたね、あんなんがぼくは大好きや。

『美女と野獣』の話はなんべん心の中で考えたかわからんですね。夜警に集まってみなでディスカッションしますね。ぼくはそういう物語の筋にばかり関心があって、あの主人公はなんで結婚せえへんのかとか、もうちょっと上手にやりゃいいのにとか、そういうことばかり思うている。ところが、みんなの話では、あれは美的にすごいとか、あれはアングルが悪いとかで、そんな話になると、ぼくはぜんぜんついていけへんのですよ、そういう芸術談義には。芸術談義のあいだはずっと黙っていた。それで、やっぱりぼくはあかんなあ思うてね。

たとえば、小説なんかでも、「夏目漱石《そうせき》なんか、あれはだめだよ」ということになるわけね。やっぱり自然主義の小説が本物でいいということになる。

みんなは漱石とかは偽物《にせもの》で、文学というものはあんなもんやないというけど、ぼくはわからんですよ。ぼくは夏目漱石が大変に好きでね。ぼくは物語として読んで、主人公がどうすれば幸福になるかなどと考えながら読んでいるわけですよ。

あの頃は坂口安吾《あんご》が人気があったようですが、ぼくらのグループではあんまり話題にならなかった。まったく正統的に、いわゆる日本の文学の主流としていわれているのをみんなすごい言うたけど、ぼくはおもろうないと思う。

音楽に関していえば、花坂も井上も聴くのを楽しむほうで、自分が演奏する気は毛頭ないんです。花坂はもっぱらオーディオのほう。ぼくのラジオとかは全部花坂がつくってくれたんですよ、安くね。それをひたすら聴いて、だんだん音楽が好きになっていくんです。LPの装置も花坂がつくっているのです。

京大数学科に決めた理由

ぼくの気持ちの中で工専の時代に、いちばん大事にしとったのは、大学に受かることだったんですよ。ひたすらなんとか受験勉強したいという気持ちが強かった。花坂とか井上やらも大学に行こうかいう連中だったんです。ほかの、つまり電気技師になる人たちとちょっと離れていたんです。井上も大学に行ったし、花坂は結局は家庭の事情で行けないということで、大学を断念して高校の教師になるのですがね。話はとんでしまうけど、それが『青春の夢と遊び』(一九九四年・岩波書店、二〇一四年・岩波現代文庫)の最後の夢に出てくる二人です。IとHと書いてある。

電気科に入ってからは、はっきり言えば、ともかく大学、それも京大に行きたいと思っているだけでした。学科はどこでもいいんですよ。

だから、一番上の兄貴が「おまえどこに行くんや」言うから、調べておったら、あのころ鉱山学科がいちばんやさしかった。「鉱山科に行こうかな」言うたら、兄貴に「おまえは京大に入ることを目的と考えているんとちがうか。京大に行かなくてもいいんやから、自分がなにになりたいかいうことを考えて学校を選ばないかん」と説教されたのを覚えていますよ。ほかの大学でもいいよ、阪大でもいいからとね。けど、実際言うと、もう鉱山でもなんでもいいから京大に入りたいという気持ちゃったですね。

結局は数学ができるから、数学科を受けることになったんですが、それでも東京工大の電気科も受けたんですよ。

東京工大を受けに行ったときに、篠山の中学校の卒業生の泊まる寮みたいなものがあって、そこに泊めてもろうて、受験に行きました。ところが、泊まった部屋に吉川《よしかわ》英治の『宮本武蔵《むさし》』があったんです。それで、読みだしたらおもろうておもろうてやめられんようになってね。徹夜に近く読んでしまったので、試験はさんざんやった。東京工大を落ちて京大の数学科に入ったんです。

ですから数学科志望というのは最初からあったのではない。鉱山学科に行こうかと思ったりしているわけでしょう。でも、だんだん勉強しているうちに、結局は自分が工学部向きではないと思いだしたのですね。だいたい、神戸工専の電気科をなんで受けたかというと、製図のないところだったからなんですよ。製図は大嫌いなんです。電気はそれがないのです。こんどは理学部の中で実験のないところに行こうと思った。そうすると数学になっちゃう。それで数学科に行こうというふうに考えたわけです。ですから、ほんとうはなんにもわかっていないのですよ。ただ、もう京大に行きたいというのと、工学部向きでないということがだんだんわかってきたこと。そんなら数学科にしようかと……。数学は神戸工専の中ではできましたからね。でも、よう京大に合格したと思いますね。それでも動機不純で大学に入っても、あとは何とかなるものですね。苦労はしますが。

Ⅱ 自由と混迷

——教師に、そして心理学への開眼

劣等感からのスタート

一九四八（昭和二三）年に京都大学の数学科に入学しました。大学に入って工専と最もちがったところは、京大ですからもう丸っきり自由なことでしたね。自由というのはいまの言い方で、関西的にいうとほったらかしということです。だから何をどうしていいかほんとにわからない。わたしは工専から行ってるでしょう。ほとんどの人は高等学校から来ている。そのなかでもやっぱり三高↓京大という明白な線がありまして、だからすごい劣等感がありましたね。

おまけに数学というのがまたぜんぜんわからない。まあ、入ったわけだから自分は数学ができると思っていますよね、できるから行った、と。ところが、もうガラッと変わるわけです。完全に純粋数学になるのです。しかも純粋数学の基礎からやるから、どの講義も聴いてて全部わからないんですよ、ほんとに。

演習というのがあって、先生が問題を出して、われわれはその問題を黒板の前で解いていくのです。ところが、あとでだんだんわかってくるんですが、やっぱり有名な問題なんかがあるんです。高等学校から来ている人たちはみんなだいたい先輩やなんかから聞いてそれを知っている。もう答まで知っている人もいるのですね。そういうのが前へ出て行って解くわけでしょう。ぼくはぜんぜんわからないのに、みんなはわかっていると思いますよね。

ところが、そこが数学科の特徴で、だれも他の学生とほとんど話をしないんです。わからなくてもニコニコしている人もいる。だからますます様子がわからない。ぼくはいまでも覚えていますが、ある一つの問題をぼくなりにすごく考えて、必死の思いで黒板の前で解いたんです。ぼくは自分で考えてきているから普通の解き方とちがいますね。それで、ほとんどできているみたいなんだけど、先生もなかなかわからない。さんざんやったあげくに、これはやっぱりまちがっているいうわけです。それで、ぼくは「しまった。やっぱりあかんなあ」と思ったんですね。

そんなことがあったときに、その演習はみな講師の人がやるのですが、なんかのときにちょっといっしょになったら、「河合君は三高からですか？」と言われたんです。あとから考えれば、おそらくその先生はぼくのことをちょっとおもしろいと思ったんでしょうね。まちがっていたにしろ、普通とまったくちがう考え方で解いてきたわけだから。ところが、それをぼくはすごく冷やかされたと思ってね。要するに、あんなばかなことをやるのだから三高じゃないだろう、そう先生が考えたにちがいない、

「やっぱりだめだー」って思い込んでしまった。ほんとに劣等感の固まりになっていたわけですね。

しかし、いまから思うと、それがよかったかもしれません。それで数学の学者にな

るということは、一年生のところでほとんどあきらめたわけですから。

たとえばぼくがそういう三高→京大という線に乗って入っとったら、その線に乗っ

て三流の数学者ぐらいにはなったかもしれません。ところが、そんな調子でしょう。

だから漱石の『三四郎』の、ほんとに困ったときに与次郎があらわれるでしょう、あ

の感じなんかよくわかりましたね。

それでもなんとか曲がりなりには在籍していたのですけど、あとから考えると、大

半のクラスメイトは自分はだめやと思ってたんですね。また先生のほうもそう思って

いるわけですよ。ときどきいいのがいるだけで、ほかはみんなだめだと思っている。

ところが、だれもそういうことは話をしない。ぼくは人間好きだからみんなと話をし

たりしだして、そのうち様子がだんだんわかってくるんです。が、初めの一年間は大

変やったですね。

同級生は二五人です。同級生の名前を全部知っているのはぼくだけやったんとちが

いますか。みんなスーッときて、サーッと帰って、だれとも話をしない人もいました

からね。その人たちともぼくはおもしろいから話をしてみようと思うたりしてましたがね。誰かが「あの人は家に帰ってなにしてんやろう?」と言うから、「あの人は家に帰って内職のマッチのレッテル貼《は》りしているんとちがうか」なんてこと言うて。あの体験は忘れがたいですな。

そして、そんなに数学がわからないんやったら、もういっぺんちゃんと勉強してみようと数学の歴史を読んだのです。そうしたら、よけいげっそりするわけですよ。出てくるやつが天才ばっかりでしょう。そういう数学者のやっていることはぜんぜんスケールがちがうんですね。「ああ、こういう天才がいるんや。これは絶対だめだ」と思ったけれども、なんかせないかんわけでしょう。一年のあいだはそれは憂うつだったですね。

「河合塾」でフルート購入

しかし、忘れられないのは、京大オーケストラに入ったということですね。どうせドンチャンやっているぐらいだと思って練習場を見に行ったのです。そうしたら、ベートーベンの二番の二楽章をやってたんですよ。あんなに感激したことはなかったたですよ。「大学生がベートーベンをやっている！」って。忘れられませんわ、カッコよかった。そのとき指揮していた人が長広敏雄《としお》さんですよ、あの敦煌《とんこう》の研究で有名な。

前にちょっと話したけれど、ぼくはオーボエがやりたいと思った。オーボエなんて楽器は、ふつう先輩から受け継いでいくのです。ところが、先輩にすごくうまい人がいて簡単には譲ってもらえないし、自分で買いたいと思っても金がないので買えない。それで、まあ、フルートでも吹いたらということになった。フルートは中古で買えますからね。数学の家庭教師をして三〇〇〇円で買った。

そういうときにかならず活躍するのが兄貴の雅雄なんです。彼が「おまえそんなんやったら夏休みにちゃんとやれ」いうことでね。夏休みに篠山《ささやま》の私の家で数学を教える塾を開いたんですよ。「河合塾」本家ですよ。高等学校へ行ってチラシを配ったかな、篠山鳳鳴《ほうめい》高校の子がうちへ一〇人ぐらい来ましたかね。

あれはどうしたのか、座り机の長いやつをどこかから借りてきましたな。ともかくそうやって自宅の本家「河合塾」でかせいだんですよ。そのときにしかも鳳鳴高校から五人も京大に入ったんです。ふつうは一人ぐらいしか入らない。また、そのときおもしろいのがそろってましてね。

そのときに教えた人の一人に、このあいだ京大の一〇〇周年の記念講演を東京でやった折りに会いました。建築の大林組の偉い人になっておられて、「懐《なつ》かしいですねえ」と。

そんなことで金をかせいで三〇〇〇円でフルートを買った。それで山田忠男さんという、ぼくらは〝ヤマチュウさん〟と言ってたけど、その人が京大オーケストラの指揮をしておられたので（長広さんは特別に一年間だけだったようで）、その山田さんのところへフルートを習いに行っていたんです。それはすっごくうれしかったですね。一生懸命になってフルートばっかり吹いてましたよ。

雅雄兄、京大動物学科に

ところでその当時の大学の雰囲気とか大学の研究とかそういうのがぼくにはわかっていないんです。要するに、数学科というところは、先生方は「もうどうせおまえらだめや」と思うているわけですよ。

じつは、つぎの年に雅雄兄貴が入ってくるんですよ、結核で寝ていましたから。だからつぎの年に兄の影響でぼくの大学生活がコロッと変わる。そのときに感心したのは、兄貴は動物学科へ入ったんですが、動物学科というのは研究室に学生でも一年生のときからちゃんと一人一人机と椅子《いす》を持っているんですよ。最初からなんとなく研究者扱いされて、みんな自由に話をしている。

その頃のことですけど、梅棹忠夫《うめさおただお》さんが教授に立候補するんですよ。兄貴がむちゃくちゃ興奮して帰ってきてね。「おまえすごいやつがいる!」って、「だれや?」言うたら「梅棹いう大学院生が教授に立候補した」言う。動物学教室はものすごくデモクラティックだったんですね。

片方は、そういう一年からちゃんと研究者扱いするような雰囲気でやっているのに、こっち側は、隣の教室ですけど、もうどうせおまえらあかんと、卒業論文がないんですよ。要するに、おそらく論文を書ける人はいないだろう、だからいままでやったことを習うだけでよろしいと、数学科は卒論がなかったんです。

卒業試験もなくて、ふつうに単位をとればいいわけです。だから数学科では大学に入って研究してというようなことはないんですね。ところが、先生方はそうしていてもいい学生はパッと見つけてきて、それはちゃんと研究室に残っていくんですよ。でも、一人か二人です。あとはもうみんな散り散りバラバラになっていくんです。だから動物学教室と数学教室とはまったくちがうのです。

兄貴がその頃よく言っていたんですが、宮地伝三郎《でんざぶろう》先生が「ともかく京都大学に入ってきたのですからできない人はいません」て、どんなできないような人でもものすごくていねいに扱う。そうすると、みんな伸びてくるんですよ。動物生態学のほうはすごい教室だといわれるでしょう。ところが、こっちのほうはそういう調子で……。それでもちゃんと広中平祐《へいすけ》さんなんて出てきますからね、なにもだめなことないんですけど、そういう感じでした。

「独り言」チェックで試験対策

そのころ湯川秀樹《ひでき》さんもアメリカから帰ってこられて量子力学の講義をされた。ぼくは聞いていることは聞いているんですよ、珍しいから。それから荒勝文策《あらかつぶんさく》先生の物理学通論とか。それは通論ですから私たちが聞いていてもわかるし、話もおもしろかったですね。天文学は宮本正太郎さんでしたかな。煙草《たばこ》を吸いながら講義しておられて、みんな机の上には灰皿があって学生も「吸いたい人は吸いなさい」って、そういう雰囲気がありました。

ところが、数学科は先生の力と学生の力が隔絶しているでしょう。あんまりやから、ぼくら物好きが集まって、いっぺん先生方にも出てきてもらって、ちょっとお茶とお菓子でも出して話をしようという会をしたのですが、「こんなばかなことは企画しないほうがいい」という挨拶《あいさつ》を先生がされたりして一巻の終わりでした。

だから数学科の先生方との個人的接触は皆無ですね。教室で接していて、たとえば、秋月康夫《やすお》先生などはすごい印象に残っています。ノートなしで来られるんですよ。ノートなしで来て、ワーッと講義をするのですが、その黒板に書かれることがぼくらぜんぜんわからないんですよ、その場では。

みんなわからなかった。でもわかっているやつが一人だけいるわけですよ。それでよけいにびっくりするんです。

たとえば、蟹谷乗養《かにたにじょうよう》という先生がおられましたが、射影幾何とかいうのを黒板にバーッと書いてはパッと消されるから写すのが大変なのです。ぼくはフッと気がついて、先生が言うておられる独り言なんかも全部書くことにしたんです。やりながら独り言を言うておられるんです、「まあ、ここはおいといて……」とか。要するに、＝a＋b＋cとあるでしょう。いちいち＝a＋b＋cと書くのはうるさいから「bとcはおいといて……」とか言ってイコールだけ書いてaを計算しはるんですよ、平気で。それで、「こんどbもちょっと入れて」とかいうて、aとbと、みんな全部、＝、＝、＝になっている。ぼくらなんにもわからんで写しとるんです。ノートを見たらそのb

とcの部分が急になくなっているでしょう、これがなんでイコールになっているのかまったくわからない。先生はうるさいから書いていないだけなんですがね。そのときに「ここはちょっとおいといて……」というのをぼくはパッと書いておく。だからぼくのノートというのは、みんなにすごい人気があったんです。

試験になると、三人か四人ぐらい集まって調べないとわからんわけですよ。ノートをみんなで突き合わせて「ここはどうなっているんや」とか。初めのうちなんか「なんでこれがないんやろ」「これは要するに書くのはうるさいこっちゃね」ってなことがわかるのにだいぶ時間がかかったりする。先生の独り言を丹念に書くようになってからだいぶマシになりましたけども。

「女王」とは結婚できない

数学がよくできる人は数学独特の美とかいうようなことを、書いたり言ったりする方がいますが、それはやっぱりあります。それはすごいもんですよ。だいぶ勉強しましたからね、なかなかおもしろかった。だけど、自分は研究者になれないと思うてました。

そういうおもしろさを味わったことは、ぼくの思考形態にいまでも影響をもっているでしょうね、ものを考えたりするときに。そういうのは臨床心理とはまったく関係なさそうだけど、深いところではやっぱりあると思います。

数学は学問の女王だという言い方がありますが、そういう感じはありました。ぼくはよく冗談で言っているんだけども、「女王さんをチラッと見たけど、女王は結婚の相手にならない。でも、路地のほうへ行って糟糠《そうこう》の妻＝臨床心理学と知り合った」と。だからいまでも数学をやっている人は尊敬します、あれはすごいもんです。ただ、おもしろいのは、数学がものすごくできるからそれだけ日常生活が論理的かというと、そうじゃないんですね。考えは非常に論理的に組み立てられているんだけど、前提がおかしいとかね、そういう人がよくおられますね。

数学の専門書についていえば、ぼくらのときはフランス語の本が多かったですね。だから日仏学院へ行ってフランス語の勉強をしました。ぼくはどのへんまでいったんかな、上級まで一応行きましたが、ずっと日仏へ行ってました。フランス語はわりと楽に読んでましたが、それでも数学の本ですからね、そんな大したことない。

休学を決意

いまから思うと、ぼくには大学に入って研究するという姿勢がなかったんです。どういうふうにしたらいいかわからなかったんです。それに数学科というのは理学部のなかでも特別でしたね。雅雄兄貴のところもちょっと特別ですけれども。ところで、兄貴はちょっと迷うんですね。あのころは今西錦司《きんじ》さんたちのはじめられた生態学はまだ学問やないと思われていたでしょう。ほかの分野はちゃんと学問的に確立しているし、そっちへ行ったほうがいわば教授になる道はずっと開けていく。しかし、それでも自分は好きやから絶対に生態学のほうへ行くとそのときめて、兄貴はよかったと思いますね。

ところでぼくはどうする……。いろいろ考えたのですが、数学科はだめならやめるかということになった。では、ほかの学部へ行くか。どの学部でも、ぼくは、まあ、入学するぐらいの力はあるだろう。でも、何学部へ行っても、ほんとに一流の仕事はできんのとちがうかいうことになってね。

それでまいって、一年休学するのです。何をしていいかわからないから、ともかく一年間休もうと思った。雅雄兄貴も一年間休んでゆっくり進路を考えればいいんだと言う。

ぼくはあのころ結核やったらどんなにええやろと思ったですね。なんでもないのに一年休むのは難しいですから。しかしその話をしたら母親はすぐわかるんですわ。母親は「それはええわ。ゆっくり休んで進路を考えたらいい」。ところが、親父《おやじ》をどうして説得するかということになった。

うちの親父は前から話をしているように、自分の本分を尽くしてがんばっているでしょう。学生は勉強するのが本分なのに、一年間休んで家でブラブラするなんていうことを親父にどう説得するか悩みました。結局、母親と雅雄の二人が「ぼくらが助けてやるから言え」ということになって親父に言ったのです。そうしたら親父は「ああ、休んだらええ」と言う。それも理由がないんですよ。

それは大学二年の終わりのときです。一年も二年もいったん試験を受けて、三年に上がるときに。三年に上がってしもうたら卒業でしょう。だから二年まで行って三年になるときに一年休むということになって、それを親父に言ったわけです。そのときも、ぼくはいつも感心しているんやけど、また親父の直感で「それは休め」いうことになったんです。

ぼくら子どもが親父に奉《たてまつ》っていたアダ名が「直感断定派」。直感でバッと断定した。

それはだいたい狂いがない。

そしてぼくがそういう体験をしているということはいまでも役に立っていると思います。いまからいうと無気力学生みたいなもんですからね。つまり進路がわからない、なにしていいかわからない。

高校教師なら超一流に

それで家で一年間ブラブラしていました。そのときに、もういっぺん自分で数学を必死に勉強してみたんですよ、どこまでできるか。射影幾何とかそういうのを丹念に読んでやってみて、まあ、そこそこできるけど、やっぱり学者にはなれんのやないかなと思った。

それから兄貴とよく話をしたんですが、京大にくると学問の鬼みたいな人がいるでしょう。でも二人とも絶対に鬼にはなれんな、ぼくら学問の鬼ではない。だからどこへ行っても二流にはなるけど、ちゃんとしたことはできない。それでほんとに意味のあることをしよう思ったら何になればよいか考えて、ぼくは高校の教師を選んだのです。

高校の教師やったらぼくは絶対に超一流になってみせる。教えるのも好きやし、実際に「河合塾」をやってたでしょう。この「河合塾」は毎年やって毎年成功したんですよ。ぼくは弟にも「河合塾」で教えているんです。そんなんで教えるのがものすごく好きやし、教育が好きやから高校の先生になろうかと思った。

しかしいちばん心配だったのは、高校の教師を見ていると堕落していく人が多いでしょう。そして、これもぼくの特徴だけど、なにかきめようと思うたらなんでも先の先の先まで考えるんですね、そうでないとちょっとやる気がしない。

そうすると、いまは教えるのが大好きやし、学者なんかになるよりは高校の教師になるほうがよっぽどおもしろいと思っているんやけども、先を考えたらなんとなくみんな堕落していくというか、あんまり情熱もないようだし、ああいうふうになるんやったらやっぱり困るなと思っていたのです。そのときに、中学生のときにぼくも兄貴らも習っている――そのときは新制高校ですから鳳鳴高校になっていましたが――その教師をしておられる、いまでも名前を覚えていますが、国文学で小島正敏という先生がおられた。この人は東大出やったんです。篠山には非常に珍しい先生で、授業はものすごくおもしろかったんですよ。なんか風格があってね。あんな教師ならなってみたいというんで、小島先生の家にわざわざ訪ねて行ったんですよ。

そしてじつは高校の教師になろうと思うんだけども、正直なところ、ほかの先生はどうも感心せん。ところが、先生のような生き方をしてるんやったらいいと思うけど、それはどうしてなんでしょうかと質問したのです。小島先生が言われたことは、「中学校とか高校の教師は同じことを教えているので自分たちが進歩しなくなる。なんにも進歩しない人間というのは魅力がない。自分は国文学についていつも研究している。それは学界から見れば大したことないかも知らんけれども、自分なりにずっと研究は続けてきている。自分がどこかで進歩しているということを、中学生、高校生にはなにも教えないのだけれど、みんな感じているんじゃないか。だから、べつに数学でなくてもいいから、自分が進歩し続けられるものをしっかりと持っている限りは高校の教師になってもいいと自分は思う」ということを言われた。

それでいいこと聞いたと思ったのですけど、数学では進歩しないことがもうわかっているので、それだったら子どもの心理の研究、つまり心理学が必要だ、と考えたのです。もちろん、私自身が人間の「こころ」ということについて強い関心をもっていたこと、それに兄弟がそれぞれ個性が異なるので、お互いに、おまえの性格はこうだとか、よく話し合ったりしていたので、人間の「こころ」について知りたい気持ちも強かったのです。その頃は心理学は実験心理学が主だとかいうことをまだ知らんわけですよ。要するに、心理学がわかっていたらいいというんで、心理学の勉強をしながら一生高校の教師をしようと、休学しているうちにもうはっきりきめるのです。

そういう話をいろいろ考えるときに、いつも大事やったのが兄の雅雄です。いつも話し相手になってくれていた。六畳の間に兄弟二人で下宿していたんですよ。だから休学するまでは毎晩のようにしゃべっていた。しゃべってしゃべってしゃべったあげくに、ほんとうは勉強するのがいちばんいいんや、学生だから、ということになる。だけど「きょうはもう夜の二時頃だから寝ようか」というわけです。それを毎晩やった。兄の生態学のほうは、いわゆる勉強はしなくてもよかったのです。

京大オーケストラでの出来事

オーケストラのほうは一生懸命でしたけどね。下手でしょう。京大のオーケストラは輝かしい歴史があって、うまい人はむちゃくちゃにうまいんですよ。たとえば、そのときにチェロを弾いていた島さんという人がいますが、その人なんかすぐに関響（関西交響楽団）に入ってしまった。京大のオーケストラから関響へ入った人はわりといるのではないですか。そういう人のなかに下手クソで入っているのですから、また劣等感の固まりになっていた。それでも人がいないから出してもらえましたけれども、必死の思いでやってました。

ぼくが演奏会にいちばん初めに出たのはメンデルスゾーンの交響曲『イタリア』です。あれはフルートがものすごくむずかしいんですよ。だからトラウマになってしばらくメンデルスゾーンの『イタリア』は聞けなかったですね。聞いたら胸が痛んでね。メンデルスゾーンの『イタリア』とブルッフのヴァイオリン・コンチェルト、それからグレートリイとかいうあんまり聞いたことのない人の組曲かなんかをやったんです。

それから、京大のオーケストラには音楽に関する物知りがいっぱいいるんですよ。それであれはなんとかだ、これは大したことないとか、そういう人が多いでしょう。しかしそういうのをぼくは知らない。あのときに音楽関係の本をだいぶ読んでいますね。歴史を読んだりいろいろの本を読んでいます。

それはそうと、休学する前の年やったか、オーケストラの一番上の人を総務というのですが、ぼくを総務にするという動議が出されましてね。

それはオーケストラにちょっと危機感があったのです。ある程度のレベルを維持するために先輩がきて演奏する。ところが、先輩が演奏するから学生の腕が伸びないのです。結局、先輩のためのオーケストラみたいになっていく。下手でも現役が演奏するのが大学のオーケストラではないか、現役をもっと出したらどうだ、という流れのなかでぼくを総務にしようという動きが出てくる。そして推薦されるんです。

ぼくはそのとき、みんなが意地悪していると思った。いまから考えれば、おそらくそうではなかった、みんな本気で推薦したのでしょう。しかし、ぼくにしたら、いちばんだめなぼくを総務にして物笑いにしてやろうと思うてるという気持ちがありまして、すごく憤慨して「そんなもんやるか」いうわけで断わったのを覚えています。

そういうことは、その後もわりとありますね。みんながぼくを推薦した場合に、ぼくは自分でだめやと思うてるから、「くそ、ばかにしやがった」とか思って逆にとってしまう。

そのオーケストラの総務のことはとくによく覚えていますわ。終わりの一年はオーケストラもわりあい楽しくやってましたけど、それでもそんなに上手にはなりませんでした。

演奏旅行などもちょいちょいありました。それと、京大の場合でもなんともいえん日本的人間関係があるんですね。とくに先輩・後輩とか、みんなの結びつき方とかにね。ああいうのはぼくはやっぱりいややった。それもあってちょっと距離をおいていた。表面は楽しくしていたけど、ほんとにはコミットしてません。できなかったのですね。

たとえば、そこで総務になったりしたらもうその先輩・後輩組織に組み入れられてしまう。だからむしろそこから距離をおいて、離れるように離れるようにしていた。音楽が下手やいうことと、そういう人間関係になんとなくなじまないというんで、ちょっと離れた関係でいた。だから京大オーケストラの一員だったということは自分のアイデンティティーにはあまり関係していないんです。

ほっといてもらってよかった

とにかく自分の抱いている京大イメージが大きいから、数学もできないし、音楽もできないし、つまり劣等生であるという気持ちが強かったですね。

だから京大の卒業生であるというふうな感じが自分にも出てくるのはもっとあとのことです。そしてあとから考えると、ほっといてもらってほんとによかったと思う。

驚くほど自由であった、まったくのほったらかしだったという伝統は、いまだに続いているんじゃないでしょうか。ぼくが京大の教授になってからでもそうでね。指導はしませんが批判をしますとか。

なにやったって怒られない。先生とちがうことを言おうが、ちがうことをしようが、そんなことは丸っきり平気で、そのへんは兄の入っていた集団だってそうでしょう。しかも日本的な集団とちょっとちがいますよね。お互いにすごい論戦するし。

大学時代にもうひとつ大事なことは、前にも言いましたが、哲学書を読めなかったいうことでしょうね。読みだすんですが、わからないんです。いまでも覚えていますが、『善の研究』を読みかけるんですが、ぜんぜん理解できない。それからあのころ桑木厳翼《げんよく》の『哲学概論』があったんです。ああいうのを読まんとカッコ悪いから、ある程度読むんですが、途中で放棄しました。自分にはわからないと思って。

たとえば、西田哲学では定義がされていない言葉が平気で出てくる。それでいっぺんにいやになるんですよ。哲学は非常に論理的に構築されている学問やと思うんやけど、数学の構築されているのとぜんぜんちがうでしょう。そこでつまずいてしまうんですね。いまでもそうじゃないかなと思うんですよ。

宮沢賢治と映画のこと

哲学書に限らず、そのころ数学以外の本をだいぶ読みました。

まず、大学の一年になったときに宮沢賢治を知るんです。ぼくの友人に三高出の人で林博男という人がいたのですが、この人はお父さんが、早く亡《な》くなられたけれども、三高の教授やったんです。林さんはぼくとぜんぜんちがって教養がすごくある人でした。その林さんに「なんかおもしろい本はないか」言うたら、「ものすごいおもしろい本があるから貸したろう」言うて、宮沢賢治の童話と詩を集めた本を一冊貸してくれた。それを読んで感激して、それで家中が好きになりましてね。宮沢賢治の言葉は、家でなにかあると、よう出てきていましたよ。

それからホフマンの、岩波文庫の『黄金宝壺《たからつぼ》』。いまは『黄金の壺』になっているけれど、あの頃は『黄金宝壺』だった。それとか、『牡猫《おすねこ》ムルの人生観』とか、いっぱい読んだんですが、ホフマンのあらゆるものを探し出して読みました。しかし、『黄金宝壺』が読んだなかではいちばん印象的で、ほんとに感激したのを覚えてますね。

もうひとつ、あの頃の学生としては絶対欠かせなかったのは映画です。映画はものすごく大事に見ました。あの頃また芸術的な映画が多かったでしょう。

大学の一年生のときは一年間に三本しか見ていないんです。そのぐらい外へ行かなかったんですね。あの頃は小説はよく読んでいるのです。家か下宿にいて、ひたすら本を読むかフルートを吹くかやっていた。ところが、兄貴が入ってきていっしょになったら、兄貴は行動派やからすぐに映画なんかいっしょに見に行きだした。

あのころ見た映画ですごく印象的だったのは、ジャン＝ルイ・バローが出てくる『しのび泣き』。それからしばらくたって『天井棧敷《さじき》の人々』が出てくるのですかね。

それとリバイバルがあったんです。それは一番上の兄貴やらに聞かされていた『舞踏会の手帖《てちょう》』とか『巴里の屋根の下』とかです。ジュリアン・デュヴィヴィエの監督した映画は全部見たほうがいいとかいう忠告があって、見たわけです。

河合流映画談議

それで見てきて兄弟と話すでしょう。兄弟と話をするからいつも本音で話ができる。カッコつけて言うことはぜんぜんないし、言うたってはじまらない。

同級生と話をしていたときによく思ったのは、ぼくは本音で話をしているということもあって、どうもみんなとちょっと合わないところがあるということでした。みんなはカッコのええことをいろいろと言うんですね。だけど、ぼくはぜんぜん言えなくて黙っているほうが多かった。見たとおり感じたとおりのことしか言わないから、ぼくはそういう芸術の世界とかには縁がないと思うてましたね。

しかし、そういうことがいまごろ生きてきているんです。いまぼくは見たまま聞いたままやっているわけでしょう。たとえば、小説を読んでもそうです。まったく自分だけで読んで好きなことを言うてるのですが、昔欠点だと思っていたことがいまごろになって生きてきたから不思議ですな。

兄弟にはほんとに心に思ったことを言わないと、だれも聞いてくれませんからね。そういう意味では自分の体験したことを言語化することがうまくなったと思うんです。みんなに知らせなければいけないから。それに成功すれば、兄貴はみんな聞いてくれる。それは本を読んでもそうだし、映画を見てもそうだし、ずっとずっとやっていたわけでしょう。それがいまごろ生きてきたんじゃないかなと思いますね。

そういえば日本映画はあんまり好きじゃなかったんです。その頃はまったく西洋かぶれもいいとこ。外国の映画がものすごく好きで、日本の映画を見るとなんかみみっちいというか、物悲しい。ぼくはどうしても倫理的・思想的に見る傾向が強いのですね。美のほうからなかなか見られない。それこそ小津安二郎の作品なんかは、いまはおもしろいと思いますけど、あの頃はぜんぜんおもしろくなかった。それよりはコクトーのつくった『美女と野獣』や『オルフェ』などがすごく好きでした。

日本映画で覚えているのは『わが青春に悔なし』ぐらいでしょうか。原節子が出てくるのなんかはちょっと感激したのを覚えています。

休学後の一年

そういえば大学時代にはあまり華やかな思い出はない。もちろんオーケストラの演奏会があったり、演奏旅行に行ったりしたけれど、思い出のなかにほとんど入らないぐらいですね。

ぼくがもういっぺん青春のように感じるのは、大学を卒業して、高校の教師になってからです。だから大学時代はトーンが非常に暗いですね。そうでしょう、まず入学したとたんにだめやとわかる。ずっと何になるかわからない。休学したあとに、とうとう高校の教師になることを決心して光が見えてきた。それを思いついたあとは文学部に講義を聴きに行ったりとか、気持ちは変わってきましたけどね。

そういえば、文学部の心理学の講義を聴きに行ったとき思うたのは、「なんやこれ、そのままわかるやないか」ということでした。「聞いててそのままわかる講義なんて、これは楽やな」と思うたことを覚えていますよ。

そのときは矢田部達郎先生とか、正木正《まさし》先生の講義を聴いて全部ノートにとっていました。

休学していた期間を含めて結局四年間になるわけですが、兄貴があとから入ってきたから卒業を待っていたとぼくは言っているんですけどね、いっしょに卒業した。兄貴は結核がまだ残っているでしょう、だからなかなか勉強ができないんですよ。しょっちゅう篠山に帰って寝ていました。大学の一年のときなんかほとんど大学に出てないと思いますよ。いつも寝ていて、ときどき大学にやってくる、そんな感じでした。

そんな調子でしょう。それで、卒論を書くためにウサギを飼うことになる、生態学だから。それは篠山で飼えるわけです。だから三年のときは篠山にずっとおった。兄貴の三年目は篠山の家の裏でウサギを放し飼いにしてそれを観察していたんです。

そのとき指導する梅棹忠夫さんが大阪市大の助教授だったんです。京大の先生とちがうんですよ。そんなこと平気やったんですよ、あそこの教室は。だから梅棹さんが篠山の家にウサギを見にこられましたよ。

そのころ宮沢賢治の『猫の事務所』が好きで、兄弟でよく真似《まね》をしていた。そのなかに「眼光炯々《けいけい》たるも物を言うこと少しく遅し」という表現があるんです。それで、梅棹さんが見にこられて帰ってから、ぼくら「あの人は眼光炯々にして物言うこと鋭しやなあ」なんて言うていた。

溶鉱炉の火は消えず

結局大学時代には恋愛もないし研究もないんです。ひたすら自分のなかにいろいろ溜《た》め込んでいたんですね、本を読んだりして。

ものすごく節約して生きてました。だいたい喫茶店に入ったことがないんですよ。もちろんそのころ喫茶店というのはそもそも贅沢《ぜいたく》だったんですけどもね。そういうことに金を使うというのがぼくはいやゃった。極端な生活をしていますよ。食べるものとかはできるかぎり節約して生きていました。

たとえば、試験になって、高木貞治《ていじ》の『解析概論』を勉強しなければならないのですが、あれは大変な本で、下宿に籠《こ》もってひたすら読むんですよ。そのときに白菜とブタ肉を買ってくる。白菜を刻んでコンロにかける。コンロは暖房兼用です。それで白菜を炊《た》いておく、それにブタ肉をちょっと入れると味がつく。食うているうちに味が落ちてくるとブタ肉をちょっと入れる。そしてまた適当に白菜を入れる。それを食って『解析概論』をひたすら勉強していたら、兄貴が篠山から食いものを持ってやってきて、「やっとるな、溶鉱炉の火は消えずやなあ」と言った。

そうそう、それでものすごくおもしろい思い出がありますよ。兄貴はぼくとちがって、行動派やしいろいろなことをやるんですが、ある時その兄貴が帰ってきて、「おまえよりもっとすごいやつがおるぞ」と言うんですよ。「なんにも食わんと本ばかり読んどる」と。だれだと思いますか。鶴見俊輔《つるみしゅんすけ》さんです。「人文研（京都大学人文科学研究所）に行ってみい、おまえよりすごいやつおるわ」言うたのを覚えていますわ。

鶴見さんが京都にいらした直後ぐらいですね。兄貴は今西錦司さんやらと関係があるから、人文研の情報をぼくにいろいろ教えてくれていたのです。そのときにどっかで聞いてきたんでしょうね。向こうはものは食わへんのやけど、ちゃんと原書を読んでる。それはあたりまえや、アメリカから帰ってきたんやからね。ぼくはそれほど本を読んでないしね。それで二人で「すごいやつがおるんやね」って言っていた。鶴見さんに実際に会うのは、それから何年もたってからですが。

数少ない華やかな思い出

そういう意味ではずいぶん独特の大学生活を送ったということになりますね。だからノイローゼのことなんかよくわかるはずですよ。自分がなってきているわけだから。まあ、お先真っ暗でしたからね。

ただ、うちの兄弟はおもしろかったですね。夏休みはむちゃくちゃにおもしろかった。兄弟が集まって、ワーワー言うてね。弟が高校で男女共学でしょう。ときどき同級生の女の子がやってきて一緒に遊ぶ。これが大学時代のぼくの一番華やかな思い出ですね。だから夏休みなんてほとんど本を読んでない。いっぱい本を持って帰るんですけれどね。

読むひまがないんです。結局川へ行ったり山へ行ったり、しゃべったり、マージャンしたりトランプしたり。

ですから大学時代には、友人はそんなにたくさんはできなかった。でも林博男さんとはよう付き合《お》うていました。林さんはヴァイオリンが上手で、そのお兄さんがチェロ弾いてね、後に同志社大学の教授になられた人です。もう一人ヴァイオリンを弾く沢田達郎さんという人がおって、物理の専攻で後に教授になる人です。その四人でカルテットをやってた。下手な、メヌエット・カルテット。メヌエットばっかりやってたんですよ。ハイドンとかモーツァルトとかの弦楽四重奏のメヌエットのところを、ぼくがファースト・ヴァイオリンのパートをフルートで演奏して、林さんがヴァイオリン、沢田さんがヴァイオラをやっとったんかな。ヴァイオラというのはヴァイオリンにヴィオラの弦を張るんですよ。もうちょっとあとでそのヴァイオラをぼくの弟がやってたんです。

素数「17」で自治会の委員に

大学時代に、じつはもうひとつ大事なことがあるのです。それは学生運動の話です。そのころ自治会があったでしょう。自治会の委員は各学科から一人ずつ出るのですが、数学科というのは学生運動にみんな関心がないんです。だれも立候補しない。そんならみんな1とか2とか名簿の番号で投票しようということになった。ぼくはあやしい予感がして「これは当たるんとちゃうか」思うたら当たった。

なんでかというと、ぼくは17番なんです。パッと素数だという感じがわかるような数やからみんな書くんとちがうかなと思ったのです。その結果、ぼくは自治会の委員になった。大学一年のときです。

理学部というのはわりあい先鋭で、あのころですから、共産党の人が多いんです。ぼくもクソ真面目《まじめ》に考えるほうやから、だいたい共産党的な考え方になってきますね。そんなときに〝看護婦事件〟が起きたのです。看護婦さんのクビ切りかなんかでしょうね。あの頃は終戦直後だからなんでも運動するの好きやったんですね。それでみんな集まった。その結果、ぼくら理学部のものとほかの学部の連中とがまじわっていくのですね。しかし、そういう人たちを見ていてだんだんいやになってくるのです。

要するに、ぼくはクソ真面目共産主義やからね。自分の生活はできるだけ切り詰めているのに、連中はわりあいに派手に金を使っているし、勝手なことをして言行一致しないんです。「よし、演説をいっちょう打ってくるか」とか言うて、「プロレタリアのナントカ……」と、やる。それを聞いててものすごくいやになったんです。

しかし、自治会の体験はいろいろ役に立ってね。ぼくは一年のときからやった。他学科の委員の人たちとも付き合って、おもしろいから二年のときも続けてやっとった。そうしたら、動物学教室からの代表が伊谷純一郎《いたに》さんやったんですよ。伊谷さんと友だちになってようしゃべって、おもしろかった。

伊谷さんはものすごく過激なんですよ。あのころはすぐ無期限ストライキとかやるわけですが、すぐ無期限でなくなる。というのは、甘っちょろいもんやからすぐ妥協して、ストライキを一週間ほどしたら「勝ちとったからもうやめよう」と言うのです。しかし伊谷さんは「せっかく無期限いうたからあくまでも無期限をやり抜こう」と一人だけで主張するんです。ごっつうおもしろかったですよ。ですから兄貴が京大に来る前から、伊谷さんの家には遊びに行ったりしてました。

学生運動とのズレを実感

しかし、そういう運動をしている人たちとだいぶ付き合うて実態を見たいうことは大きかったですね。運動というものがいかに生きている人間から離れてしまうか。……みんなぼくのことをよく「京大理学部の右翼」いうて冗談を言ってましたよ。結局二年間ぐらいやってたんじゃないですか。だから、あのころは珍しかったですけど、総長缶詰め事件のときも座り込みに行っているんですよ。総長室の廊下にみんなずっと座り込んでたんです。

そうしたら、本部にいる人で、オーケストラの顧問をしている人が来て、「きみ、きょうオーケストラの練習があるから絶対に出てもらわないと困る」とか言うて、ぼくはオーケストラの練習はサボるつもりやったのに、結局大事な練習というので行くんですよ。そのあとに機動隊が入って、そこに座っとったやつは全部捕まる。つまりその人が逃がしてくれたんです、そういう思い出があります。

あの頃は全学学生大会ってのがあったでしょう。ああいう会にはよう出ていますよ。それで話を聞いたり実態を見てたりしていたら、だんだんずれていくのを感じて、やめることになったんです。それでもある程度は賛成していたからそういう会には全部参加している。

あのときに共産党に入っていた人も、あとでやめた人が多いんじゃないでしょうか。しかし、あのときは純粋に、とくに理学部の人なんか非常に純粋に考えていましたからね。

それぞれの進路

ところで、高校教師になろうというのは、「河合塾」みたいなことをやっていたという体験がいちばん大きいのですが、それと、ぼくら兄弟でよう話したけど、結局ぼくらは学問よりも人間が好きなんです。で、考えたら上の二人は開業医で学問をやっていないのです。みんながそういう人間好きなんですよ。ぼくは医者が嫌いやから医者にならなかったけれど、結局、似たようなことをやってきたでしょう。

高校生を教えて育てるってこんなおもしろいことはないと、大学時代に思ってましたね。だから高校の教師になったときはうれしゅうてうれしゅうてしかたがなかった。ほんとに「わが生涯の最良の年や」って高校の教師になったときは言うてたぐらいです。大学の先生みたいなアホなもんにはならないと豪語してたんですよ。

しかしその頃は、京都の公立の高等学校にはだれも就職できなかったんです。つまり人がいっぱいで欠員がない。それでどうしたかといったら、奈良にぼくの従兄《いとこ》の坂口文男が勤めている私立の高等学校があったんです。それが育英学園。ぼくの従兄は英語の教師をしていたのですが、彼が「こいこい」と言うし、ぼくはもちろん高校の教師をしたくてたまらんのですから喜んで行ったのです。

その頃は公立高校の教師にはなかなかなれなかった。だから京大の数学科を出て高校の教師になった人はみんな京都以外のところへ行ってますね。あるいは私立に行っているか。保険会社に行った人とか、まったく数学をやめて、たとえば林さんは人事院へ行ったですよ。人事院でだいぶ偉い役人になって、あとでまた会うんですけれどね。ぼくらの教室で大学院に残った人はクラス二五人のうち一人やないかな。

あとでその人にも会うんですよ。ぼくが甲南大学に非常勤講師になって行ったら、その人が甲南大学の数学の教授をしていた。「なつかしいなあ」言うたら向こうもびっくりしていました。こっちが心理学の非常勤講師で来たわけですから。

心理学を学びながらの教師生活

ところで、高校の教師になるという決定はジワジワと決まっていったのです。数学の学者になれないとわかってきたときから、だんだん心のなかではね。ぼくはだいたい教えるのが好きですし、人間好きやから。

それと前に言いましたが、どこへ行っても二流にしかなれないけど、高校の教師になったら絶対に一流になるぞと思ってたんですよ。それが一年休学ではっきり肚《はら》が据わったから、四年のときにはもうそういうつもりで準備をしたり、いろいろ行動しました。

それで、兄貴が「それやったら大学院に入っとけ」と言う。生徒の指導に役立つから心理学をやっておけというわけです。そのころ旧制でしょう。旧制大学院というのは、先生が「入れたろ」言うたら入れたんですよ。それで兄貴は、自分もわりに文学部に出入りしておったので、心理学の苧阪《おさか》良二先生のところへ連れていってくれたのです。旧制の大学院だから、旧制の文学部の心理にぼくは所属したんです。旧制文学部の心理に所属するけども、勉強は教育学部へ行ったのです、苧阪先生は教育学部だったから。そのころ教育学部は、まだ心理は苧阪さんと末永俊郎さんと梅本堯夫《たかお》さんと三人ぐらいやったかな、そのぐらいだった。そして、大学院に所属しながら育英学園の教師になったのです。

旧制ですから、大学院の学生といっても大学に行かないでいい、名前だけなんですね。

それでもちょっとは勉強もしたいからいうことで、育英学園のほうは週に一日半、京大へ行ってもいいようになったのです。常勤並みに働くけども、専任にはなれない。月給が六八六八円、なぜ覚えているかというと、ロハロハいうてね。

食っていくのにそりゃまあまあでした。でも贅沢はできない。それでも、自分の月給で生きていけるということは、あんなうれしいことはなかったですね。もう親に金をもらわんでいいから。

よくイギリスのオックスブリッジなんかの場合、古典学とか哲学とかを一生懸命に勉強して、卒業後は小学校の先生になって一生を過ごすというひとつのパターンがあるようですが、ぼくは完全にそれやと思ったですね。とくに私立へ行っているから、校長さんなんかになるはずがないでしょう。そこで勉強しながらほんまに教師で過ごせる。ぼくにとっては理想的やったんです。

わが生涯の最良の年

実際に高校の教師になってあんなおもしろいことはなかったですね、だから「わが生涯の最良の年」というわけです。それこそ生き生きしていましたね。大学生活とはガラッと変わった。大学はほんとに灰色でしたもんね。

高校の先生になったのは昭和二七年、一九五二年です。ところが、そのときに育英学園が応募者を増やして拡張して、新任の教師が七人も入ったのです。そのなかに京大出の人が五人ぐらいおった。まさに清新の気が満ちているわけで、同僚がすごくおもしろかった。みんな教えることにほんとに熱心でした。あのころはまだガリ版を使っていたのですが、生徒に渡す教材のガリ切りをしょっちゅうやってましたね。

そして、高校生といっしょにテニスをやっていたし、それから人形劇をやったんです、人形劇部いうのをつくってね。

それからもうひとつ、前に言うたように高校の教師はなんらかの意味で進歩していなければいけないということがあるでしょう。だからそんな話を教師仲間でしとったら、なんかちょっとでもしようやないかいうことになって、みんなでフランス語を読もうということになった。というのは、そのなかに英語の先生だけれど、京大のフランス語を出た人がいたのですよ。で、週に一回、あれで五人か六人いましたかな。毎回集まって、そのときにメリメとかシャトーブリアンとか順番に読んでいったんです。そのときに読んだメリメの『マテオ・ファルコーネ』はものすごく印象に残ってますわ。

それからフランス語を読む前に、岩波新書を一冊種にして話し合うこともしました。メンバーが順番に自分の好きな本を選ぶのです。

担任はないんですが、ぼくが入った年ぐらいから育英学園が受験に前よりも熱心になるんです。育英学園からはそんなにたくさん一流大学へ行かないのですが、まあ、一人二人入ったりするようになる。そういうのを必死になって教えるのです。だから受験勉強を教えるのにものすごく一生懸命だったです。

教えて、ガリ切りして、テニスをしたり、人形劇もやらねばならないでしょう。もちろん心理学の勉強もある。読まなければいかん本がいっぱいあって……。

だからあの頃、新聞を読むひまなかったですよ。社会的なことにあまり関心ないこともあってパッと見るぐらいで、ほとんど新聞を読まんぐらいの生活をしていた。服を着たままで寝てることもあるぐらいでした。それほど自分にとってもおもしろかったんです。

それから読んでいる本も心理学で、おもしろいでしょう。読みたい本があるし、ガラッと生活が変わった感じでしたね。だから生涯の最良の年なんです。ただ、食べものだけは相変わらずでした。ガリガリに痩《や》せていましたよ。ぼくは一生のあいだに体重が六〇キロになることはないやろとあのころ思うてましたね。

立身出世より、ちゃんと生きるという感覚

兄弟は私が育英高校の先生になったことを、それは文字通りみんな喜んでくれました。その頃ぼくらは、兄弟のだれかが京大の教授になるなんて夢にも思っていないですよ。

そして、これも大事なことだけど、うちの雅雄兄貴が京大を出てどこへ勤めたかいうたら、兵庫農大なのです。その農大の助手になって篠山へ帰るんです。ぼくがこん

なことを言うとおかしいけど、ぼくの兄弟が京都とか東京に生まれて、大学に入って、学者になろうと思ったら、全部それなりに教授とかになったんじゃないかと思いますね。ところが、篠山から出てきたということと、みんな人間好きのほうですから、たとえば医学部へ入った兄貴たちもみな医局に叛乱《はんらん》しているんですよ。みんな医局とけんかして飛び出ている。

二番目の兄貴がよく言うけど、「自分は田舎医者や」ということにものすごくアイデンティティーを持っているんです。だから兄貴の雅雄も篠山へ帰って、篠山の農大の助手になったら、「行くゆくはそこの教授になったらええわ」と、親がそう思うているんですね。ぼくだって高校の教師になってよかったなあって、みんなそういう考えやったんですよ。

社会的な肩書きよりも、実質的な生活の中身というか人間関係を大事にするということですね。人間が好きで楽しうやっているから、そっちのほうにみんな一生懸命だったのです。

それで学問なんてするもんやない、したって、そううだつも上がらんやろうしというんで、それでほとんど自分の行き先がきまってくる。

しかし、それにはプラスの意味とマイナスの意味があったんですね。みんな楽しくちゃんと仕事して、好きなことをして一人前になっていくのが立派なことだというのはプラスですが、なんとなく篠山に集まってくるというのは消極的と言えないことはない。つまり両親の下に集まって、ちゃんと生きていたらいちばん幸福な生き方だという考え方があった。ですから、もしそれがなかったら他の兄貴たちももっと異なる仕事をしたかもわかりませんね。

それでよう言うんやけど、ぼくもある程度たったら篠山鳳鳴《ほうめい》高校の教師ぐらいになって、あそこの校長さんになっていたかもしれない……。

雅雄兄貴も兵庫農大の助手になって、篠山に帰ってきた。体が弱いということがずっとありますからね、それで両親もホッとして、兄貴もちゃんと篠山の家から通えるし、ぼくは教師になるしというんで、「まあ、よかったよかった」という線できてたんですよ。

明治以来、地方から出てくる場合の基本的なパターンとして一種の立身出世みたいなことがあったわけでしょうけれど、その雰囲気がまったくない、立身出世いう感覚よりもみんながちゃんと生きている、しかしちょっと篠山求心的で、ということがあった。

その豊かさみたいなことはありました。だから、ほんとにそういう線でずっといくはずであったのが、まず起こってくるのが、河合雅雄が呼ばれて愛知県の犬山のモンキーセンターに行くということ。

あのときのことを覚えてます。集まってみんなでどれだけ話し合いしたか。両親は行かせたくないんですわ、体が悪いからね。それに、モンキーセンターですよね。あとで霊長類研究所に発展しますが、はじめは海のものとも山のものともわからない。あんなところへ行くよりもここで助手をしていたら、ちゃんと兵庫農大の教授になれるやろ、というわけです。

ところが、今西錦司さん、宮地伝三郎さん、それから伊谷純一郎さん、みんなでなんとかしてこれを実現せにゃいかんとすごく説得された。それで兄貴は行きたいと思うし。たしかあのとき、両親も兄弟となんべんも話し合いしたと思いますね。それでとうとう行くんです。そこらからちょっと変わってくるんですね。もっとも、そのときはまだぼくはずっと一生高校の教師でいるつもりでしたけどね。

可愛《かわい》らしい中学生に教えたこと

で、高校の教師は三年していたんです。数学を教えるのにほんとに一生懸命でね、さっき言ったように工夫してガリ版をいっぱい切って。

それと、うれしいことに中学校も併設やったから、中学生にも教えたんですよ。それもほんとによかった。中学校の一年生というのはやたらに可愛らしい顔しているんですよね。教室に入っていって見たら、急におかしくなってぼくはバーッと吹き出してしまったことがあるんですよ、あんまり可愛らしいので。それで中学生ってみんなワーッと笑うでしょう、彼らが笑《わろ》うたら、またぼくもワーッと笑いだしてね、「もう笑うのをやめて勉強しよう」言うたとたんにまたワーッとだれか笑う。結局、一時間中笑っていたことがあるんですよ、なんにもせんで。

そこもすごく自由な雰囲気でした。そんな調子ですから、若い先生が入ってきても、生徒と先生のあいだがものすごく仲よかったんです。だから生徒はしょっちゅうしゃべりに職員室に入ってくる。こっちも生徒のなかに入っていくし。ほんとに楽しかったですね。あんな楽しいことないというぐらいの感じでした。自分のやりたくてしかたないことをやって、経済的にも自立しているし、自分の意思で生きられるわけでしょう、適当に勉強もできるし。

ただ、憂うつだったのは、京大へ行くときです。ほかの人はみんな心理学の勉強をして大学院にきていますね。ぼくは出ていないでしょう、だから知識の差があってレベルがぜんぜんちがう。その劣等感をまた味わっていました。けれども、一方で、自分はこっちで教えているという楽しみがあったから救われたのですね。

大学院のほうはずっと籍をおいているだけでした。資格もなんにもないですよ、旧制大学院は籍があるだけなんです。

ものすごくええとこは学割があるんですよ、なにかにつけても。だからぼくは長いあいだ、たしか一〇年くらいおったんとちがいますか。それで天理大学の先生になってからでもまだ籍をおいとったと思いますよ。たしかあれは京大の非常勤講師になったときに、「これはあんまりですよ」と言われた。要するに、授業料を払わんでいいし学割があるでしょう、それでずっと籍をおいていたのだと思います。

Ⅲ

人間の深層へ

——臨床心理学への傾倒

実験心理学と臨床心理学の間で

高校で教えていた三年間はもう学校のほうが本職に近いですから大学院へは週に一日半だけ行っていました。そのあいだに講義に出たり、京大ですから好きなことせえというわけです。

ところが、おもしろかったのは、あの頃から心理学に統計ということが入ってきた。ぼくは統計の本は理論的には読めるわけです。だからあのときに佐藤良一郎の『数理統計学概説』か『概論』という本を、教育学部の心理の先生にぼくは講義していたんですよ。苧阪《おさか》良二先生とか梅本堯夫《たかお》先生とか末永俊郎先生とか、そういうスタッフの人たちだけを相手にしてぼくがわかりやすく講義した。それは先生方も聞きたい言うから、毎週やってました。それがぼくの義務みたいなもので、あとは適当に講義を聴いていたのです。

統計を使って心理学を勉強するというのは実験心理学ということですが、私がほんとにしたいのは臨床心理学だった。ところが、臨床心理学なんて当時は学問じゃないんですよ。

それでも心理学の話っておもしろいですから、先生方の講義はいちおうずっと聴いていました。けれども、自分としてはいちばんしたい勉強ができないわけです。自分はフロイトの本を読んだりしているわけですが、フロイトはほんとにおもしろいと思うんだけど、そんなものは学問じゃないからだれも問題にしない、という状況が一年近く続いたんじゃないでしょうか。

高橋雅春さんにロールシャッハを習う

それに、私はなにも学者になりたくて大学院へ行っているわけじゃない。ぼくはよき高校教師になるために行っているんだからというんで、あのときに苧阪先生に手紙を出したのを覚えていますよ。

先生方に期待していただくのはありがたいけど、自分はほんとうはそれをしたくない、臨床心理学をやりたい。しかし臨床心理学は京大へ行っていてもほとんど習うことができない。

ところが、そのころ非常に変わった人で京大文学部の心理を出て、少年鑑別所に入ってもっぱら心理テストをやっていた高橋雅春さんという人がいたんです。この人は最後は関西大学の教授になられましたが、その頃は奈良の鑑別所で鑑別課長になって心理テストをやっているということを聞いたんです。

私はむしろそういうことを勉強したいんだ、それは、極端にいえば学問でなくてもいいわけです、というような趣旨の手紙を出した。そうしたら、苧阪先生は「そんなもん好きなことをしたらええのや、おまえの好きなことせえ」って、もうあっさりしたものでした。それで「ああ、なんでも好きなことをしたらいい」ということになったんです。それで京大へ行く時間に京大には行かんで、自転車に乗って勤めている学校から奈良の少年鑑別所まで行って、そこで高橋さんにロールシャッハ・テストを習ったのです。

このロールシャッハ・テストにはまたひとつ裏話があります。それは、ぼくは京大では一年落ちていたから四年生のときですね、その頃から心理学のことに関心があったわけです。もちろん兄貴の雅雄も関心があって、いろいろ手引きしてくれたのですが、そのときに、もう亡くなられたけれども、植物学からこられた藤岡喜愛《よしなる》という方がおられた。その藤岡さんがロールシャッハをやりだしてね、だれでもかれでもテストしていたのです。それで兄貴のテストもした。その結果を聞いて、兄貴が帰ってきて、それをぼくに教えてくれたんです。まだ学生時代ですよ。

それで二人はものすごく感激した。ここまで人間のことがわかるのか、と。ぼくらは人間が好きだから、いつも二人で相手の性格の分析をやりまくっていた。「おまえはこうや、おれはこうや」って。ここまでニュアンスのあることがいえるテストってのはすごいなというんで、ロールシャッハ・テストがぼくの心にずっと残っていた。

もちろん、そのときの学界の趨勢《すうせい》からいうと、ロールシャッハ・テストなんていうのはあまり客観的でないし、問題外だと思われていました。が、こうした体験があったので、ぼくはそれを習いたいと思っていた。それで高橋さんのところへ行ったんです。

テスト前に考えておくことの効用

鑑別所で子どもたちに高橋さんがやっているのをずっと見せてもらって、やり方を習って、ぼくはちょうど学校で教えていましたから、そこの中学生や高校生、だれでもええから頼んで、「すまんけど、やってくれんか」といってテストしたんです。

それはあとから考えたら非常によい方法を自分でしていたと思うのですが、ぼくは生徒に関心があるから、それぞれの子どもの性格を自分でよく考えている。だから、ロールシャッハをしたらだいたいこういうことを言うにちがいない、とこっちは思っているのです。そしてテストしてみて、思うとおりの結果が出たときは非常にうれしいんですね。ところが、思っているのとぜんぜんちがうのが出てくる場合があるでしょう。そうなると、ロールシャッハがおかしいか、ぼくがおかしいか、ということになる。それであとですごく考えるんです。よくよく考えていると、ウーンとわかってくることがあるんですね。

たとえば、ロールシャッハの解釈で、「こういうのはアグレッシヴである」というようなときに、ぼくらは英語で勉強しているわけですから、「アグレッシヴ」といったら「攻撃性」とか「すぐにけんかを売る」とか、そういうことをパッと想像するんやけど、それはちょっとちがう。英語でいう「アグレッシヴ」とは、エネルギッシュというか、バリバリできるということで、がっちり仕事をしていたら別にけんかなんかする必要はないわけですよ。それで「アグレッシヴってこういうことをいうんだな」と自分で考えるんです。

その点について、のちにアメリカに留学したとき、クロッパー教授が「プロジェクティヴ・テクニック（投影法）」を勉強するのにいちばんいい方法だと言ったのです。プロジェクティヴ・テクニックというのは、広い意味での心理検査法で、質問紙法に対して、それとは異なる多くの方法の総称です。質問紙法は、いろいろな質問に「はい、いいえ、どちらでもない」のなかから答えてもらう方法で、数量化もしやすいけど、表面的になりやすい。それに対して、投影法は何らかの素材に対する反応や、自由な表現などに、その人の無意識の状態が「投影」されるのを明らかにしようとする方法で、じつに多くの方法があります。ロールシャッハはそのなかの主要なもののひとつです。TAT（主題統覚検査）といって、絵を見て話をつくってもらうのとか、人物画とか、樹木を描くとか、自由に絵を描いてもらう方法などがあります。質問紙法よりは心の深い層のことがわかって興味深いのですが、解読するには熟練が必要なので、その勉強法のひとつとして、クロッパー教授がこのようなことを言っているのです。

人間理解の浅薄さを痛感

でも、いまから思うと、ぼくの生徒理解にはちょっと浅いところがあった。簡単に言ってしまえば、数学ができたらええ子やと、思うたりしてますね。そのええ子のイメージというのは単純です。ところが、ロールシャッハはもっと深層を見ていますから、その子は学校では見せていなくても、本来病的な因子を持っているということが出てくる。それがわからない。「これは?」と驚いたけど、あとで納得がいったケースがだいぶあるのですね、それから五年後、一〇年後に。個人的なことに入りますからあまり言えませんけど、さすがにロールシャッハはすごい。

私は幸いにも、やめてからでも生徒たちとずっと付き合いがあったから、いろいろな動向がわかるのです。そうすると、一〇年もたってから病的傾向が顕在化して、ロールシャッハはそれは予見していたわけだから、「もうまいった!」と思ったことがありましたよ。

しかも、育英学園は幼稚園までできたので、幼稚園の子どもにもやらせてもらったりして、その頃の私はロールシャッハの鬼みたいだったんですよ。自分にとってこんなおもしろいことはない。自分が予想をたててテストをやって、なるほどと思うわけでしょう。同僚の先生でも理解のある人は「河合さんやったろかい」って言ってくれるんですよ。

それから、その結果を高橋雅春さんのところに持って行く。そうすると、高橋さんは本人をぜんぜん知らないのに、ロールシャッハ・テストの結果だけでものを言うんですね。それがピタッと当たるときがある。ぼくはまたそれに感激するんです。ところが、高橋さんが言うのがぜんぜん当たっていないと思うときがあるのです。それはさっき言うたみたいに、たとえばアグレッシヴということを誤解したために当たっていないんで、「よう考えたらそういうこっちゃぜ」とか、そういうことがよくわかりました。

つまり英語で書いてあるその性格の記述を、ぼくらが誤解しているためにロールシャッハが当たっていないと思うんですね。それで高橋さんともういっぺん突っ込んで話をしたら、「ああ、なるほど」って、そういう場合がすごくありました。ところが、学問とか学会とかいう点からいうと、それはほとんど意味がないというわけです。

京都ロールシャッハ研究会

ところで、高橋雅春さんのところへぼくが行っているうちに、高橋さんが京都の少年鑑別所の課長になるのです。それで京都の高橋さんを中心に京都ロールシャッハ研究会をつくったんです。

その研究会のメンバーは鑑別所とか児童相談所とかそういう関係の人たち、つまり実際ロールシャッハをやっている人たちで、それと、一人忘れがたいのは文学部学生の池田徹太郎という人、しかもその人は私の家の近所に住んでいたので、いつもロールシャッハのことを話し合っていました。

その池田さんは文学部からきていますからエリートですよね。その人は人文科学研究所の藤岡喜愛さんや後に岩波新書の一冊で『フロイトの方法』という本をまとめた牧康夫さんと知り合いなのです。そのころ牧さんのことなんかも間接にちょくちょく聞き始めました。

牧さんも臨床的なことをずっと考えていた人です。ところが、彼はすごい理論家だから一人で本を読んで理論的に考えている。あまり仲間なんかつくる人ではない。すごい大秀才で、文学部にも変わった人がおるという感じでした。

当時は私はもっぱらロールシャッハをやっていましたね。私の初期の学会の発表は全部ロールシャッハばっかりです。学会の片隅でコツコツとやっていた感じです。

当時の心理学界の趨勢《すうせい》

先に統計学の講義を心理学のスタッフの先生方にしたという話をしましたが、統計学的手法を使うというのは、科学的な方向を目指すということだったのです。つまり実験心理学はなんとかして近代科学であろうと努力したわけだから、みんな方法論から入ろうとするんですね。なんとかして近代科学的な研究をして客観的な成果を得ようとしている。しかし、物理学のようにちゃんとした因果関係は出てこない。だからどうしても統計的にやるんです。相関関係があるということで、それを発見するのが研究であると考えるのです。

ロールシャッハをやっていて、個々人のことは大変おもしろいんやけど、そんなことを発表してもなんの業績にもならない。学会の発表は客観性を持たなければいけない。そこで、高校生の場合と高橋雅春さんが調べているヒロポン中毒の少年の結果をくらべたらこんなにちがう――ちがうのはあたりまえですけどね――という結果が客観的に出てくるなどというのを初めは発表していた。

あるいは、高校生と幼稚園の子どもたちは発達的にちがいますね。ここはこうちがうとか、グループ間の反応の統計的な差の研究をしていました。

だけど私の実際の関心は個人で、個人にテストしたらいかにおもしろいかということでしたね。

その統計学的な手法は、アメリカで展開したビヘイビアリズム（行動主義）とほぼ同じと考えてよいのですが、それでは一対一対応の因果関係は出ません。ビヘイビアリズムは、心理学の研究法として近代科学の考えに強く影響されて出てきたもので、アメリカがその本場と言えます。近代科学というのは研究者が対象を客観的に観察して、そこに生じる因果関係の法則を見出すわけです。だから、心理学も科学的にやろうとするならば、「心」などというわけのわからないものを相手にせず、客観的に観察することのできる「行動」（ビヘイビア）を対象とすべきだと考えるのです。これはこれですっきりとしたものとして、ひとつの学問体系ができるのですが、それでは実際の臨床に役立たないと私などは考えているのです。それはそれとして、ビヘイビアリズムでは、人間の行動を観察して、そこに何らかの因果的法則を見出そうとするのです。ただ、人間の心や行動は複雑ですから、そう簡単には一対一の因果関係を見出すことはできません。そうすると相関関係を見ることになります。その相関があるということを統計的に証明していくという、そればっかりですね。

ところが、ぼくに言わせると、実験心理学の人たちがやっているのもそんなに客観的じゃないのです、理学部的に言えばね。つまりそう思っているだけであって、客観的とはあまり言えないし、そういう客観的な研究で出てくることは研究しなくてもわかることが多いんですね。人間の心の問題で、簡単なことですから。だからぼくとしてはおもしろくない。それでもっぱらロールシャッハをやったわけです。

「だれかがやらなければ」

ぼくの家の近所に池田徹太郎さんがいまして、池田さんがよく遊びにもくるし、電車もいっしょに帰りましたから、電車のなかでロールシャッハの話ばっかりしていた。池田さんの専攻は文学部の心理です。文学部の心理でそんなことをするのはよっぽど変わり者なのです。ところが、彼はおもしろい人でね、ロールシャッハをやりだしたのです。

それでその頃よく「そんな泥沼みたいな、わけのわからないことをやっていたら、河合さん、うだつが上がらんよ」とか言われたけれど、「ぼくはうだつが上がるためにやっとるんとちがうねん、ぼくはおもろいからやっとるんで、そんなのかまへん」と答えていました。その頃、一番関心のあるのは高校で教えること。その次に、人間を理解するために、というのでロールシャッハに熱心だったんです。

そして、三年間高校の教師をして、それからつぎに天理大学に変わるんですが、このところにじつはいろいろな大事なことがあるのです。要するに、臨床心理学というのをやっていくほどわかってきたのは、日本にはこの分野の指導者はいないし、非常に大事なことであるのにまるきり無視されている、ということです。初め高校の教師になるなんていっていたけども、どうしても臨床心理学をだれかが本式にやらないかんという気持ちが非常に強くなってきたのです。

それから、これは言ってええことかなあと迷うんですが、高校の教師になって、ぼくがあまり必死になると、むしろ生徒のほうがつぶれるんですよ、ぼくが若気のいたりでカンカンになりすぎると。生徒をもっとちゃんと育てていればいいんだけど――これはあとでだんだんわかってくるんですが――その頃は育てる教師じゃなしに、教える教師のカンカンの典型みたいなものでしょう。なんとなくみんながつぶれてくるという感じが自分にはあったんです。これはどうもおかしいと――その頃教えた生徒とはいまでも付き合いがあるぐらいで、親しかったし、おもしろかったのですが――、ぼくは内心ちょっと危惧《きぐ》していました。これでは高校教師をしていたらだめだという気持ちがしてきたのです。

天理大の講師に

ところがその頃、幸いにも、私の従兄《いとこ》が天理大学の学長やったんです。当時は新制大学ができあがってくる時期ですから、いっぱいポストがあるのですよ。親類のよしみもあって、教育心理学を教える人がいないから来ないかいうことになった。それで、幸いということで移ったのですが、自分としてはちょっと残念、敵前逃亡みたいな、せっかく高校の教師をやろう思ったのにという気持ちも片方ではありましたね。しかし一方、これはもう臨床心理学を必死になってやるよりしかたがないという気持ちもありました。

もうひとつ大事なことは、日本に臨床心理学の指導者はいないと言うても、京大はほかの大学にくらべると臨床的な先生がおられた。正木正《まさし》という先生がおられたのですが、先生はもともと性格心理学をやっておられた方です。その方がだんだん教育相談ということに関心を持たれて、そこへ倉石精一という先生が来られたのです。倉石先生も臨床的なことを考えておられる方でした。

そのときに非常勤講師で来ておられたのが、あとで神戸大学医学部の教授になられる、黒丸正四郎《しょうしろう》という先生で、この正木先生と倉石先生と黒丸先生の三人でだんだん教育相談みたいなことを京大でもやり始めていた。それにぼくも参加していたのです。参加していたんだけど、正直言えば、「これでは……」と思いながら行っていたんです。

よく覚えていますけれど、天理大学の従兄が来いというてくれている言うたら、倉石先生はすごく喜ばれて、「もう絶対に行け、自分が推薦状を書いてやるから」と言われるけど、ぼくは複雑なわけですよ。敵前逃亡みたいなところもあるし、やっぱりやらないかんという気もあるし、それから自分は大学の教師になるようなガラやないという気がずっとあるわけでしょう。それで迷いながらも、結局は行くのです。

そのときもまた劣等感の固まりみたいなものでね、天理大学の四年制のほうの教育心理学担当の講師になって行ったのです。ところが、まだ四年制大学ができかかっているところだから、ちゃんとシステムが整っていない。ぼくはほんとにここの講師になっているのかなと思って心配した。先生方だってほとんど来ておられないでしょう、大学だから。そうして部屋がわからない、だれもおられないしね。

いまでも覚えていますわ、天理教のお祭りでいろいろなスポーツの大会があるんです。ぼくは相撲をやっているのがおもろうて、一日相撲を見て帰ったら、その頃はもう結婚していたので、家内が「あなたきょうはなにしていた、陽に焼けている」って聞くので、「大学ってところは陽に焼けるんや」と冗談言っていたんですけど。大学の先生というのに会うのがぼくはすごく気がひけましたね、ぼくみたいなもんでも、やれるんかなと思ったからね。

京大にも変化のきざし

それに比べて天理大学の短大はまだよかった。短大に長谷山八郎という教育学の先生がおられた。この先生は実践的なことにものすごく関心がある人で、この人に会ったことでぼくはすごく得したと思うんです。この先生が短大で保育科の主任でした。保育科といったらものすごく実際的でしょう。そういうところでもっといっしょにやっていこうじゃないかというので、四年制も教えるし、短大の人にも教えることになった。それから短大では新しく教育相談なんかやったりして、それは非常に幸いでしたね。それでも、ぼくは短大の先生方に会うのでもほんとにヒヤヒヤでしたね。馬鹿《ばか》にされないかと思って。

天理大学は新しくできたところですから、初めのうちはあんまり教えなくてよかった。講義日数が少ないから、前よりもよく京大へ出られたんです。それで京大へ行ってみんな集まったところで、倉石先生が「天理大の講師の河合君」とか言うてみなに紹介されるでしょう。そうすると馬鹿にされたように思うんですよ、ぼくは。倉石先生はたんに「講師になった」と言うておられるんだけども、ぼくにしたら「できもせんのに講師になったやつがおる」というふうな意味で、みんなに言われていると思い込むのですね。それでちょっとニヤッと笑うような人がいたらもう笑われたと思って、京大へ行ってもそれはほんとにものすごく辛《つら》かったのを覚えていますわ。

しかし、京大のほうでも、臨床をやりたいという人が大学にだんだん出てきたのです。そういう人たちがいちばん熱心にとりいれたのが、カール・ロジャーズというアメリカ人のカウンセリングの考え方なのです。

ロジャーズの「非指示的カウンセリング」

ぼくはロジャーズという人はほんとに画期的な人だと思います。これはいろいろ背景があるのですが、ナチスが出てきたために、ヨーロッパのすごい精神分析学者がみんな追われてアメリカへ行くんですね。精神分析というものはヨーロッパではアカデミズムの世界に入れられていなかったのだけど、アメリカではパーッとアカデミズムの世界に入ってしまった。

そして、ぼくはそのへんは批判的に考えるのだけど、当時はそれは完全に科学として受け入れられたのです。まるで自然科学のように思ったんですね。だからアメリカは精神分析がすごく強くなった。

それで、精神分析家が優勢になるのですが、フロイト派の精神分析家は医者でないとだめなのです。そうすると、明確なヒエラルキーができる。医者の精神分析家が一番で、それから精神分析的な勉強をしているけど医者じゃない人、そしてサイコロジストはずっと下のほうなんです。

そういう状態のときにロジャーズという人が、なにも精神分析の理論で武装してクライアントに会わなくてもいい、要は、クライアントに会っても、こちらが指示をしないことが大事だという、「非指示的カウンセリング」ということを言いだしたのです。ノンディレクティヴ・カウンセリング。

このノンディレクティヴ・カウンセリングが日本の臨床心理を風靡《ふうび》するんです。というのは、あまり理論が要らないわけです。へたに理論を知っているやつはかえってだめなのです。

もうひとつこのロジャーズのすばらしかったのは、自分のやったことを全部録音しているのです。たとえば、患者さんがきて「私は父親を憎んでいるんです」と言うたときに、「その憎むのはエディプス・コンプレックスです」と断定すれば、パッと話が止まってしまう。ところが、「父親を憎んでいるんですか、辛いでしょうね」と言うと話が進むのです。そういう過程を録音で全部示す。そうすると、こういう応答をすれば話は深まる、しかし、こういう応答をするとだめだということがきれいに出てくるのです。それは実際にものすごく説得力がある。

ぼくも初めてロジャーズの本を読んだときにはほんとに感激しましたよ。『非指示的カウンセリング』という本の邦訳が出版された。ノンディレクティヴ・カウンセリングというので「ノンディレ、ノンディレ」という言葉が流行《はや》った。京大でもまずカウンセリングをやろうとした人たちはノンディレクティヴ・カウンセリングを行うようになったのです。

人間を知ることが先決

しかしぼくは本を読んで感銘していたけども、自分でする気は起こらなかったんです。というのは、そうかもしらんけども、人間のことを知らずにやっているというのはどうもあやしい。だから、もっと自分を知り、人間を知るということが先決と思ったのです。それはやはりテストでやったらわかりますからね。だからロジャーズの本にもけっこう感激はしていたけど、自分はノンディレをしなかった、というよりか、ようしなかったと言うべきでしょうね。なにかどうもやれなくて、もっぱらロールシャッハをやっていたんです。

つまりその頃、ぼくはカウンセリングをしなかったということですね。その頃はだんだん日本の学界でも臨床心理をやる人たちがわりと増えてきて、そういうジャンルができて、そこで発表したりするようになったのですが、大学の先生は非常に少なかった。

そんな状況のなかで、私はいろいろ発表して、ロールシャッハをやっている人たちのなかではそうとう認められるようになってきたのです。「ロールシャッハの河合」ということでね。しかしカウンセリングをするということはなかなかできませんでした。ぼくは実験心理学も困る、ノンディレクティヴ・カウンセリングも困るというので、テスト、テストでロールシャッハばっかりやっていたのが実情です。

ところで、そのころ学界で論争が起こった。というのは、ロジャーズがこういうことを言った、つまり、人が言ったことをほんとに非指示的に聞いていたらよいわけだから、診断なんか要らん、むしろ診断は有害や、と。あとでロジャーズは非指示的というのを「受容する（アクセプトする）」という言い方に変えるわけです。クライアントに会って、これは分裂病（統合失調症）やと考えると、それは外側からものを見ているんであって、受容の妨害になる。だから診断は無用どころか有害だというのですね。

ところが、われわれロールシャッハをやっているものは必死になって診断を考えているわけでしょう。ぼくらはもっと人間を知って、病理を知ることがまず大事と言うし、ロジャーズ派の人たちはそれは有害やと言うし、診断が第一か治療が第一かという、いまから見たらナンセンスなことですが、そんな論争になりました。が、ぼくはまず人間を知るべきで、いくらなんでも診断は大事というほうにいたのです。

ブルーノ・クロッパーへの手紙

ロールシャッハをやりだして、高橋雅春さんのグループで読むのは英語の本ばかりです。そのときに、ブルーノ・クロッパーという人がいまして、ロールシャッハのひとつの旗頭ですごい本を書いていた。その本をぼくらは読んでいたのです。そのクロッパーという人が主宰して『ジャーナル・オブ・プロジェクティブ・テクニック』(『投影法ジャーナル』)という雑誌を出していた。

いまから思うとウソのようですが、雑誌論文ひとつ読むのに長い時間がかかるんです。全部ノートに写して、一週間かけて日本語に訳す、とそんな読み方をするでしょう。そうするとどう考えてもおかしいところが出てきたんですよ。理解できないところがある。ぼくが考えたらこうやと思うけど、『ジャーナル』には違ったふうに書いてある。

それだったら、おもしろ半分にクロッパーに手紙書いたろういうて、「あなたの主宰する『ジャーナル』を読んだらこう書いてあるが、ここはいくら考えてもこうとしか考えられない」と書いたのです。そんなの出したってしようがないと思ったけど、いちおう出してみたんです。そうしたら返事がきた。そしてその返事がすごいんですよ、「これはあなたのほうが正しい。この『ジャーナル』を読んだ人はたくさんいるが、これに気がついたのはあなただけです」って。ぼくはものすごく感激しました。

それでぼくはいっぺんにクロッパーが好きになったんです。すごい人やと思った。それでアメリカへ行こうと思ったのです。それはもう天理大学へ行っていましたから、昭和三一年か三二年ぐらいの頃ですね。

それでぼくらロールシャッハ研究会のメンバーはものすごく勇気を得て、ぼくらのなかのだれかがアメリカへ留学しようということになったのです。日本人だけでやっていたってだめやということがわかった。向こうのほうがよっぽど進んでいるんですから。

それでみんなグループで英会話などを習いはじめた。しかし金がない。金がないから、研究会のメンバーの知りあいのアメリカ人の神父さんにきてもらって、安いお礼でグループで習ったのです。

ぼくはいまでも覚えていますが、その英会話の時間には初めから終《しま》いまで笑っていましたよ。なんでやいうと、その人の言うことがなんにもわからなかったからです。同じ人間でこんなわからんことをようしゃべっているなって、おかしくておかしくてしょうがなかった。ちょっと英会話ができる人はまだいいのですが、ぼくはなんにもわからない。ゲラゲラゲラゲラ笑うていたんですよ。

ボーディン教授の講義

そんなときに、ミシガン大学のボーディン教授という人が日本の学生相談の会議かなんかに呼ばれてきて、京大で集中講義をしたのです。それを聴いて、これまたすごく感激した。「ああ、臨床心理学は学問として体系づけられているな」ということを、ボーディンの講義を通じてほんとに感じたのです。

そのときの講義に牧康夫さんも出ていて、牧さんとその頃から非常によくしゃべるようになった。ぼくが考えている実験心理学に対する懐疑とか、さっきの診断―治療論とかロールシャッハのこととかをしゃべると、牧さんはすごくよく聞いてくれるのです。牧さんは大変な理論家で、だから話がおもしろくてね、よう長いあいだ二人で話をしましたよ。

その頃、牧さんは京都大学の人文科学研究所の助手やったんです。人文研の大助手で、なんにもものを書かんとずっと勉強しとったんじゃないですか。だけど本はたくさん読んでいますよ。だからものすごく便利なのは、ぼくがなんか考えて言うと、牧さんはその問題はどこに書いてあるかすぐ教えてくれるんです。これを読んだらええ、とかね。牧さんはどうしても細かいことにこだわるから、実際的につぎに進めないのですが、ぼくはわりに実際的にロールシャッハなんかするから、牧さんにしたら非常におもしろいわけですよ。前に言った池田徹太郎さんとか牧さんとはほんとによくしゃべっていました。それは非常にありがたかったですね。

牧さんとの付き合いはこうして留学の前から始まって、アメリカから帰ってきてからもずっと続いたのです。自分の思っている問題点とか疑問点を一番よく話し合えた人ですからね。ぼくは勝手に考えているわけでしょう、要するに、指導者はいなかったわけですから。ロールシャッハについても、自分で考える。また、実験心理学はそう言われるほど科学的じゃないなどと思うたりしているでしょう。他の人にはそんなことは言えないけど、牧さんには言える。牧さんは正当に評価してちゃんと答えてくれるのです。それで牧さんがこれだけ、三時間でも四時間でもしゃべってくれて評価してくれるんやから、ぼくもまんざらではない、そういう感じでしたね。

あるとき牧さんと何か話しておって、ぼくが「そんなの忘れたわ」と言うたんです。そうしたら、牧さんが「河合さんはええなあ、忘れられるから」と言ったんですよ。すごいなあと思いましたね。

留学に向けて英語の猛特訓

ボーディン教授の講義を聴いて感激して、ボーディンのところへ行こうか、クロッパーのところへ行こうかと迷っていたんですね。それで、だれか行かないかんということになって、フルブライトの試験を受けることになったのです。

ところが、英会話なんていったって、ぜんぜんできません。育英学園に勤めていたときにはフランス語を読んでいたわけですから、フランス語はわりと読めるんです、その頃、毎週毎週読んでいましたからね。しかし、英会話のほうは、だいたい英語の先生が授業で「アクチビチー」なんて発音していたわけで、だれにも通じなかった。

そしてあの頃はテープレコーダーというたら宝物ですよ、だれも持っていない。どうして英会話の練習をしたかというと、進駐軍の放送を聞きまくるんです。

それと、三〇円ぐらいで映画の三本立てというやつがあって、それを聞きに行くんですよ。適当に見て、目をつぶったりして英語を聞いて聞いて聞きまくるのです。

それからブッシュさんという人の「カレント・トピックス」というラジオ番組がありましたね、あの人もすっかりジャパニーズ・イングリッシュになっているんですが、あれをいつも聞いていましたよ。

もうひとつ、天理大学にいたのはありがたかったですね。あそこは英語学科があるから、その英語学科の会話の時間とか、ぼくが友だちになった英語の先生の講義とかを全部聞いていました。天理大学でだいぶ英語の勉強をしました。

二度目の挑戦でフルブライト合格

それでフルブライトの試験を受けた。いっぺんめは学科の試験は通ったのですが、面接で落ちた。その一回目に学科試験で通ったいうのが大評判でね、あの頃フルブライトは大変にむずかしかったんですよ。

たしか一五〇人ほど受けて、結局最後に通るのは三人。一次の学科で一五人ぐらいに落とすんですよ。ぼくなんか絶対に通らんと思ったのに、一次に通ったんです。しかし面接で落ちたのはあたりまえで、会話なんてまったくできなかったのですからね。

それで、いまでも覚えていますが、つぎの年に受けるのが怖くてね。そうでしょう、前はまぐれで通ったようなもんで、こんどは受けて落ちたらそれがバレるでしょう。で、なんとか理由をつけて受けに行くのやめたろか思うて、一生懸命理由を考えたんだけど、どうしても理由が浮かばない。それで二年めに再び受けに行ったんです。

どんな試験かというと、ものすごくたくさん問題があるんです。ダーッと問題があって、二時間半ぐらいでやる。ところが絶対に通ったと思いました、やたらによくできたから。自分でも不思議なことに、ふつうはぜんぜんわからないのですが、試験になったら試験官のいう英語が全部わかるんですよ。それでこれは絶対通ると思ったわけです。学科試験は一番だったらしいのです。

それはむちゃくちゃにぼくは要領がいいからなんですね。ぼくがフルブライトに受かった言うたら、だれも「偉い」とは言わないで、みんな「うまい」と言う。『勉強せずに試験に受かる法』という本を書いて儲《もう》けるかとかいうぐらいにね。

二次試験も行ったんですけれども、やっぱり会話は下手でしょう。ところが、二次試験も通ったんです。それで通ったのはありがたいけど、ちょっとおかしいと思って、試験官の一人の方に聞きに行ったのです。なんでぼくのような人間が通るのかと。

そうしたら、そのへんはアメリカを尊敬するけれども、それまでフルブライトの試験では英会話の点をすごく高く評価していたんですね。英会話のできない人が行ってもしかたがない。ところが、アメリカ側では追跡調査をしていたんです。追跡調査をしてみると、英会話のすごくできる人は日本へ帰ってからあまり貢献していない、ということがわかってきたのです。それで英会話よりはどんな学問をしているか、その学問に対してはっきりした目的意識を持っているか、そういうこと全体を考慮に入れて評価すべきであるということになった。そのように変わったときにぼくが受けたのです。だから、ぼくは英会話ができなかったけれども、とにかくパスしたんですね。

全国で何人パスしたか知りませんけど、全国で一〇〇人かそこらでしょう。そうしたらあとで、「あなたは英会話ができないので東京で特訓をするから来なさい、受けねばなりません」、「ユー・マスト」という手紙をもらったのです。「ユー・マスト」は全国に五人いまして、そのなかにぼくが入っていた。それで東京へ行って何週間ぐらいだったか、ひと月半ぐらいだったか、日米会話学院で英会話の特訓を受けました。あれはものすごく役に立ちましたね。

河合隼雄《はやお》は双子？

天理大学で教育心理学を教えていた頃の話に戻りますと、初めは劣等感の固まりだったんやけど、教えたらけっこう学生が喜びますんでね、それでうれしゅうなった。それから短大へ行って保育科の学生に教えたのですが、保育に関する実際的なことはとても参考になりました。

じつは先日、天理市の教育委員会の依頼で講演に行ったら、そのときにぼくに習った保育科の人たちがいました。幼稚園の大園長さんだったのがちょうど退職したところや、という三人の人に花束をもらいましたよ。短大でも人形劇をやったりしていましたからね。「先生といっしょに人形劇したんですよ」って言ってくれたのですが、残念ながら、その人たちのお顔までは覚えていませんでした。

就職したときはほんとに劣等感で行ってたんだけど、学生、短大生に支えられて、それから以前に言うた長谷山八郎先生たちに支えられてだんだん元気が出てきた。

それからもうひとつものすごくおもしろいのは、数学をぼくは教えたくなかったけれど、事情があって教えたことです。ちょっとのあいだですけれども。

それでいたずらしましてね。数学を教えに行って、つぎに教育心理学を教えるときにはちがう服を着ていくのです。教育心理学ではいろいろな研究をするんやけど、一卵性双生児を研究すると、遺伝は同じだけど、環境によってちがう、という話をして、さりげなく「そういえば、ぼくの兄貴はここで数学を教えているんですよ。われわれは一卵性双生児だからよくまちがえられてね、ハハハ」とか言うわけです。あとで聞いたら一年ぐらい本気にしていた学生がいたという、ちがうとかちがわないとか言ってね。

身近なもののことはわからない

前にも言ったように、アメリカへ行く前、ぼくはロールシャッハの世界ではみんなに非常によく知られていました。ロールシャッハの鬼みたいになってやっていましたからね。

しかし、あるときに、親しくしていた人が若くして亡《な》くなったのです。それは自殺だったのです。

それで、そのときに、もう臨床心理学をやめようと思ったんです、自分の親しい人の自殺がわからなかったのですから。そんなわけでわれわれに非常に理解のある先輩の精神科医で、鑑別所の所長や児童相談所の所長をしたりしていて、ぼくらの後見人みたいな感じだった林脩三さんという人がいたのですが、その林さんのところへ行って、「ぼくはいちばん身近なものの自殺がわからなかった。もうやめたいと思う」と言うたら、林さんが「身近なもののことは絶対にわからない」と言ったのです。「じつはぼくにもある、ほとんど同じ経験だ。あとで考えたら、それは身近なものに対してはずっと希望的観測をするからわからないのだ」と言うのです。すごいでしょう。他人に対しては客観的に見ることができる、ということです。

そのように鑑別所の方とか、いろいろなところで実際にやっておられる方がいい仕事をしていらしたというのは、すばらしいことでした。ですからロールシャッハ研究会に集まったグループは初めはほとんどみんな実際にやっていた人たちです。あとになると、だんだん大学関係の人が増えてきました、臨床心理学がさかんになったから。ところで、ロールシャッハ・テストがいまでも有効性があるかどうかと考えると、やっぱり有効です。しかし、そこはまたむずかしいところですが、客観的なテストではないですからね。そうした問題はアメリカのクロッパーのところへ行ってからもっとはっきりしてくるわけです。

日本における黎明《れいめい》期の臨床心理学

学問にものすごく熱中していたせいか、その頃は社会がじつに変動している時代だけど、社会的関心が強かったとはいえないでしょうね。もちろんその当時は、鑑別所にはヒロポンをしていた人がたくさん入っていたというように、非行少年などの社会現象は多かった。また経済的に困っている人も多かったから、そういう人のためになんとかしなくちゃ、という気持ちはすごくありましたけれどね。

それで、その頃に臨床心理学のことを勉強しなくちゃならないと思った人たちがぼくの同年輩にいろいろいたわけですが、それぞれがなんとかして外国に行こうと考えたのです。みんないろいろ苦労して外国へ行っているんです、結局、日本ではだめやと思って。おもしろいのは、そのなかには初めは心理学をやっていなかった人もたくさんいることです。

たとえば、いま文教大学の学長になっている水島恵一さん。あの方はもともと法律専攻なんです。非行少年のことを見ていて、これはやっぱり臨床心理学をやらないかんと、それで外国へ行っているんですね。だから先駆者の人はみんな苦労しながら外国へ行っていますね。

留学先はほとんどアメリカです。つまりアメリカだったら行く手段がいろいろありましたからね、フルブライトもあったし。

両親や兄弟たちは、ぼくが好きなことをやるということに関してはみんな肯定的でした。それでもぼくが「アメリカへ行く」と言ったのはすごい衝撃やったと思います。当時そんなことをだれも考えていなかったですからね。自分でも不思議だった。

天理大学でぼくは教育心理学を教えていたのですが、臨床心理学を教えている人はまだいなかったと思います。みんな社会心理学とか青年心理学とか教育心理学とかを教えていた。

そういえば、天理大学でぼくは青年心理学も教えていました。工夫しましてね、きみたちは青年なんや、だから自分たちのどういうことがいちばん知りたいのかということを調査しようやないか、と言ったことがあります。

それで、いちばん知りたいことの統計をとったのですが、一番は宗教でした。さすが天理大学でしょう。感激しました。二番が恋愛でした。

それなら「皆さんは宗教を信じますか」とか、「天理教をどう思いますか」とか、アンケートする方法もあるのやけど、ぼくはそういう方法はあんまり好きじゃない。それで『教祖様《おやさま》』という芹沢光治良《せりざわこうじろう》さんの書かれたすばらしい小説があるんです。天理教の教祖——「おやさま」といいます——の本質をすごくうまく書いている。

それをぼくは読んでいて好きやった。その『教祖様』と、それからシェンキェーヴィチの『クォヴァディス』と倉田百三《ひゃくぞう》の『出家とその弟子』、つまり、キリスト教と仏教ですね。この三冊のそれぞれについてでもいいし、あるいは一番好きなのを読んでどう思ったかということをレポートを書いてもらった。そして、レポートのなかからおもしろいのをみんなの前で読んで、それでどう思いますかとか、そんな授業をやったのを覚えています。

臨床心理学会の雰囲気

ところで、当時の臨床心理学の学会のことで思い出すのは、初めのうちはいっしょに心理学をやった仲間はあまりいないでしょう。だから、天理大学からポッと出てきて学会で発表したって「なんや」てなもんですね。しかし、だんだんやっているうちにみんなが評価してくれるようになった。だから、学会いうところはええとこやなと思うたのを覚えていますよ。

ぼくは人脈というのがぜんぜんない。高橋雅春さんがぼくをいわば外から連れてきたんで、どこに同級生がおるとか、ある先生がぼくを引っ張りよるとか、そういうことはないんですよ。結局、ひとりでずっとやってきたわけですね。ところが、それをみんなが評価してくれるわけ。

その頃、心理学者というより、むしろ阪大の当時医学部の講師だった辻悟《つじさとる》という人がいて、大変活躍しておられた。ところが、ぼくは相手が辻さんでもわりあい平気でディスカッションを吹っかけるんですね。辻さんも平気でパッと受けて評価してくれる。ぼくは辻さんはすごい人や思いましたけど、そこでワーワー言い合いしたりすると、辻さんとわたり合っているということで、みんながだんだん認めてくれたのです。

ですから学会いうところはなんだかんだいうけど、ありがたいところやなと思いました。

初めは「やっぱり天理大ではだめか」と思うていたのですが、そんな気持ちは、フルブライトでアメリカに行く頃にはまったくなくなっていました。

東京にももちろんロールシャッハをやる人はいました。もう亡くなりましたが、片口安史という方がおられて、この方が非常に熱心でした。しかし、おもしろいのは、片口安史さんも精神衛生研究所というところにおられて、大学にはおられない。臨床心理学をする者はほとんど大学の外に出ているのです。大学にいるのは辻さんみたいな精神科医ですね。だから私が非常に得しているのは、当時、児童相談所にしろ鑑別所にしろ精神病院にしろ、そういう現場の人と親しくなっていることです。

だから鑑別所のこともよく知っています。もちろん児童相談所にも関心があって、林脩三さんに言われて、あれはアメリカへ行く前だと思いますが、大阪の児童相談所にロールシャッハを教えるために週に一回行ってました。週一回行ってひと月三〇〇〇円もらっていたんとちがうかな。それでも、その頃にしたらすごくうれしくてね。

そういう外部の人を呼んで児童相談所の人たちを指導させるなんてことは当時、あまり考えない時代でしょう。ですから林さんは偉い人なのですね。いまはそういうことを熱心にやっていますが、そのハシリですよ。しかもこちらは天理大学だから、最初は、みんな「ヘェー」っていう顔をするんだけど、ありがたいことに、やりだしたら力があるということはいっぺんにわかりますからね。相談に来た児童のロールシャッハ・テストの結果だけを見て、その児童にまったく会わずに意見を言うのですが、それがピタッと納得がいくので皆、感心するのです。

人形劇と演劇のこと

ところで、ぼくは天理大学へ行ってから結婚しました。結婚した相手はぼくが育英高校にいたときの同僚です。

専門は地理、社会科でしたね。三年間職場で顔を見合って結婚したんだから、これが純粋の見合い結婚だなんて言っていましたよ。

そのころは勉強一筋かというと、そんなことはあり得ません。やっぱり人形劇をやってみたり、フルートを勝手に吹いていました。オーケストラはあんまりやっていませんでしたが。

育英高校にいるときには人形劇で小川未明の『赤い蠟燭《ろうそく》と人魚』をやったことがあ

ります。そのフルートのバックミュージックを、京大の心理の梅本堯夫《たかお》先生に作曲してもらって、それをぼくが吹いた。

それをぼくはぜんぜん覚えていなかったのですが、録音してあったらしいんです。阪神《はんしん》の大震災があって、臨床心理士が心のケアでたくさん行きましたでしょう。臨床心理士がある家を訪ねて話をしているうちに、その家の人が「あんた臨床心理をやっているんだったら、河合隼雄という人を知っているか」ということを質問したらしいんですよ。そこで臨床心理士が「いや、われわれの会の会長ですよ」と答えたら、「へえ、そんな偉《えろ》うなってはるの、わたしらと人形劇やっておったんよ」と言ったそうです。そしてそのテープがあるというんで聞かせてもらったとか言っていました。

それから天理大学でも演劇をやっているのですよ。そもそも育英におるときに学園祭があるでしょう、あのときに生徒ばかりやらせるのはおかしいというんで、先生が組んで演劇をやったんです。そのときに、前にも言いましたが、ぼくらはフランス語の講読をやっていた。モリエールの『いやいやながら医者にされ』ってのがあって、それがまだ訳されていなかった。それをぼくらで読んで訳して、それを上演したんです。

鈴木力衛《りきえ》さんの訳の出る前のことですね。たしか"Le Médecin malgré lui"というやつ。それがあんまりおもろかったから天理大学の学園祭でもやりましたよ、先生ばっかりで。芝居はなかなかおもしろかったです。

ぼくは一般に芸術的才能はないけど、ほんとに鍛えたら演劇だけはできたかもしらんと思いますよ。あのころ山田肇《はじめ》が訳したスタニスラフスキーの『俳優修業』があったでしょう。あれを読んでものすごく感激しましたよ。

クレーカルテット

音楽といえば、その当時は兄弟でカルテットをやっていました。「クレーカルテット」というのです。

ファースト・ヴァイオリンのパートを私がフルートでやるのです。セカンド・ヴァイオリンは歯医者の兄貴の迪雄《みちお》がやり、ヴァイオラと称してヴァイオリンにヴィオラの弦を張ったのは弟の逸雄《いつお》がやる。弟が音楽的センスが飛び抜けていい。というのは、若いときからやっているのでね。チェロは雅雄兄貴がやっているでしょう。この四人でカルテットをやっていたのです。ハイドンの弦楽四重奏とか、そういうのをやるんです。

そのカルテットの名前が「クレーカルテット」という名前でね。なんでかというと、やりだすと、だれかが「おっ、待ってくれ待ってくれ」「すまん、こらえてくれ」と言うから、これは「クレーカルテット」だ、いい名前やなと言うて、それでわりとよくやっていましたよ。弟はピアノもフルートもヴァイオリンもぼくらと段違いにできて、あれがカルテットのマスターなんですよ。きれいにハーモニーしたらみんな感激して途中でやめて、「いまのはよう合ってたなあ」。

音楽会とうどんの比較

自分が月給をもらうようになったでしょう、それで前よりも音楽会へ行けるようになったんです。そのときに聴いた音楽会は深く印象に残っているのがありますね。ジャン・マルチノンというフランスの指揮者が来て、N響といっしょにベルリオーズの『幻想交響曲』をやったんです。あれを初めて聴いて大感激をしました。

そのときの特別席が八〇〇円やったんです。八〇〇円でそれを聴いて、帰りに晩メシにうどんを一杯食べたら一〇〇円なんですよ。それで、食堂へ入ってうどんを食っていたら、みんなやたらにうれしそうにうどんを食っているのですよ。それでこの人たちがいま楽しんでいる八〇倍の楽しみをぼくは『幻想交響曲』に感じることができたであろうか、と考えましたね。それができないんやったら、『幻想交響曲』を八〇〇円で聴くのはやっぱり身分不相応とちがうか、なんて考えたりしてね。

そのころ考えたことに楽しみ指数というのがあるのです。楽しみをそこに使った金で割る。そうすると、『幻想交響曲』でものすごい感激したから八〇〇で割るのです。それからうどんの場合には一〇で割るわけですね。そうすると楽しみ指数はうどんのほうが高い。

ところが、わかってきたのは、楽しみは一定数を越えると、ちょっと上げるためにはそうとうの金を払わなければならない。だからそんな直線的関係ではない。それを指数だけで考えると非常に貧しくなる、そう思いましたね。

それからLPのレコード。ぼくが育英高校に勤めだした頃から出だしたんですよ。それはすごい感激やった。今の人にはちょっとわからんと思いますよ。それまでSPの場合には交響曲というのは六枚とか七枚も必要だったのが一枚に入っている。それが二三〇〇円やった。そのときのぼくの育英の月給が六八六八円やったんです。月給の三分の一以上でしょう。だから買うのにものすごく考える。

今でも覚えていますが、いちばん初めに買ったのが『カルメン』の抜粋曲だった。

ぼくは『カルメン』が大好きだったんです。ところが、買ったとたんに後悔するんです。

なぜかというと、要するに、いっぱいあるなかの一つを選んでいるわけでしょう、だから買ったとたんにほかのほうがよかったと思うんですよ。それで平静にその『カルメン』を聴けないんです。聴いてても「ああ、『英雄』を買《こ》うたらよかった」とかね。

それから、そのころ外国からきたLPが三〇〇〇円だった。月給はもうちょっと上がってきますが、その三〇〇〇円ので好きやったんがストラヴィンスキーの『ペトルーシュカ』でした。あれはスイスロマンド交響楽団でアンセルメの指揮、なんべん聴いたか。

忘れられないことですが、N響が、『火の鳥』をやったのをぼくは学生時代に聴いたのです。なんで学生時代にN響が聴けたかというと、前にちょっと出てきた林博男さんの従兄《いとこ》が恒松さんといったか、N響のチェロのトップだったのです。林さんがN響の招待券を持っている。それでぼくを連れて行ってくれたんです。そのときに初めて現代音楽を聴いた、現代といったってストラヴィンスキーですが。それまでは音楽といったらベートーヴェンやと思っていたでしょう。そのときに『火の鳥』を聴き、まったく感激したですね。こんなすごいもんがあるんかと思うて。「やっぱりぜんぜんちがう、これは生《なま》で聴かなあかん」と思うたことを覚えています。

シェルドンの人格理論

話は戻りますが、ぼくが最初にロールシャッハ・テストに出会ったきっかけは、藤岡喜愛《よしなる》さんが雅雄兄貴のテストをしたことからでした。そのときからロールシャッハはおもしろいと思った。それまでに心理学を勉強するようになっていたでしょう。しかし、ぼくはまだまだカウンセリングはできない。人間のことを知りたい。ところが、いわゆる質問紙法、これはおもしろくないでしょう、あまりにも明々白々である。それでプロジェクティヴ・テクニック、投影法をやりたいと考えていたときに、ロールシャッハに出会ったのですね。

雅雄はロールシャッハにとくに興味を持っていたわけではありません。そのころ動物学教室へ行ったら、藤岡さんがやってきて手当たり次第にテストをしていたというのが実情です。みんなだれでもええから実際にテストの対象にするのです。それで兄貴はおもしろいから受けて、解釈を聞いたらその結果はぼくらが想像した以上のことでした。そこまで微妙なことが心理テストでわかるとは思わなかったから。その頃に、あれは牧康夫さんが導入したのかな、人文科学研究所で大変流行《はや》っていたシェルドンという人の人格理論がありました。たしか桑原武夫《たけお》先生の本の著者紹介で、桑原先生の褌《ふんどし》一丁の姿の写真があって、これはシェルドンによればなんとか型だというのがあったと思います。あの頃ですよ。だから、藤岡さんがロールシャッハ派で、牧さんがシェルドン派でした。

それでぼくらもシェルドンに影響されて、兄弟でみんな当てはめてやったら、私が典型的なセレブロトニア、神経緊張型で、要するに、ただガリガリで神経がピリピリとしている性格ということになった。

ところが、ちょっとそれとは対照的なヴィセロトニア（内臓緊張型）みたいな要素も出てくるんですね、衣食住を楽しむとか、ゆったりしているとか。だから、「おまえは典型的セレブロトニアだけど、年がいったらヴィセロが出てくるかもわからんで」と兄が言いました。確かにそうで、いまずいぶんそれが出てきていますものね。また変わってくるのがおもしろいでしょう。

そして変わり方にもパターンがあるのです。それは私の父親がちょっとそういう感じですね。父親の若いときの写真はスーッと瘦《や》せていてセレブロトニアなんです。ところが、年をとってから太ってくるんですよ。

鶴見俊輔《つるみしゅんすけ》さんと出会う

あのころの人文科学研究所というのはおもしろかったですね。今西錦司《きんじ》先生がおられるでしょう、鶴見俊輔さんがいて、牧康夫さんがいて、それが兄貴を通して間接的に聞こえてくるのですが、ぼくはそのなかにはぜんぜん入っていないんですね。だから、ぼくは桑原武夫先生なんてまったくちがう世界のすばらしい人で、自分が直接に話したりするようになるなんて思っていませんでした。

先に鶴見俊輔さんの話をしたとき、ものも食わずに本を読んでいるという、そしてご本人にはだいぶあとになってから会ったと言いましたが、本当にずいぶんあとで、京大の教授になってからのことです。初めて会ったのはマンガについて一緒に仕事をしてみないかということで、多田道太郎さんとともに会いました。

鶴見さんと長いあいだ会わなかったのは、ぼくは、だいたい、正義の味方というのは嫌いなんです。鶴見さんは正義の味方やと誤解していたのです。それで、会う機会がありかけてもずっと敬遠していた。それに、あの人頭がええでしょう、頭がよくて正義の味方ってのは、ぼくからいちばん遠い存在だと思っていましたからね。ところが、会っていっぺんに誤解だとわかった。そしてすぐに意気投合しました。あの人は頭がいいことはまちがいないのですが、頭の悪い人のことがわかるのですね。ものすごく珍しい人です。

牧さんは頭の悪い人のことがわからなかった。だから、自分ができることはあたりまえや思うている。ところが、それは特別な、牧さんだけにできることなのです。それにしてもおもしろい時代だったですね。しかし、たしかにぼくは社会的なことにはあまりコミットしていない。もっぱら一人の人間を大切にしているという感じですね。

一人の世界を見るということを徹底的にやっているうちに、社会のことを言わざるをえなくなってくるから、時間がかかる。ですから、それまではほとんど発言していないですね。

ロールシャッハ・テストの諸要素

雅雄はサルの社会を研究していましたが、そういう話はお互いにそうとう刺激になったと思います。しょっちゅうしゃべっていましたから。

さっきの藤岡さんは、最終的にはむしろロールシャッハを人類学のほうに使われたのですね、精神人類学ということで。もちろんちゃんと臨床もやっておられましたが、重心はもっぱらそちらのほうに変わっていきます。それであとの頃には、以前に言うた辻悟さんとぼくと藤岡さんの三人でずっと関西でロールシャッハの講習会をやっていたのです。

ところで、ロールシャッハそのもののいちばんの本質的な要素はどういうことなのか、そのことについてよく議論しました。スイスのロールシャッハという精神科医が始めたのですが、それまでは、ああいうものを見せて何に見えるかという点にみんな注目するわけでしょう。ある人は人間の顔に見える、ところが、ある人はコウモリに見える。しかし、ロールシャッハはそうではなくて、なぜそう見えたかということに注目するのですね。形で見ているとか、色で見ているとか、運動を見ているとか、そこから話が変わってくるのです。

そうすると、絵は静止しているのに、運動を見るというのは、絵にない属性をこっちが付与しているわけです。色彩はそもそも絵にあるものですね。

そして、こんどは、濃淡反応をどう見るかということがすごい問題になった。ぼくがやりかけた頃にはそうでした。というのは、ロールシャッハはあまり濃淡のことは考えていない、運動と色彩の対立が主ですね。それらのなかに濃淡という要素を入れたらどうなるか、この三つの関係をどう見るかということを、ぼくらは徹底的に議論しました。そういう点も検討してその人の性格を見ていくわけですから、そうとう細部がわかるのですね。

それはたとえばどういうことかというと、図版に濃淡がありますね。そうすると、たんに濃淡があるということだけではなくて、濃いほうが前景になり薄いほうは遠景になる、つまり遠近感が出るでしょう。絵は二次元の世界ですが、三次元に見えるわけですね。だからそういうことを付与する人はどうだというようなことから考えるのです。

だんだん考えを進めていくと、つまりそういう反応をいろいろな要素に分解して、その要素の組み立てでその人の人格を見ていくという作業を行うと、そうとうニュアンスに富んだことが言えるようになるのです。

しかも、流れがあるのです。つまり、一番目にどう言うたか、二番目にどう言うたか、三番目にどう言うたか、という流れがある。連想の流れをつくっている。そういうことなども、いろいろな角度から見ていくのです。だれでも示す反応があるとしても、その反応を早めに言う人とあとから言う人と、これまたちがいますね。

考えてみたら、あれはほんとに不思議なことなのです。インクのしみなんだから、いちばんいい答えは「インクのしみ」でしょう。ところが、みんな何に見えるとか、けっこういろいろなことを言うんですね、人間というものは。

いまでも覚えている傑作な人がいましたよ。図を見せるでしょう、そして「なんに見えますか」言うたら、「そんなもんコウモリには見えしまへん」と言うんですよ。「なぜコウモリに見えんのですか」と言うと、「この羽は形がおかしいですやろ」と言う。というのは、ここがおかしいから、コウモリには見えないと言うのですよ。いちこれはなんとかに見えないと言う人がいて、それはものすごくおもしろいことでしょう。そういう人とか、他にもおもしろい反応をした人がたくさんいました。だから、ぼくらは『ロールシャッハ珍反応集』という本を書いて売ろうか言うていたぐらいです。

内的側面のほうがよくわかる

ちがった時期に反応を確かめて、それでその人の変化を調べるということも考えられますが、だけど見てもあまり変わらないです。もちろん人間ですから変わりますよ。それでも、ほかのテストの場合にくらべるとそうとう変わらないほうなのですよ。だから、その人の外的なことがそうとう変わっていても、内的な側面はあまり変わらないのですね。

前に言った、林脩三先生が、双子の研究をしておられたのです。ある時こんなことがありました。双子の人のロールシャッハをとって、それが私のところへ送られてきたんですが、ぼくはその人たちにぜんぜん会っていないんですよ。それで、私が一人のそれを見て「この人は分裂病（統合失調症）やと思います」と言い、もう一人の人について「この人はおそらくそうじゃないかと思うけど、ちょっとわかりません」と言ったのです。じつはぼくがわかりませんと言うたほうが分裂病で、ぼくが分裂病ですと言うたほうは発病していない人だったんですね。それで「どうもちがうな」言うておったら、三ヵ月ほどしてそっちの人が発病したのです。

それからぼくらはものすごく考えたんです、なんで発病する前の人のほうがぼくらにとって分裂病と思えるのか、と。そうすると、やっぱり動いている要素のほうがよくわかるのです。内面的に先に動いているわけですからね。

いまだったら臨床心理士は病院にいっぱい雇われているでしょう。ぼくが行った頃はロールシャッハをとらしてもらうために、こっちが菓子折持って病院へ行っていた。ところが、とらせてもらってぼくなりの考えを言うでしょう。そうするとお医者さんがものすごくおもしろがられるんです。「それやったらお金を払うから来てください」というわけで、状況はだんだん変わってくるんです。

たくさんのケースを見ましたよ、どれだけ見たか。

ユングへの前哨戦《ぜんしょうせん》

話が核心にきていると思うのですが、そういうロールシャッハの一種の読みとき、解読ということがずっといまの仕事にも続いている、ということなのです。それはロールシャッハからユングにまでずっとつながっている。心理療法の背後に人間理解への努力があるのです。

そしてそれがアメリカへ行ったら実際にもっとつながってきます。私の関心の持ち方は、初めはちょっと職人風ですけどね。それを理論的にもっと関連づけられるのはアメリカへ行ってからのことです。

ロールシャッハをやっていたのは六年ほどです。気の毒に、親から離れて施設にいる子がいますね、そのような養護施設に行ってロールシャッハをして、それを保母さんと話し合うんです。その経験も非常に役に立ちましたね。

保母さん方は子どもと生活を共にしておられますが、ぼくがロールシャッハで見て言うことが、なるほどと思わされることなので驚かれるのです。それで「こういう子はこうしたらええ」とか言いながら、いちばん多いときにぼくは一日に一七人ロールシャッハをやったことがあります。その日は夜寝られませんでした。ロールシャッハの図版が目の前に浮かんできて、興奮してしまってね。だからほんま鬼ですな。

保母さんもしっかりした方が多く、ぼくにとってても大変勉強になりました。そのなかの一人が「先生はそのうち京大教授になりますよ」と言うので、「アホなことを」と笑いとばしたりしたこともあります。

ロールシャッハの本も何冊か書いてます、それはもっとあとのことですが。その頃はまだ吸収するばっかりでした。学会発表はやったのですがね。

ですから、本を書くまでにはずいぶん長くかかりました。当時はそれこそ自分が本を書くなんてぜんぜん思っていませんでしたよ。

Ⅳ

異文化のなかの出会い

――アメリカ留学時代

いよいよアメリカへ

一九五八（昭和三三）年にアメリカに行くことが決まって、それから準備を始めました。出発したのは翌年、昭和三四年です。あの頃一ドルが三六〇円だった。日本にドルがなかなかなかなかったのです。

交通公社の人が来て「先生、ドルはお持ちですか」言うから、「うーん、ぼくは円がないんやけど」と言ったら、「それは当社ではどうもいたしかねます」と言われた。

いよいよアメリカに渡ることになりましたが、あの頃はほとんどの人が船で、私は船に乗るのを楽しみにしていたんです。しかし、フルブライトに受かった全員のなかで二人だけ飛行機に乗ることになって、その二人に私が入りましてね、残念だったんだけど、飛行機で行きました。

どういう事情でそうなったのかぜんぜんわからない。ともかく二人だけ飛行機に乗った。生まれて初めて飛行機に乗ったんです。そして、その頃はプロペラ機だったんですよ。

ハワイで六週間のオリエンテーションがあったんですが、その頃の飛行機はハワイへ直行できないんですね。だからウェーク島に降りてそれからハワイに行ったんです。

ウェーク島に降りるときはまさに敵前上陸という感じでしたよ。というのは、前に言ったように私は英語ができないでしょう。それで試験に受かっているわけだからもう大変でね、なんともいえんかったですよ。

それでも英語のできそうな日本人っているんですね。なんかよくわかっているような人がいるから、私はそういう人の後ろについていた。ウェーク島に降りて、そこのホテルかどっかで朝めしを食べたんですよ。いまでもよく覚えていますが、ウェーターがなにか言うんですよね。そうすると「オー、イエス」とその人が言うてるんで、ぼくも「イエス」と言ったものの わからんかったんで、「何言ったんですか」って聞いたら、「いや、わたしもわかりませんでした」。すごく安心したですね、なるほど、こんなものかってね。

ウェーク島では朝めしを食べただけです。つまり給油のために寄ったんです。

ハワイでのオリエンテーション

フルブライトに受かったものは、いろいろな場所に分かれて六週間のオリエンテーションを受けるんです。私はハワイで受けましたが、これは非常に役に立ちました。というのは、英語ができなくて入っていますからね。その六週間のあいだに、アメリカの大学へ行ったらどういうことを習うかとか、英語の速読の練習などをするわけです。『リーダーズ・ダイジェスト』みたいなものをあてがわれて、「できるだけ速く読みなさい」と言われる。読んだあと○×テストをやって、そして九〇点とったら、九〇点の人はもっと速《はよ》う読めるはずだというんですよ。つまり一〇〇点とらなくてええから、八〇点でええから、もっと速く読め、速く読めってやるんです。そうするとだんだん速く読めるようになるんですね。

いまでも覚えていますけど、ハワイへ行った当初、ぼくは一〇分間に二三〇語だったかでしたが、後には六〇〇語ぐらいまでいったんです。

たとえば"in the morning"とあるでしょう、それをぼくらは「イン・ザ・モーニング」と読むわけ。しかし「インザモーニング」ってパッと一つのつながりとして見よというんですよ。そういう練習をさせられたんです。そうすると、やっぱりだいぶ速くなりましたね。

いっしょにオリエンテーションを受けたなかで日本人は二人だけでした。沖縄はまだ外国だった頃ですから、沖縄、韓国、インドネシア、タイ、ビルマ、と各国からみんな集まっている。そうすると、ぼくはアメリカ人はなかなか偉いと思いましたけども、日本人はどの発音が下手であるかとか、ちゃんと研究してあるんですよ。日本人と韓国人はよく似ているから一緒に受けるレッスンがあるんですが、たとえばsとthの差とか、lとrの差とかいうのを日本人は徹底的にやられる。そういう点でアメリカ人の教え方は非常にうまかった。ぼくはあのときに習った英語の教育はすばらしかったと思いますよ。

発音でも、ぼくはなかなかいい方法だと思うんですが、単語のなかでアクセントがついているところがあるでしょう、そのアクセントがついているところの母音だけ、ものすごく大事なんです。そこだけ覚えておいて、あとは全部半母音にしたらよいという。

ぼくはなんでもカタカナ読みをして、たとえば「ビハインド」(behind)とかやっているでしょう。それを「バハインド」——「ハイン」とやって、「ビ」は半母音で「バ」に近くなるわけですね。てなことをずっと系統的に習った。ぼくは英語ができなかったから、その六週間のオリエンテーションはすごく意味がありました。

それから本の読み方とかレポートの書き方とか、アメリカの歴史とかもあるんですよ。そして英作文ですね。作文を書いて、それを直してもらったり、というのがありました。

朝から晩までやるのですが、それでもちょっと見学に行ったり、ハワイですから海へ泳ぎに行ったりとかしましたけど、ぼくは例のごとく遊んでばっかおりました。でも、六週間続けてというのはなかなか大変でした。

クロッパー教授との対面

そして、その六週間のオリエンテーションを終わって、ぼくはUCLA（カリフォルニア大学ロサンゼルス校）へ行ったんです。それはクロッパーがそこで教えているから行ったんですね。

UCLAへ行って学生のドミトリー（寮）に入りました。二人で一部屋なんですが、アメリカ人といっしょになって、はじめの頃はぼくはほんとに冗談もなにも言えなかった。

最初はどういう資格で大学に入ったかというと、大学院生になるんです。フルブライトで行くのには二種類あって、もっと上のほうで行く人はプロフェッサー（教授）とかで行くんですが、ぼくらのようなものは全額支給の大学院生です。臨床心理学の大学院生になったわけです。

ところが、私の場合は相手がクロッパーでしょう。クロッパーというのは特別の大先生なんですよ。ロサンゼルスに住んでない。カーメルというすごくきれいな保養地に家があるんですが、新学期になって講義が始まると、そのときだけパッと出てくるのです。

私は学期前に大学に到着しているんだけど、クロッパー先生はいないし、何していいかわからない。先生に頼るってことができないわけです。日本人というのは、ただ先生を頼って行っているわけですからね。あんな手紙（一六三頁《ページ》参照）をくれたし、推薦状をいろいろ書いてくれたりしているから、クロッパー先生が何かしてくれるだろうと思うけれども、なんにもないんですよ。

だから、自分でいろいろなことを全部やって、そして先生が来るのを待っているという、そういう格好だったんですね。しかし、あれもぼくにとってはいい経験だったと思います。

こっちもなんか要領がいいからパッパッとやっているうちに、みんなに頼られていろいろな人を世話したりしました。それで「河合さんは一年前から来ているんですか」とかよう言われましたよ。

もちろん学期が始まったらクロッパー先生が講義にあらわれるのですが、それも時間ギリギリにパッとやってくるんですね。

それで最初に会ったとき、クロッパー先生はぼくの手を握って「ドクター・カヴァイー」って言うのです。それで「ぼくはドクターではありません」と答える。そうすると、彼はびっくりするんですよ、私は大学の助教授なわけですからね。「どうしておまえはドクターを持っていないのか」と言うから、「いや、日本ではほとんど持っていない」と答えると、「日本でドクターをとるための条件は何か」と言うんで、「ニヤー・トゥ・デス」(near to death)と言ったらクロッパーはワハハハと大笑いしました。要するに、まだ、その頃は日本の文学部では博士号を出すケースが非常に少なかったですからね。

それから、つぎがおもしろいんですよ。「おまえは日本でどういう心理学を勉強してきたのか」と言う。ぼくは「クリニカル・サイコロジー」と言うたんです、臨床心理学ですと。そうしたらクロッパーが「そんな心理学は聞いたことがない」と言う。

クロッパーはプロフェッサー・オブ・クリニカル・サイコロジーなんですから、自分がやっていることでしょう、「あなたがやっていることやないか」と言うのだけど通じないのですね。

しょうがないから「クリニカル」(clinical) と必死になって言うていたら、ようやくわかった。ぼくの発音は「クリティカル」(critical) のほうに聞こえていたんですよ、「クリニカル」の「リ」の発音が悪いから。「クリティカル・サイコロジー」なんて、そんなもん聞いたことないでしょう。ぼくは「あなたがやってますがな」というわけでがんばっていたら、ようやく「オー、クリニカル」ってわかってくれました。それで議義が始まった。

クロッパーの講義に感激

いよいよ講義が始まったんですが、クロッパー先生は忙しいから、時間の直前に来て講義して終わるとパッと帰るんです。こっちにしたらクロッパーを頼って行っているわけですから、おまえどこに住んでいるとかなんか言ってくれるのではないかと思うでしょう。しかし、なんにも言わないで、講義だけしてサッと帰ってしまう。

ぼくの好きなホフマンの『黄金宝壺《たからつぼ》』の一節、「リンドホルスト、禿鷹《はげたか》となりて、そこに人影を見ざること」というのを思い出していました。何だか超人間という感じです。

でも、講義はおもしろいんです。ぼくはロールシャッハを長くやっているので、その素晴らしさがよくわかる。すごいなと思って、それは感激しました。そのうち講義中にクロッパーが「カヴァイー、おまえはどう思うか」と聞くんですよ。しょうがないから下手な英語でグニャグニャ言うたら、それでクロッパーはもうぼくを認めてくれていたようです。それだけでわかったんですね。

不思議な人ですね、ものすごい直感力の鋭い人やいう噂《うわさ》だったですけれども。ぼくはクロッパーの本を読んでいるでしょう。本は論理的に構成されているから、非常に理詰めの人かと思っていたんですよ。ところが、本質はすごい直感力のある人です。だから講義も直感のほうが鋭いですね。

たとえば、だれかがロールシャッハの結果をもってくる。もちろんクロッパーはその被験者のことを何も知らない。しかし、そのロールシャッハの結果だけを見てバーッとしゃべるんですよ。それがじつに見事なのです。ほんとに感激しました。

そして、Ⅲ章でちょっと言いましたが、日本でぼくらは診断か治療かという議論をしていたのですが、そんなどころじゃない。診断もあるし、それが治療に完全に結びついているわけです。そして、診断といったってなにもこれは分裂病（統合失調症）だとか病名を言うだけではない。この人はこうだからこういうふうに接したほうがいいとか、このように接すると危険だとか、そういう治療についての見通しをもって話が進んでいくんですよ。ぼくはものすごく感激しました。

ユングの入門書を読む

　一方、クロッパーはぼくと接しているうちに、やっぱりいろいろ考えてくれていて、クラスにいる人をぼくに紹介してくれたり、自分の助手を紹介してくれたりするのです。

　クロッパーの助手はスウェーデン人です。その人とぼくはよく話し合いましたが、ロールシャッハについてぼくは相当な経験を持っているでしょう、それで彼も大変驚くのですね。ロールシャッハの結果だけを見て判断するときでも、クロッパーがぼくにたずねると、ぼくはへたな英語でヒョロヒョロって言うんだけど、やっぱり本質を衝《つ》いたことを言っていたわけでしょうね。だから、そういう人たちが非常に大事に思ってくれたのです。

　あれはいつ頃のことか忘れましたけども、クロッパーに「先生の講義を聴いて非常に感激した。日本では診断か治療かなどと言うておったけども、そんなことぜんぜん問題やないし、一人の人間を見ていくということで統合されている。そして、その統合の背後にユングの心理学があるということがわかった」と言ったのです。実際にクロッパーの場合、あんまり表面に出てこないけれど、そう感じられる。そう言うたら「そうだ」と言った。それで、「ぼくはユングの心理学をちょっと勉強してみたいと思う」と言うたら、クロッパーが「ユングの本を直接読んでも初めはまずわからない。だから、ユングについて書いた本を読みなさい」とすすめるんですよ。

そして、いまでも覚えていますが、わざわざ大学のブックストアまでぼくを連れて行ってくれて、フリーダ・フォーダムという人の書いた『アン・イントロダクション・トゥ・ユングズ・サイコロジー』というペンギンブックスの一冊をパッととって「これを読みなさい」と言うんですね。あれはたしか九〇セントぐらいの値段だったかな。それを読むと、じつにおもしろいんですね。

ぼくは日本にいたから、どうしても実験心理学的な考え方とか、いわゆる自然科学的考え方が強かったんですが、ユングはぜんぜん違いますよね。人間の心に直接迫ることを書いてあるんで、「これやッ！」と思うたんですよ。こんな心理学があったか、これだけ人間の心をそのまま書いてある本があるのかと、読んでいてほんとにうれしかったですね。

それで、その本をずっと読んでいくと、分析家になるためには自分自身を知らねばならない、だから自分がまず分析を受けねばならない、と書いてあるんですよ。それを見て、すごいショックを受けましてね。いまだったら常識ですけれども、ぼくはぜんぜん知らなかったので、すごくびっくりした。

だから、分析を受けたいと思うけれども、またそこがおもしろいんですが、ぼくなんか分析を受けたらいっぺんに底が知れてしまうと思って不安になる。おまえみたいなのはだめやからやめとけとか、臨床心理学なんかやめてしまえとか、言われるんじゃないかって本気で心配しました。

シュピーゲルマンの分析を受ける

それで、分析を受けたいんだけど恐《こわ》いと迷っていたんですが、ある時クロッパーの助手としゃべっているときに、このことを話すと、彼が「いや、おれも分析を受けているんだ」と言うんです。「そんなだったらぼくも受けたいと思うけど、やっぱり恐いし」などと、うじゃうじゃ言うていたんですよ。

そうしたら、二日ほどたってクロッパーから直接に電話がかかってきた。「おまえは分析を受けたいと言っているそうだね」と言うんですよ。ぼくはそんなにはっきり言うた覚えはないんだけど、日本人だから「オー、イエス」とか言ってしまった。そうしたら、クロッパーは「それだったら相手をもう決めてある」と言うんです。

ぼくはもうびっくりしてしもうてね。この期《ご》に及んで「じつはイエスじゃない」とは言えないですよ。あとは全部勝手に決まってしまって、クロッパーの弟子のシュピーゲルマンのところへ行って会えということになった。

それはクロッパー教授の下で勉強を始めてから二、三ヵ月たった頃のことだったと思いますよ。もっと早かったかもわかりません。非常に早かったです。

シュピーゲルマンはビバリーヒルズにオフィスをもっていました。やっぱり金持ちの分析家はぜんぜん違うんです。ビバリーヒルズへはバスに乗って行くんですが、「ビバリーヒルズ」というのはあんがい発音がむずかしい。だから、バスの乗降に苦労しましたよ。

分析を受けてバレたらどうしようとか恐れがあるわけで、そういう気持ちで恐る恐る行ったんだけど、シュピーゲルマンに会った途端に恐れはまったくなくなって、もう平気で自分のことをしゃべれるんです。専門用語で転移（トランスフェランス）と言いますが、一挙に深い関係ができてしまうのです。

そして、いまでも感心するけど、ぼくの英語はけっしてうまくないんだけど、シュピーゲルマンは全部わかるんですね。もともとぼくは自分のことに関心があるわけだから、自分のことをどんどんしゃべって、それを理解してもらうので楽しくてしかたないという感じです。

シュピーゲルマンが「よし、わかった。これから分析を始めるけれども、来週から夢を持ってこい」と言うんですよ。ユング派は夢分析を重視しているのですが、ぼくはそんなの当時は知らんでしょう。すぐに反発しましてね、「そんなばかなことはない、夢のような非科学的なことをぼくは信頼できない」と言うた。「だいたい、もともとは日本で高校生の相談を受けていて、いい加減なことを言ったらいかん、ちゃんと科学的に正しい答を言うべきだということから臨床心理学に入ったわけで、日本は非科学的なことばかりやっているけども、アメリカこそ科学的な世界だと思ったからきたんや。ここへきて夢の話をするなんて考えられへん」と言うたんです。

そうしたら、シュピーゲルマンが「おまえは夢は非科学的と言うけれども、どれほど調べて言っているのか」と質問するんで、「そんなもん調べたことない」と答えたら、「何も調べずに非科学的と断定するのは非常に非科学的である。だからやってみろ。一ヵ月でも二ヵ月でもいいからやって、こんなばかなことはないと思ったらすぐやめたらいいんだ。自分の体験を踏まえて、科学的か非科学的か判断したらどうか」と言うのです。「なるほど、うまいこと言うな」思うてね、「そんならやってみます。やってみますけど、もし夢を見なかったらどうなるんですか」と言ったら、「心配いらない、かならず見るから」と言う。

シュピーゲルマンというのは、クロッパーの一の弟子だったんです。そしてクロッパーに紹介されてチューリッヒのユング研究所へ行って、そこで資格をとって、帰ってきた直後ぐらいだった。そこへわたしが行ったんです。

分析料がなんと1ドル！

それから、もうひとつ言うておかないかんことは分析料ですよ。そのころの値段で分析料がだいたい一時間二五ドルぐらいなんです。そうとう高い。ぼくの一ヵ月にもらっていた金がたしか一七〇ドルぐらいでした。分析を四回受けたらもう一〇〇ドル。

それでシュピーゲルマンが「おまえどのぐらい払える？」と聞くんですよ。それでぼくは「じつは月に一七〇ドルもらっている。しかし、これはものすごく大事なことや思うからできるかぎり払いたい」と言ったら、シュピーゲルマンが「分析料は一ドルにしよう」と言うんですよ。

「そんなんむちゃくちゃや」言うたら、「いや、おまえは本も買わなければいかんし、アメリカを旅行したりして見聞を広めなければいかん。そういうことを全部考えたら一ドルでいい」と言うんですよ。それでぼくはもう感激して「それはありがとうございました」と言って帰ってきたんです。

そして帰ってから、今度はものすごく不安になってきた。ぼくの考え方からすると、絶対に申しわけないんですよ。つまり大変価値あることをぼくはしてもらっているのだから、可能なかぎりちゃんと払わねばならない。そうすると、この分析のために全部金を使って、あとは飲まず食わずでもかまわないというのがぼくの人生観でしょう。それでぼくはすごく考えるんですよ。

しばらくたってから、分析料がテーマのような夢を見るんです。そして、その夢を見てどう思うか、とシュピーゲルマンが質問するから、じつはぼくは分析料が一ドルということに非常にこだわっていると答えた。ほんとやったら、これほど自分にとってすばらしいことは、飲まず食わずでもやるべきだと思う。それをぼくはけっこううまいものを食ってみたり、旅行したいと思ったりしている。やっぱり一ドルはおかしいと言うたのです。

そうしたら、シュピーゲルマンが「アイ・ドント・マインド」と言うんですよ。自分は何とも思っていない。そして「ホワイ・ドゥ・ユウ・マインド?」と言うのです。もらうほうの自分がぜんぜん平気でいるんだ、なぜ君が気にするのか、と言うんですね。ぼくは「なるほどな」と思ったけど、やっぱり何か変だと考えて、「あなたの言っていることは非常に筋が通っているように思うけど、私には絶対に納得ができない。だけど、いま英語で言えない」と言った。つまり反論ができなかったんですよ。「一週間考えてくるから」と言ってね。

一週間後にシュピーゲルマンのところへ行って、「あなたはもらうほうだからあなたは平気だ、一ドルでも平気だ、意味があると思ってやっているからいい。しかし、私が何も考えなくてもいいというのはどこかおかしい」。

というのは、シュピーゲルマンの言い方を聞いていたら、たしかにぼくは留学生だから本も買うべきだし、旅行すべきだし云々《うんぬん》と、全部考えてやってくれているのは非常にありがたいことだ。その非常にありがたいことが行われているのに、あなたがマインドしないから、私もマインドしないということになれば、これほどいいことは消えてしまうではないか。だから「あなたがマインドしなくてもぼくは永久にマインドするんだ」と言ったら、シュピーゲルマンはすごく喜んで「わかったわかった」と言っていました。

そして「そうか、それだったらマインドしたらよろしい。しかし、金は一ドルにしよう」と言うたんで、ぼくは「ああ、ここであなたがぼくにしてくれたことをぼくはどこかでするだろう」と答えたのです。

「日本でするか、どこでするかわからないけれども、あなたのしたことをそのままする。それはあなたに対して払うんじゃないけど、あなたのしたことの意味をくんで行うのです」と言ったら、シュピーゲルマンはすごく喜んだ。まあ、いま実際やっているわけですけれども。

「おまえはユング研究所へ行け」

シュピーゲルマンはドイツ系ユダヤ人なんですが、クロッパー先生もドイツ系ユダヤ人で、ヒトラーに追われて亡命してアメリカに来た。だから彼の英語はすごいドイツ訛《なま》りです。それで「カヴァイー」でしょう。ある時、クロッパーの講義でアメリカ人はわからないが、ぼくだけがわかった。それでクロッパーが喜んで、「それみろ、カヴァイーはわかっているじゃないか」言うてね。

ぼくにしたら、ぼくは英語ができない。だいたい劣等感の固まりみたいだから、せっかくアメリカまで来たのだけど、クロッパーには個人的にはほとんど会えないし、クラスでちょこちょこっと変な英語で話しただけだと思うてたのに、クロッパーは完全に認めてくれていたんです。すごいことでしょう。

そのつぎがさらに驚きです。シュピーゲルマンのところへ一〇回ほど会いに行った頃、シュピーゲルマンとクロッパーが相談して、おまえは絶対にスイスのユング研究所へ行けと言うんですよ。そして、資格を取ってユング派の分析家になるべきだと言うんです。

それで、そんなもんぼくは考えられへん、ぼくはアメリカへ来るだけでも死物狂いで来ているんで、その頃のぼくの考え方からしたら、分析家なんていったら雲の上の存在ですよね。だから、ぼくが分析家になるなんてまったく考えられない。なんでそんなことを言うんですか、あなた方はぼくをほとんど知らないではないか。ほとんど知らないあなた方がなぜそんなことを決められるんか言うたら、これも忘れられませんけれども、シュピーゲルマンが言うには、「おまえの夢を一〇回も聞いたではないか、夢を一〇回も聞いたから絶対確実だ」と。それは、ぼくもいまやったらわかりますわ。ぼくの夢はじつに多くを語っていたのです。

しかし、もちろんユングの存在は知っていましたけれども、前に言った入門書の話じゃないですけれども、ユングの考え方などについてはそんなに詳しく勉強してはいなかったのです。

アメリカに行く前に何かで、クロッパーはどうも初めはフロイト派だったけど、ユング派になったということをちょっと知っていて、それでクロッパーのところに行くんやったらユングの本を読もうとは思っていました。

そのときに日本の先達であるドイツ文学者の高橋義孝《よしたか》先生たちが、『ユング著作集』というのを日本教文社から出していた。あれは読んだんです。でも、なんにもわからなかったんです。理解できないから、読んだもののほとんどは心に残っていない。ただし、その中の『人間のタイプ』はおもしろかったですけどね。

ところが、向こうはもう二人でちゃんと見抜いていたんですね。それであとから聞くと、河合はアメリカの大学に向いていないということだったらしいですよ。初め、UCLAでドクターをとらせようと思っていたらしい。ところが、ぼくはよっぽどヨーロッパ向きやったんですね。それでこんなところでドクターをとるよりは、ユング派の分析家に直接会ったほうがいいという結論になったんです。

学部の講義と試験のこと

ところでＵＣＬＡの大学院では、講義というよりかセミナーが多いんです。それで学生は、まあ、多くて一四、五人でしょうか。もちろんそこでいろいろなことを習ったのですが、私にとっては新しいことばっかりで、大変おもしろかったですね。

それともうひとつは、ぼくは物好きだから、学部の講義をよく聴きに行ったんですよ。どういうふうにアメリカでは教えているかが知りたくてね。それも非常にためになりました。

たとえば学部では青年心理学とか臨床心理学を教えているでしょう、それから人格心理学とか、そういうのをみんな聴きに行ったんです。それはあとで自分が教えるときに非常にためになりました。

しかし勉強はそうとう大変でした。というのは、英語がなかなか難物で、わかるのとわからないのとがあって。それでも講義はある程度わかったんだと記憶してます。

それと、おもしろいのは、ついでのことに統計学もとりに行ったんです。ぼくにとってはそれはものすごく楽なわけですよ。ところが、アメリカ人には統計学が不得意な人が多いんです。試験があったのですが、答案を返してもらったら、ぼくは一〇〇点でしょう。アメリカ人が見てびっくりしていました。

アメリカ人の場合、学生はふつうはクラスで活躍しなければいかんのですね。先生が何か言うと、手を挙げてパッと問答みたいなことをするんですよ。ぼくにしたら聞くこと全部わかっているからずっと黙っている。だから彼らは、なんか変な東洋人がやってきて、黙って聞いているから、こんなむずかしいことは絶対にわからんだろうと思っていた。それなのに試験は一〇〇点とるでしょう。アメリカ人はめちゃくちゃびっくりして、おまえは一〇〇点もとれるのになぜ黙っているのかって言うのですね。それで「考えてみろ、わかっていたらもの言う必要はないだろう。それからわからないときには言えないだろう。だからぼくは黙っているんだ」と言ったら、あっけにとられていましたよ。

日本はだいたい実験心理学中心ですが、向こうはそうとう臨床的な考えが入っていて、ぼくにとっては講義はおもしろかったですよ。そのとき習ったこととかそのテキストとか、ぼくが日本の大学で教えるようになってから大いに役に立ちました。

でも、おもしろいですね。その頃、アメリカでは純粋ビヘイビアリズムみたいなものがもちろんあったわけですよ。しかしクロッパーは特別やったんですね。ユング派の人はみんなふつうプロフェッサーなんかになっていない。クロッパーだけ特別だったんですが、ぼくは偶然にもそこへ行ったんです。これが不思議ですね。そしてはるか日本から来てくれたというのは、クロッパー教授としても非常にうれしいことだったんでしょう。

それから、これはもっとあとの話ですけど、ぼくは試験の前の日でもオペラを見に行ったりして、遊び回っていたのです。それなのにみんなよりよい点、Aばっかりとってくるから、ぼくのルームメイトがノイローゼになってね。自分はなんぼ勉強してもいい点とれないのに、遊び回っているやつが一〇〇点とれるって。

教師の力量

日本の大学と決定的に違うところといえば、それはやっぱり向こうは教えるのがすごくうまいことです。そして感心したのは、大学院の学生でもやたらにつまらん質問をする。そんなばかなこと聞かんでもええのにとか、家で調べたらええやないかいうことも平気で聞くんですよ。また、教授もそれに全部答えるんですね。答えながら、しかし、ちゃんと自分の教えることを教えていく。あれは見事やと思いましたね。ものすごくうまい。それができなかったらプロフェッサーじゃないんです。そしてどんどんみんなにものを言わせながらつくりあげていくでしょう。だからみんななんにでも発言するクセがついているんです。

　ところが、日本ではよい質問以外はしたらいかんと思うているから、だんだんみんな元気がなくなってくる。ぼくがあのとき思ったんは、大学生の勉強のレベルだけ比べたら日本のほうが上かもわからない。ところが、教授になったらいっぺんにレベルが落ちていく。というのは、要するに、日本に自由がないからだと、それはほんとに思いましたね。

　そのあたりの事情は今でもあまり変わっていないかもしれませんね。でもぼくにとってはすごくよい体験でしたね。だからぼくは日本へ帰ってきてから講義のシラバス（講義細目）をつくるということを京大でもちゃんとやってましたよ、初めから。それは教師としてやるべき最低限のことかもしれませんけれどもね。

　それから感心したのは、たとえば、大学院のセミナーに投影法のテストというのがあるんです。ある時、教授が今日は人物画テストを教えるというので、「みんな人物画をひとつ描きなさい」と言う。それで一五、六人の大学院生がそれぞれ描く、それを教授は部屋を出ていって、見てないんですね。それで帰ってきて、いま男を描いた人は女を描きなさい、女を描いた人は男を描きなさいと言う。これも見ていない。そしてみんなが描いたのを集めて、だれがどれを描いたかほとんど当てましたよ。違うのは一組ぐらいでした。全部返してくるんですが、ぴったし当てるんです。

シーハンという教授でしたけど、そこでみんなになぜ当てることができるかという解説をするんです。こういう点を見ていったらだんだんわかってくると言うんですね。みんなすごく感激した。

シーハンの講義は人気があって、大学院生の人数が多い。クラスを二つに割っているんですが、ぼくは講義がおもしろいから二へんずつ同じことを聴いていた。そこでつぎのクラスにも出たんですよ。

見ていたら、同じことをしましたが今度はなかなかわからないんです。それでシーハンが「おまえらはさっきの講義に出た者にタネを聞いただろう」と言うと、みんな「そうだ、聞いた」と言うんですよ。聞いているからわざとごまかすことができるんです。つまりみんな意図的に変なふうに描いたわけです。すると、シーハンは「おまえらはうまくだましたな」と言うたのです。こうした教授と学生の関係にも感心しましたね。

クロッパーのアシスタントになる

あとになってくると、クロッパーは自分があちこち行くときにぼくをよく連れて行ってくれました。クロッパーはＵＣＬＡの講義が終わったら、パッと車に乗ってどこかに行く。病院で指導して、それが終わったらまたパッと違うところに行く。それに全部連れて行ってくれたのはありがたい体験だったですね。

クロッパーはそういうふうに忙しいから、昼ごはんはサンドイッチを買《こ》うてきて、車のなかで食べるんですよ。「おまえの分も買ってきたから」と言うて、一緒に車のなかでサンドイッチを食べて行ったりするわけです。「先生はいつも忙しいですね」と言うたら、当然みたいな顔をして「アイム・アン・アナリスト」と言った。「自分は分析家だからね」、というわけです。分析家のアイデンティティーということをものすごく実感させてくれましたね。アメリカではこんなに仕事をするのかと、あれもすごい体験でした。

基本的にはずっとＵＣＬＡにいたわけですが、フルブライトは一年だから、一年たったところでみんなはもう帰るのです。ところが、クロッパーがぼくをリサーチ・アシスタントにしてくれた。リサーチ・アシスタントは給料がよかったんです。三ヵ月間のリサーチ・アシスタントだったんだけども、さらに三ヵ月延ばして、結局一年半いたんです。初めの一年に比べると、あとの半年はすごく充実していましたね。初めの一年は慣れるのに精一杯だったし、英語もわからないし。

アシスタントの制度

ところで、リサーチ・アシスタントというのは、文字どおり、リサーチを助けるんですが、それと同時にぼくはティーチング・アシスタントにもなったんです。ティーチング・アシスタントというのは、クロッパーがロールシャッハを教えるときに彼のアシスタントをするんです。クロッパーは大先生だから試験なども自分では何もしない。ぼくが試験問題をつくって、ぼくが全部点を付ける。クロッパーは講義をするだけです。

いまだったら別ですが、あの頃だとまだまだ戦争に敗《ま》けた余波が残っていて、日本人は軽蔑《けいべつ》されているときですから、よくぞアシスタントにしてくれたと思います。こっちも下手な英語でね。それでもロールシャッハにかんするかぎり、クロッパーはものすごく大切にしてくれた。

おもしろいことに、ぼくがティーチング・アシスタントになったでしょう、そして、点を付けることがみんなにわかりますね。そうしたら、アメリカ人の大学院生がやたらに愛想を言いだすんですよ、それまでブスッとしていたのにね。こういうのはいずこも同じやなと思いました。

大学院生で教授に推薦された者がティーチング・アシスタントとしてやるわけですね。だけど、その給料は少ないのです。ティーチング・アシスタントの場合は時間給みたいになる。ところが、リサーチ・アシスタントというのは高いのです。

ぼくは帰国してからアシスタントの制度を日本でもつくれって主張してたんですが、とうとうできるようになりました。文部省もその気になって、今はちゃんと日本でもその制度ができましたけど、私は帰ってきたときからずっと言うていたんです。それは大学院生のためにもなるし、教授も助かるし、いいことばっかりでしょう。まあ、金が要るだけでね。

つまり、渡米前にロールシャッハをずっと研究してきたことが生きたというか、一挙に花開いたわけです。自分は自分なりに考えていたことを言ってみるとそれが認められる。そして、もっと広い視野で考えることができるわけですからね。

それにしても向こうでは臨床心理学が確立されていますから、たくさんの学生が大学で勉強している。それから資格がはっきりしている。職場がはっきりしている、みんなそうとうなところにちゃんと就職する。大学院生でもみんな自分で食っている。大学院生はどこかに実習に行っているんだけど、実習先でお金をもらっているんですよ。そういうことを日本でもやりたいと思ってぼくは帰ってきたのですが、最初は苦労しました。今はだいぶ実現しましたけどもね。だから、行ったときは本当にうらやましかった。

日本人であることを痛感

最初にアメリカに行ったときには、そういう文化的な違いについてものすごく感じました。それともうひとつ、別の意味でのカルチャー・ショックが大きかったですね。

ぼくはそれこそ西洋好きだった。哲学でも音楽でも演劇でも何でも西洋でしょう。映画でも西洋のばっかり見る。自分ではそう思っていたのに、アメリカに行ったら、やっぱり自分が日本人だということを思い知らされましたね。あらゆるところでやっぱり違う。そんなことをあまり感じない人もいるでしょうけど、ぼくの場合はすごく感じました。

いちばん感じたのは、これでよく人を笑わせているんだけれども、パーティへ行くでしょう、「おまえは何が飲みたいか」と聞かれるだけでもう困るんです。すぐにパッと飲みたいものが浮かんでこないんです。それよりも何を言うのがふさわしいかとか、そっちのほうへ心がいってしまっていて、そのときにパッと答えられない自分というものを発見するんですね。「やっぱり違うところへきた！」とすごく思いました。

それから、たとえば人になにかものをあげるときに、日本人は、気に入らないのではないかと心配していますという格好で言うでしょう。向こうは気に入るに違いないと、「アイ・ホープ……」という形で言うんですね。だから、そういうパターンが違うということにぼくはすぐ気がついたんで、「ああ、わかった、〝アイ・ホープ〟でいこう」と、話し方を変えていくんです。

しかし、意図的にあんまり変えてやると、しんどくなってくるんです。やっぱり自分と違う人生を生きているんだから。そうなったら、こんどは日本人ばっかり寄って茶漬でも食いながら、「アホなアメリカ人」とか悪口を言うと元気が出るんですよ。

ぼくが行った時期は、一方で私らみたいにフルブライトに受かったりとか交換教授で来ているようなすごく勉強する人と、他方で、まあ、お金持ちのぼんぼんとか、それからうまいこともぐり込んでアメリカでアルバイトして——それは秘密にやっているわけだけども、もうかる金は日本に比べるとむちゃくちゃ多い——という二つのタイプに分かれていたんです。ぼくは両方のグループと親しかった。それもすごくおもしろいことだったですね。

日米では発想の原理が違う

ところで、アメリカ人のものの考え方についてはいろいろわかってくるんだけれども、彼らの場合には自我というものをはっきりつくって、自我から発想していくわけですね。それに比べると、日本人の場合には全体とのつながりから発想していくわけでしょう。つまり、つながりとか状況のなかから自分を出してくる。その違いをすごく感じましたね。

そして、結論としては、どっちが良いとか悪いとかいうんじゃなくて、それぞれの原理が違うんだと考えるようになる。そういう考え方については、ありがたいことにもう分析を受け始めていましたから、そのなかでシュピーゲルマンとずいぶん話し合いました。

一対一で親しく分析を受けていると、あまりにも話が通じるので、相手がアメリカ人だということを意識しなくなるのです。だから分析のときに、平気で「アメリカ人は浅薄でだめだ」などと話をしていたのです。こんなふうに無自覚に勝手なことを言いながら、だんだんと自己認識を深めてくるのです。

それから分析を受けはじめて数ヵ月して、「もう大丈夫だろうから」とシュピーゲルマンの講義を聴きに行ったことがあります。分析家とは最初のうち社会的場面で接触しないようにするんです。ところが、彼が教壇に立って話し始めるのを聞いて、ショックを受けました。端的に言うと、「あっ、この人はアメリカ人だ！」と思ったのです。

ハンガリーのコインを拾う夢

分析を続けていく過程で、興味深いことがずいぶんありました。たとえば、前に話したように、夢の分析を受けることになるんだけど、見ないと思っていたのにぼくは見たんですね、すごいドラマチックな夢を。びっくりしました。夢自体はものすごくおもしろいんだけど、自分では意味がぜんぜんわからないんです。

それで、シュピーゲルマンにぼくの夢のことをしゃべったのですが、初めはぼくが夢の話をしたら、向こうがパッと解釈を言うてくれると思っていたのです。ところが、そうじゃないんですね。その夢に対してぼくの連想を聞くんです。その連想をしゃべっているうちに自分で気がついていくんです。それを彼がちょっと言い換えるわけですよ。

たとえば、いちばん印象的だったのは、それは長い夢なんですが、長い夢のなかで、ハンガリーのコインをぼくが拾うんですよ、すごいコインを。ハンガリーのコインだと思って見たら、そこに仙人が描いてあるんです。それで「エーッ？」と思う。

そうすると、シュピーゲルマンは「ハンガリーについておまえは何を連想するか」と聞くんです。それで、ぼくはハンガリーというのは東洋と西洋のあいだにあって、ぼくらは西洋のほうだと思っているけれど、音楽はものすごく日本的だというようなことを言うでしょう。そうすると、シュピーゲルマンが、「うん、そうだ、おまえは東洋と西洋のあいだから貴重なものを獲得する」って、こういうふうに言う。そういうふうに言い換えるんです。夢をちょっと変えるのですね、ぼくの連想を入れて言うんです。ぼくは「ほぉー」と思いましたね。

それで、仙人が描いてあったので、それについてぼくは老子を連想するし、兄貴に老子の好きなのもいたりして、あんがい関心を抱いていた。するとシュピーゲルマンは、東洋と西洋のあいだからすごいことを獲得していくなかで、老荘の思想はすごく意味を持つに違いない、とそういうように言い換えてくれるわけですから、アーッと思うんですよ。それがものすごくうまい。それは今、ほんとにそのとおりのことになっているんでね。だから、その辺から彼は、カワイは絶対、東洋と西洋のために仕事をする人間だと思っていたんじゃないでしょうか。

これはシュピーゲルマンを、もっともっと年数がたって日本へ招待したときのことですが、そのとき彼が初めて言ったことは、じつは、カワイがくる前に自分は夢を見ている。その夢のなかで西から太陽がのぼる夢を見たんですって。これはアメリカの西から非常におもしろいことが起こる、ということだと思っていたら、ぼくが来たというわけです。それで自分はすごく期待をして待っていたと言うてくれたのです。ちょっと出来すぎみたいなことが起こるんですよ。

結局、一年半いたのですが、アメリカに行ったことの意味はほんとに大きいですね。

アパッチ族のシャーマンの分析

ところで、最後の半年間つとめたリサーチ・アシスタントの話をしましょう。最初は、シャーマンであるインディアンとふつうのインディアンの人――インディアンというのは今はネイティブ・アメリカンと言っていますが――それぞれにロールシャッハをして、その結果をクロッパーのところに送ってくる人がいたのですが、それをクロッパーが判断するのにぼくはアシスタントをしていたのです。しかし実際には、クロッパーは全部ぼくに任せてしまうんですよ。ですから、ぼくのところにデータが全部くるんです。

あれはアパッチ族でした。アパッチ族のロールシャッハをぼくが全部見て、考えて、レポートを出すのですが、クロッパーはほとんどそのまま認めて、論文として提出するのです。

クロッパーの偉いところは、そういう論文にぼくの名前もちゃんと書いてくれた。いまも『投影法ジャーナル』に残っていますけどもね。

その論文の内容で画期的だったのは、当時は「シャーマン」というと、分裂病（統合失調症）かヒステリーか、つまりどういう病名を付けるかということがずっと問題になっていたんですが、ぼくは、ロールシャッハで見るかぎり、シャーマンはふつうのネイティブよりもよほど優れた人たちである、豊かな人格の持ち主である、ただし、そのなかには非常にひずんだ人がいる、つまりたしかに病的な人もいると言ったのです。

もう少し詳しく言うと、それがおもしろいんだけど、自分はシャーマンと言っているけれども、他人は認めてない場合、つまり他人が認めていないで自称シャーマンというのは病的なんだ。しかし、自他ともに許すシャーマンは彼らのトライブ（部族）のなかでは非常に豊かな人格を持っている、ということを書いたのです。

あの頃としてはすごく珍しい考え方でした。いまだったら当たり前ですけどもね。そしておもしろいことに、ぼくはそのネイティブの人に直接には一人も会っていないんです。ロールシャッハだけで見ている。

そういえば、ユングもプエブロのインディアンの分析をやっていますが、近くぼくもナヴァホの人たちに会いに行くのです。ユングがあの頃インディアンを高く評価しているけど、他はだれも注目していないんですよ。

ロサンゼルス・シンフォニーの奏者にフルートを習う

ところで、一年半アメリカにいたあいだに、学問以外のことでも大きな印象を受けたことがたくさんあります。なかでもひとつ非常に大きいのは音楽です。

というのは、音楽が安く聴けたんです。ロサンゼルス・シンフォニーの定期演奏会のシーズン券をまとめて買うと、学生料金でたしか一回一ドル五〇セントぐらいで聴けるんですよ。しかも、本来は三階の一番上の席なんだけども、かならずだれかこない人がいるから、二曲目からはバーッと下のいい席に降りて、それで全部聴きました。すばらしかったですよ。

アメリカの学生といっしょに演奏するということはあまりなかったんですが、まだ笛は吹いていましてね。

そうそう、そういえば、おもろいことをやったのを思い出しました。大学院の学生はどの学部のどのコースをとってもタダなんです。だから、音楽部があってフルート専攻もあるんですが、そのコースをとりに行ったんです。そうしたら、ロサンゼルス・シンフォニーのフルート奏者が非常勤講師で教えてくれた。ぼくが一曲吹いたら、なんだかおもしろかったんでしょうね、やたらに喜んで、「おまえちゃんとしたフルートを買わないか」って言うんです。いくらぐらいだったか忘れましたけど、「あなたはどう思うか知らんけども、わたしは日本で大学の助教授をしておって、その月給が一五〇ドルにもならない」と言うたら、「もう買うのやめなさい」と言った。

というわけで、大変に喜んでくれたんですけども、ぼくは練習の時間もないし、もちろん音楽の才能はないから、しばらくたったらもうあんまり相手にしてくれなかった。でも、音楽部の学生といっしょにその人に習ったこと自体はおもしろかったですよ。初めは「家まで習いにくるか」とか言われたりしたんですよ。「そこで行っていたら音楽家におなりになったでしょう」などと言われることもありますが、ぼくは自分の才能がわかっていますから、こっちが遠慮しましたけどもね。

もうひとつ素晴らしいことはサンフランシスコ・オペラがくるんですよ。年に四回ぐらいだったと思いますが、それもほとんど行きました。そのときにシュワルツコップが来てモーツァルトの『コシ・ファン・トゥッテ』を歌いました。あれはすごい感激でした。

日本でまだそんなに聴いたことがなかったですからね。ぼくはそういう点で、すごく得な人間だと思うけども、自分の段階に応じて聴いているんです。初めからサンフランシスコ・オペラを聞いておったら、その後あまり感激せんでしょうが、いちばん初めは宝塚の歌劇から見て、それから藤原歌劇に大感激して、それでアメリカに行ったわけでしょう。

そして、初めてワグナーを聞いたんです。それまでワグナーなんかぜんぜん知らなかったところに、『ローエングリン』と『マイスタージンガー』を聴いたのです。

ほんとにイカレるほど感激しました。こんなことがこの世にあるのか思うて。まだ日本はそんなんできない頃ですから。それからリヒャルト・シュトラウスの『影のない女』というのにも感激しましたね。だから、ひとつひとつ新しいことがあって、ひとつひとつ感激できた。

美術館めぐり

それと、もうひとつ大きいことは、ぼくは学生時代に音楽が好きやったけど、絵画にはぜんぜん関心がなかった。

ところが、フルブライトでアメリカへ行く直前、日本でゴッホ展をやっていた。そのときに、ぼくの送別会をしてくれた大阪市の児童相談所の人たちが、ふつうの送別会ではおもしろうないからゴッホ展を見に行くという送別会をしてくれたんです。それで見たら、「エーッ、こんなすごいんか」と思うたわけですよ。

それでいっぺんにその気になって、アメリカへ行ってからは、美術館の絵を見て回ったんです。

それで、クロッパーと知り合ってからどのくらいたったときかは忘れましたが、U

CLAでシャガール展があったんですよ。今から思うたらクロッパーはユダヤ人だから、同じユダヤ人のシャガールの絵を見たかったんでしょうね。「きょうはおもしろいところへ連れて行ってやろう」と言って、シャガール展へ連れて行ってくれた。これにもまた感激。それから、どんどん絵を見だしたんです。

ところで、ぼくは感覚はあんまり鋭くないほうだけど、やっぱり数学をやってたから、なんでも頭で考えるのが好きでしょう。だから、音楽をやってもすぐ本を読むんですね。本を読んで歴史を知ったり、理屈を学んだりしてるんやけど、絵に関してはそれをやめたろと思うたんですよ。絵については一切書物を読まず、徹底的に好きなやつを見ることにした。それもよかったんですね。

そうして、びっくりしたのがピカソ。素晴らしい絵があって、「これはおもしろいな」と思って見るとピカソなんですよ。それとまったく異なる感じのおもしろいのを見るとまたピカソなんですよ。すごいおっさんやな思いましたね。

そして旅行してニューヨークへ行ったときに、ミュージアム・オブ・モダンアート（MOMA）へ行った。あのときは驚嘆しました。日本では考えられないほどピカソとかマチスとか並んでいるでしょう。「これみんな本物かいな」なんて思いましたね。

ユング派の人は絵画の好きな人が多いんです。それでユングの本を読んでいると、絵画のことが出てくる。ですから、そういうふうに原画をたくさん見たりするのもいい方法やったと思います。なにも知らんと好きな絵ばっかり見ていた。

とにかくいろいろやりました

旅行はというと、あんまり行っていません、金がないから。それでもお金を節約して、いっぺんだけニューヨーク、ワシントン、フィラデルフィア、シカゴと回ってきました。帰りは一二月三一日にシカゴから鈍行の汽車に乗って、ロサンゼルスまで帰ってきたんです。

たしか丸二日ほどかかったんじゃないかと思います。「やっぱりアメリカは広いなあ」と思いましたね。いくら乗っていても景色が変わらない。しかもシカゴを出発するときはミシシッピー川が凍っていたのに、ロサンゼルスに着いたらオレンジがなっているんです。

ぜんぜん違うんですよ。なんでこんな国と戦争したんやろ言うて笑うてたんですよ。まあ、家族は日本にいてぼく一人やったから、わりあいそういう勝手なことができた。

UCLAでは、そのときに留学していた哲学の坂本百大さん、今、ユング派の分析家になっている目幸黙僊《みゆきもくせん》さんとで、日系二世の人に日本語の講習会をして、アルバイトをしたことがあります。二世の人たちと親しくなりまして、「おかげで日本を好きになることができた」と言われうれしかったですね。

目幸さんは、日本人としては二人目のユング派の分析家です。目幸さんはスイスでのぼくの奨学金が終わって、その続きということでユング研究所へ行きました。だからすごく長い付き合いなんです。その後、目幸さんはアメリカへ行って、アメリカの大学教授になってやり抜きましたから、すごいんです。

話をＵＣＬＡに戻しますと、傑作やったんは、大学院で何をとってもいいからというので、夏休みにソーシャルダンスのコースに行ったんですよ。アメリカだからレクリエーションのコースがあって、そこにちゃんとソーシャルダンスがあるんです。それを習いに行ったんですが、これもおもしろかったですね。それとアメリカ人の教え方のうまさにもまたまた感心しました。

日本人がダンスを教えるいうたら、足の型を書いて「スロー、スロー」とかやるでしょう。それをしないんですね。ただ、みんなを音楽に合わせて歩かせるんですよ。どんどん歩いているうちに、ちょっと足をちゃっちゃっと変えたりなんかしてね。

それで、いちばん初めに教えるのがチャチャチャなんです。ワン・ツー・チャチャチャでしょう、「そう、もうできているじゃないか、おまえは」というわけですよ。そういうふうにしてどんどん教えていく。「ああ、やっぱりうまいなあ」と思いました。楽しく楽しく、自由に自由に、それでちゃんと教えていくんですからね。

タンゴも習いましたよ。どれも理屈があって、チャチャチャのときに大事なのは肩から上を動かしてはいけない、頭にものを載せているんだから、とか、タンゴは闘牛で牛が突進してくるのを避けるんだから、切れ味が大事だ、とかね。そういうことでけっこういろんなダンスを習いましたよ。今はまったく役に立ってませんけど。

英語でドイツ語を学ぶ

そういえば、最後の半年間に英語でドイツ語を習ったんですが、これがけっこうおもしろかった。初級は簡単に通りますよね。つぎの中級でシャミッソーの『影をなくした男』(ペーター・シュレミール奇談)を読んだんです。そのとき初めてあの作品を知ったんですよ、こんなおもしろいのがあるわ思うて。

しかし中級までいっただけで、そんなにやってません。会話もやっていません。困ったのは、訳を当てられたアメリカの学生がわかりにくい英語を言う。それでもいいことになるが、ぼくにはわからない。あれには参りました。だからちゃんと終《しま》いまで読んでいない。それで日本に帰ってきて、さっそく岩波文庫を買いました。

そのころの留学の形態といえば、経済学でも他の分野でも、基本的には向こうのモデルを学ぶというのが一般的だったようですが、ぼくの場合はちょっと違うんです。それはクロッパー先生についたためもありますが、アメリカ式クリニカル・サイコロジー（臨床心理学）を身につけて帰ったというのとは違います。講義もおもしろいからちゃんといろいろ聴きましたけども、それは向こうのモデルを学ぶというのとは違いますね。やっぱり適当に勝手な勉強をしていたということでしょうね。

迅速な決定

そして、一年はフルブライトでしたが、つぎの年はもうフルブライトの金はもらえない。でも大学院へ行っているわけだから、授業料免除を受けなければならない。それで申告したら、もう一週間もせんうちに「免除」って手紙がくるんですね。

ぼくは、日本と同じように面接があるもんやと思っていたんです。だから、ほうっておきゃいいんだけど、おもろいから事務所に聞きに行った。「なんで免除になった？」言うたら、「おまえのファイルを見たら成績がよい、だから免除になった」と言うんですよ。「経済状態のことをなんで聞かないのか、勉強できなくても金のない人がいるじゃないか」と言ったら、その人は「金がなくて勉強ができない人は来なくていい」って答えた。「ああ、なるほど」と、すごく印象に残っています。

日本に帰って、いっぺん学生にそう言うてみたかったんだけど、言ったら殺されていたかもしれない。

そういうふうな文化差の体験もおもしろかったですね。ぼくは物好きだから、そういうときにすぐに聞きに行くんです。

それからおもしろいのは、UCLAという大学は程度が高いでしょう。日本人で遊んでいる人に、「あなたはつぎの学期の点が何点以下だったら退学になります」という通知がくるんですよ。それも一行書いてあるだけ。だからその人は「えらい脅かすなあ」とか言うて、本気にしない。ところが、つぎの学期が終わる時になったら、「あなたは退学になりました」って一行書いてきた。

その人はものすごくびっくりしてね、それで学生相談に頼んだ。学生相談は「引き受けます」と言うので、やっぱりアメリカっていいとこあるな、ちゃんと相談してくれるんやと思った。

日本人の感覚では、学生相談が引き受けたということは何とかしてくれると思うじゃないですか。ところがその人が学生相談に行ったら、「ああ、ナントカさんですね、あなたはナントカ大学へ行きなさい、あなたにいちばんふさわしいやさしい大学を見つけてあります」って言われたんです。彼はものすごく怒るんですよ。「引き受けたのに、なんだこれは」と言うわけです。話が合わへん言うけど、向こうにしたら話は合っているわけでしょう。

もめているというので、ぼくが呼び出されて行って説明したんですよ。日本で「相談を引き受ける」ということは、「なんとかここにおく途《みち》を考えるということに等しいんだ」と言ったら、「わかりました、彼にはもう一学期いてもらいます」と決まりましたよ。「日本の文化としてはそう思うんや」言うたらおいてもらえた。「しかし、つぎに成績が悪いと退学です」と。ああいうところはすごいですね。それで、その人はあと一学期遊び回って帰りましたけどもね。

近代科学ではなく、現象学的接近法

それからもうひとつ言っておかなくてはいけないのは、学問的なことに関して、ぼくが感じたのは、アメリカは科学に信仰をおいているということです。

たとえば、相談に来る人が「自分はどうしよう」と言った場合に、専門家から「あなたはこちらに行きなさい」とか言われると、パッと従うんですね。それは専門的知識を絶対的に信用しているということです。

日本人の場合にはそんなことないでしょう。「あなたは理科へ行きなさい」と言ったって、「おれは文科が好きやから」とか言いだす。つまりアメリカの場合には、そのときの心理テストの結果に文句なしに従う。これは科学信仰だと思ったわけです。

あの頃はフロイト派の精神分析の理論がいちばん強かったんです。当時のアメリカの人たちは、その精神分析理論で正しいということは絶対正しいというわけです。それでぼくは信仰と思ったのです。

というのは、その頃にはまだもうひとつ明確にわからなかったんだけど、これは自然科学ではないということは、ぼくにはわかるわけですね。だけど、その頃アメリカ人はこれは科学的である、だから従わなければならない、と思っている時代でしょう。しかしぼくは「なんやこれはおかしい」というので、「これははっきりさせなければいかん」とずっと考えていたんです。

そう思っていたときに、クロッパーがロールシャッハは現象学的接近法（フェノメノロジカル・アプローチ）をしているのであって、科学的なそれではないと言ったのです。それでものすごく感激しました。やはり先駆者ですね。

一五〇頁《ページ》以下でも話をしていますが、当時の心理学は近代科学をモデルにしていました。そのためロールシャッハもそのような態度で研究すべきだと考える人は多かったのですが、クロッパーは、近代科学の方法論とは異なるという考え方なのです。すなわち、投影法の場合は、単純な対象化を許さないことが多い。つまり、テストする人とされる人の関係がそこに入ってくるし、個々の人間の個性などということを考えはじめると、簡単に概念化したり一般化したりすることはできない。とすると、ひとつひとつの現象をそのまま見て記述することが大切であり、法則があるとかないとかの前提をもたないようにするべきであると考えるのです。ともすれば何かを切り棄《す》てることによって一般化したくなるとき、もっと根本的に個々の現象を詳細に見直してゆこうとするのです。

だから、いわゆる自然科学的な検討をしても、ロールシャッハの意味は出てこないだろう、というのがクロッパーの考えなんです。それもぼくにとっては方法論的に大きな発見でした。

あれは一九六一年のことです。非常に先駆的でしたね。だから、これは非常に大事なことをひとつ知ったと思いました。そういう意味でも、クロッパーという人はほんとにすごい人でしたね。

エゴ・ストレングスのために

それからもうひとつ、これも忘れがたい思い出ですが、結局、アメリカですから、臨床心理学の場合でも研究して博士号（Ph. D.）をとらないと臨床心理士の資格がとれないのです。しかし研究して博士になるということは、いままでのいわゆる客観科学的な操作に基づいてやらなければいけないのですが、臨床心理の実際は本質的にはそれと異なるのですね。

そうなると、なにか実験してみたり、あるいは調査をして統計をとったりする。そうすると数量的に出てきますね。それで仮説はこれであって、それを実験的に検証したらこういう結果が出てきた、というのを論文に書いたらPh. D.がとれる。

ところが、Ph. D.をとるために研究した仕事というのは、実際に自分が臨床家になったときには、何の役にも立たないわけですよ。臨床家としては、人と人との関係が一番大事なんだから。

それで臨床心理の大学院生が集まってしゃべっているうちに、みんな憤慨しはじめたんです。われわれは何の意味もない研究をさせられている、われわれがPh.D.のために勉強していることは臨床家として役に立たない、ということになってきたんですよ。

それでクロッパーが講義に来たときに、われわれはなぜこんなことをさせられるのか、それは臨床家になるために役に立っているのかと質問したのです。そうしたらクロッパーは「役に立っている」と言うんですよ。なぜかと聞くと、「臨床家となるためのエゴ・ストレングスのために役立っている」と答えたんです。ぼくは感激しましたね。つまり、臨床家となるための強い自我を確立するためにはそれが要るんだ、そのこと自体は役に立たないが、とクロッパーは言ったのです。だいぶ騒いでいたアメリカの大学院生も、この一言で黙りましたね。

クロッパーの怒りの威力

いよいよアメリカ時代の最後となりますが、もうひとつ、これも非常に感激したことがあります。クロッパーという人は、よく「ブリッジ」だと言われていた。つまり、フロイト派とも仲がいいし、もちろんユング派とも仲がいい。それで両方をつないでいる。それから大学人とも仲がいいし、病院の人とも仲がいい、それもつないでいるわけです。だからいろいろなところでブリッジになっている。それで、だいたい何を言うてもニコニコしているんですよ。そして、ぼくにとっては東洋と西洋をつないでくれたわけでしょう。だからその点でもブリッジになっている。しかしぼくは、クロッパーがだれにでもちょっと愛想がよすぎると思っていたんです。

ところが、ぼくがティーチング・アシスタントになった。そしてアメリカ人とだいぶ仲よくなって雑談していたら、アメリカの学生が文句を言うてるんですよ。クロッパーの講義は役に立たない、と言うんです。

ぼくにとってはクロッパーの講義ってのはすごくおもしろいんですよ。投影法の歴史などを話しだすと、ふつうの人だったらあまり考えていないような、たとえば、ユングの連想テストの考えの背後にはこのようなことがある、それが現在の投影法のテストにどうつながっているか、などと話すのです。それがぼくにはすごくおもしろい。しかしアメリカ人はおもしろうないんです、実際の役に立たないって。

アメリカの大学院生は、クロッパーというのはロールシャッハの大家だとみんな知っているわけです。だから、クロッパーにロールシャッハの実際的な話を早く聞きたいのになかなかそこへいかない。彼はヨーロッパ人だから、実際的な話をせずに、歴史的な話や本質論をするんです。

ぼくにすればこんな話はめったに聞けないと、やたらにおもしろいわけですが、アメリカ人はブックサブツクサ言うている。クロッパーはもっと実際的なことを話せばいいのにとか言うていたんですよ。それでアホやなと思うてたけど、クロッパーに「先生はご存じかどうか知らんけども、大学院生は先生の講義に文句言うてますよ。もっと実際的なロールシャッハの解釈のしかたとか、そういうことを知りたがっているると思いますよ」と言うたら、「ああ、そうか、いいこと言ってくれた」と答えたんです。

そうして、つぎの時間に大学院生を前にしてパッと、「カワイから聞いたところによると、おまえたちはなんか自分に言いたいことがあるそうだが、言ってみろ」と詰《きっ》問《もん》したのです。さすがのアメリカの学生もだれもひとことも言わない。それでみんな黙って下を向いていたら、クロッパーは机を叩《たた》いて「サイレンス!」って怒った。「この沈黙はどう解釈できるのか!」って怒鳴った。あれはカッコよかったですよ、やっぱりおっさんも怒るなと思うとぼくはうれしかったですね。これでこそふだんのニコニコも本物だと思ったのです。

そして、ついに元気のいい学生が立って話しだした。クロッパーはずっと聞いていて、「きみたちがそう言うのはわかった、考えておく」というんで、帰りにぼくがついていって「結局、文句を言うのは熱心な学生でしょう」と言ったら、「おれもそう思う」と言うてました。

それで、つぎの講義からやっぱりちょっと変えましたね、もうちょっとアメリカ人が喜ぶような実際的な話に。だけど、あのポーンと怒ったときはすごいなと思いました。

ロールシャッハで余命を推測

その当時、クロッパーのやっていたことは、アメリカではそうとう広く認められていた。ものすごく高い評価がありました。ベックという人もいたのですが、ロールシャッハに関してはクロッパーかベックかと言われていた。クロッパーの業績については、みんなもその評価をよう知っているんですよ。しかし、彼の講義は基本的なことを全部踏まえているからおもしろいわけだけど、アメリカ人は実際的だから待ちきれんわけですね。

それから、クロッパーについて感激したもうひとつの話があります。このことによっても彼はすごく有名になったんです。当時はがんの患者にまだ告知はしていなかったと思うのですが、医者としてはこの人の命は三ヵ月とか一年とか、だいたいわかるわけでしょう。ところが、実際には医者の思惑と結果が違うことがある。なぜ違うのかと考えてクロッパーが医者と共同研究をしたのです。

それでまたロールシャッハが威力を発揮するのですよ。クロッパーは患者のロールシャッハだけを見て、本人には会っていなくても、この人は医者が言うよりも長生きするだろうとか、この人は医者が言うよりも早く死ぬだろう、と分類するんです。それがものすごく当たるんですよ、ロールシャッハで。

しかし、それにはちゃんと彼の理論があるんです。非常に簡単にいうと、意識的に抵抗する人は早く死ぬ。意識的抵抗のすごく強い人は消耗して死んでいくんです。

意識的抵抗を放棄した人、その中には、すっきり放棄した人と妄想的に放棄した人とがいるんですが、たとえば「自分ががんになっているというのはウソや」とか、「この薬を飲んだら治る」とかいう話がいろいろとありますが、そういうことをほんまに信じた人は医者の予想より長く生きる。つまり、すっきりと自我防衛を放棄した人と妄想的に放棄した人、その両方とも長く生きやすい。

ロールシャッハで見ると、意識的抵抗の強い人はわかるんです。われわれの言葉でいうと、自我防衛の非常にきつい人ですね。このタイプの人は、医者の予想より早く死んでいく。それがよく当たるんです。

因果関係ではない、シンクロニシティだ

あるときクロッパーが、この人はすごくすっきりとしているから長生きするだろうと思った人がいるんですが、その人は医者の話を聞いて、「ああ、わかりました。自分は死ぬまでに世界旅行をしたかったから、妻といっしょに出かけます」と言うて、豪華客船に乗って世界旅行をするんです。それで帰ってきたら、がんが退縮していた。そういう現象が起こることがあるんです。それはいまでもありますよ。

クロッパーがその話をわれわれにして、「この人は悠々として世界を漫遊して帰ってきたらがんがなくなっていた」と言うたんで、ぼくは「ああ、やっぱり心は体に影響する。心の状態がそういうふうになったらがんまで治るんや」と単純に考えたんです。そうしたら、クロッパーが「こういう話を聞いて、すぐに心の状態が体に影響するなんて考えるのは非常に浅はかだ」って指摘するんですよ。というのは、もしそう

だったら、そういう人はみんな治るはずだ。そうでしょう。だからそういうふうに因果関係でこれを結ぶのはまちがっている、というわけなのです。

そして、心と体のことを考えた場合に、これを説明しうるのは、最近ユングが説えている「シンクロニシティ」だ、とクロッパーが言ったのです。そのときにぼくは初めて「シンクロニシティ」って言葉を聞いた。それでこれはすごい大事な話だと思って、ユングのシンクロニシティの論文を読むんです。

シンクロニシティというのは非因果的連関に意味を見出《みいだ》すというのか、わかりやすく言えば、意味のある偶然の一致の現象がありますね。たとえば、夢で見たことがそのまま実際に生じるとか。こういう場合に、それを因果的に説明するのではなく、共時性《シンクロニシティ》という観点から考えるべきだというのです。つまり、自然現象は因果律のみで把握することはできず、シンクロニシティの原理ということも考えねばならないというのです。ぼくはショックを受けるとともに、この考えこそ、今後の心理療法のみならず、人間の科学を考えるうえで極めて大切だと直覚したのです。

しかし、ぼくは日本に帰ってからでも、だいぶ長いあいだそのことについては黙っていました。うっかり発言すると誤解されるから。でも「シンクロニシティ」という言葉をこのときはじめて聞いたので、深く印象に残っています。

ユング派は米国ではマイノリティ

また、その頃すでに、ロールシャッハだけではなくて、クロッパーのユング派に対する学問的な近親関係も認められていました。クロッパーはユング派の重要な分析家でしたから。

つまり、もうその時代にアメリカではユング派は市民権を得ていたのですね。しかし少数派の市民権。クロッパーは例外中の例外だったんです。まだまだマイノリティでした。

それでまた思い出したことがあります。ぼくはシュピーゲルマンの分析を受けて、だんだんユングが好きになっていきます。そこで、シュピーゲルマンはユング派の講演会とか、そういうクラブみたいなところにぼくを連れて行ってくれたんです。

ところが、行ったとたんにぼくは拒否反応を起こすわけです。半分信仰がかった変な連中が多いんですよ、まだマイノリティだから。それで、シュピーゲルマンにこう言うたのを覚えてます、「ぼくはユングは好きやけど、ユング派の連中は好きになれん」と。そうしたら、シュピーゲルマンは「ああ、わかる」と言っていた。だからそうした集まりに行っても、こんな連中とは付き合わんとこうと思って、なるべく端のほうにおったんです。

そうしたら、一人の男がパッとやってきて自己紹介をして、「マックス・ツェラーです」と言った。彼もユダヤ系ドイツ人で、ドイツから亡命してきた有名な分析家です。「自分はマックス・ツェラーだが、あなたは日本から来たのでしょう。わたしは日本の大好きな本がある」と言うんですよ。「なんですか」と訊《き》くと、それはオイゲン・ヘリゲルの『日本の弓術』で、「私はあれを読んだ、おまえは読んだか」と言うから、ぼくは「中学校二年のときに読んでいる」と答えたんです。岩波からブックレットのようなのが出ていたでしょう。あの本を、一番上の仁《ひとし》という兄貴（岩波文庫を送ってくれた兄）が「これ読め」言うてぼくに勧めてくれたんです。戦争中のことです。これは私の心に深い印象を残しました。ちなみにぼくは『影の現象学』（一九七六年・思索社、一九八七年・講談社学術文庫）のなかでだいぶこの本について論じています。

それが残っていたので、ツェラーが『日本の弓術』について話しかけてきたときに、「ぼくはちゃんと日本語で読んだ」と答えたから、「それはよかった」と言ってえらく話がはずみました。この人は感じのいい人やなと思ったのを覚えています。

アメリカでユング派が急激に理解され始めるのは一九七〇年になってからです。それまでは完全なマイノリティ。だから、ユング派で教授というたらアメリカ中でクロッパー一人だったでしょうね。

それで結局一年半アメリカにいて、一度日本に戻ってくるのです。そして帰国する前にクロッパーとシュピーゲルマンがユング研究所に推薦状を書いてくれたのです。しかし、すごいことですね、二人の推薦状だけでユング研究所はぼくに奨学金を出すと決めるわけですから。二人とも推薦状のコピーをくださったので、今も記念に持っています。欧米における推薦状というものの威力を痛感しました。

準備のこともあるしというので、日本へ帰って、一年間準備をして、それからスイスへ行きました。

V

分析家への道

――ユング研究所での三年

世界で通用する人間になるために

アメリカから帰ってスイスに行くまでの一年間は、天理大学に戻っていました。そのあいだにセラピーも研究もある程度はしましたが、自分は経験してきたけれども、自分が他人に対して夢の分析をするということは、まだ自信がなかったから、できませんでした。

ただ、おもしろいのは、ふつうにカウンセリングしている場でも、前よりも理解が深まっているっていう感じがしましたね。

ロールシャッハもやっていましたし、それからカウンセリングもしていました。けれども、前と比べると理解がまったくちがうというか、よくわかるというか、そういう感じはありました。

そして、スイスへ行く準備をしていたんですが、ちょっとドイツ語の勉強をしてみたり、それからユングの本を、アメリカから買って持って帰ってきましたから、だいぶ読んでいました。

それで、スイスでなにも買わなくてもいいように、着るものなんかは完全にこちらでそろえたりしましたね。

そのスイスへ行く旅費のことでおもしろいことがありました。向こうの滞在費だけは出してくれるのですが、旅費はもらえないんですね。ところが、当時は家族で行く旅費で奈良の学園前の土地付きの家が一軒買えたんですよ。だから、ある先生なんかは「おまえはもうアメリカへ一年半も行ってきたんだ。しばらく待っていたら京大に移れるだろう。それをいまから三年もスイスに行ったら日本に戻ってきたとき、もうどうなるかわからない。それよりも土地付きの家を買《こ》うて日本におるほうが賢明じゃないか」って、言葉は違っているかもしれないけど、そういうふうに説得されました。

これはその先生だけじゃなくて、いろいろな人が似たようなことを言いましたけども、それでも気持ちはぜんぜん動きませんでした。やっぱりアメリカのさまざまな心理療法家を見てきているから、よっぽどがんばらないとだめだという気持ちがはっきりしていましたからね。要するに、世界で通用する人間になるためにはと思っていたんで、どんなに説得されてもぜんぜん問題にせずに行きました。けれども、それはすごい金額でしたね。

六〇年代前半にスイスに留学することの意味

それで、ユング研究所では分析家の資格をとる最低年限が三年間ですから、最低の期間でとって帰ろうと思っていました。

しかし、三年間も日本を離れるなんて、その頃のことですから、ほんとにすごい覚悟だったんです。しかも、家族連れでスイスに行くなんて、当時は大変でしょう。だからいっぱい親類が見送りにきましたよ、出征兵士を送る感じでね。

出発したのは一九六二（昭和三七）年です。ただ、その一年前、つまりぼくが日本に帰っているあいだにユングは死んだのです。だからユング自身には会えなかった。でも、ユングが死んだあとに行ったのは、ユングが生きていたときよりもユング派全体が自由になったから、かえってぼくは得したかもわからんと言う人もありました。

その当時、ユング研究所に留学するなんていうことを友人たちに話すと、それは本式に勉強するからいいだろうぐらいの感じだったのですが、みんなそれがどんなところかわかりませんでした。しかし、専門に心理療法をやっている人たちは、まあ、日本人でも一人ぐらい資格をとってくればいいなという、そういう感じでした。だから、そういう人たちの期待は強かったですよ、とくに若い人たちはね。

ユング自身についても日本ではあまり知られていなかった。高橋義孝《よしたか》先生をはじめとするドイツ文学の人たちが訳された日本教文社の選集の五冊の本があっただけです。だから、まだほとんど読まれていなかったと思いますよ。

ところで、大学のほうはといえば、天理大学だったからよかったんです。給料はもらえませんでしたけれど、帰ってきたらまた勤めてもいいと言ってくれたので、それが非常によかった。ふつうだったら職がなくなるわけですからね。三年間休職にするけど、帰ってきたら勤めてもいい。そのかわりに、何年間か天理大学におってくれという。それで戻って何年間かおりました。

兄弟はみんな大賛成でした。それこそやりたいことをやれと。それで、もし金に困ったら援助してやると言ってくれました。みんな医者ですからね。しかし、援助してもらうのはスイスから帰ってからのことです、土地を買ったり家を買ったりするときにね。スイスへ行くときはあまり頼ることはありませんでした。

それでスイスへ行ったのです。しかし、行くには行ったけど、ほんとに金のない生活をすることになりました。

奨学金をもらっているのだから

ところで、アメリカでのぼくの分析家がシュピーゲルマンでしたね。そのシュピーゲルマンの友だちがジェームズ・ヒルマンでした（彼の著書はよく邦訳され、来日もしたので、日本でよく知られています）。ジェームズ・ヒルマンがユング研究所のディレクター・オブ・スタディーズ、まあ、教務主任みたいな人なんです。

そして、前にも言ったようにシュピーゲルマンとクロッパーが推薦してくれたから、ぼくはユング研究所から奨学金をもらうことができるようになったんですね。

あとでわかったんですが、そんな大金をもろうているのはぼく一人だったんです。本当にびっくりしました。そして、しばらくたって、あるアメリカ人が、ぼくだけたくさん金をもらっているというんで文句を言いに行ったのですよ。「なぜカワイだけたくさんやるのか」と質問したら、「おまえとカワイははるかにちがう」と言われたという。それで終わり。

そういうふうにぼくだけたくさん奨学金をもらっているということは、そのために何としてもがんばらねばだめだということになるわけです。だから絶対にアルバイトをしなかった。ぼくの考えでは、奨学金をもらいながら勉強しないでアルバイトをするというのはけしからんわけですね。事実、ちょっとでもアルバイトをやっていたら生活がだいぶちがっただろうと思います。なんだか、カタイ考えのようですが、今でも基本的にはぼくはこんな考え方が好きです。

ところが、いっぺんだけ通訳したことがあるんです。それは傑作な話なんです。ぼくが非常に世話になっている方がありまして、その人から電報ですぐ飛行場に来てくれというんです。何事かと思って行ったら、同姓でちがう人だったんですよ。その人が難しい仕事なのでとスイスの大使館にだれを推薦するかって聞いたところ、大使館はぼくの名前を言うたらしいんです。それでぼくがそこへ行ったわけですが、もう行ったからにはしゃあないわけですよ、「もう来たからやりますわ」言うて通訳をやりました。そのときはそうとうの金をもらいました。だから、「こんなのほんまに続けてやったらどうなるやろう」と冗談を言うてました。結局、通訳のアルバイトはそれ一回だけしかしませんでしたね。

「ブロークンハウス」で一フランの本立てを買う

だから、たとえば家具にしても、いまでもあると思いますけども、ブロッケンハウスというのがあって、そこにはいろいろな方がいらない家具をタダで寄付する。そこで非常に安く家具を買うことができるんです。だから、ぼくらはよく「ブロークンハウス」と言うとったけど、ブロッケンハウスで家具を買ってくるのです。そこで買った一フランの本立てをいまでも大切に持っています。

当時の一フランはいまの感覚でいうたら、一〇〇〇円ぐらいのもんでしょうか、それとももっと安いかもしれませんね。

それを買ったときのことをよく覚えています。折り畳みでちょっとおもしろいものなんですが、ぼくの顔を見て、係の人がわざとつぶすんですよ、ほんの少しだけね。それで「つぶれているから一フラン」と言う。それはシュピーゲルマンの分析料一ドルの話と通じるわけですが、そういうふうなありがたいことをたくさん経験しました。

そして、ベッドなんていらんと、マットレスを買ってきて、それを畳みたいに敷いてそこで寝ていたんです。

家探しにはだいぶ苦労しました。チューリッヒ市内は家賃が高くて入れないから、田舎を探すわけですよ。そして、チューリッヒから汽車でいっぺん乗り換えて行くディールスドルフという村に一軒みつけました。ディールスドルフまで行ったんで、家賃はそうとう安かった。

といっても、ユング研究所からもらう金の三分の一が家賃で、三分の一が分析料、残りの三分の一で家族全員が食べていたんです。だから、レストランには入ったことないですよ。

ただ、食材が安いから、材料を買ってきてちゃんとつくるかぎりは、なんでもおいしいものを食べられますからね、そう貧しい思いはしていないんです。しかも、分析料もちゃんと安くしてくれているんですよ。安くしてくれていて、それだけかかりました。

基本的にはそういう生活を三年間続けたわけです。だから、そのあいだには、いま言ったようにブロッケンハウスの話もあるし、周囲のスイスの人たちにいろいろ親切にしてもらったりしました。

ディールスドルフは田舎ですから、最初は村の人たちはぜんぜん近寄ってきません。というよりは、うさん臭い目でぼくたちを見ている、遠いところからジーッと見ているといった感じなのですよ。もちろんあまりものも言わないし。ところが一年半ぐらいたってきたら、だんだん親しくなってくるんです。そういう点では、日本の田舎の場合と非常に近いですね。

そして、その頃になると、あいつはプロフェッサーやいうことがわかってくるし、スイスではプロフェッサーの地位はすごく高いので、「ヤー、プロフェッサー！」とか、そういうふうになってきたんです。そこまでいくのに長くかかりましたけどね。

そうなったら、ぼくらの着ている服とか靴とかを見て、日本の冬物だけど、スイス人からすれば冬物に見えない。それで気の毒だというんで、いろいろ暖かい服をくれたり、とくに三番目の子が生まれたときには、揺り籠《かご》とかそういうのを全部貸してくれたんですよ。食器や台所用品ももらいました。それも長いあいだかかってだんだんそうなってくる。それもよい体験でしたね。その点、アメリカとまったくちがいますね、アメリカは行ったその日から友だちのような感じですけど。

だから、金は節約していましたけど、それでも貧しい思いはしていなかったですね。ユング研究所へ行くのにも、いつも風呂敷《ふろしき》を使っていました。風呂敷に『今昔物語』とかの岩波文庫をいろいろ包んでもって行き、電車のなかで読んでいたんですよ。その電車というのはディールスドルフ村からチューリッヒまでの間、乗り換えて四〇分ぐらいです。

ディールスドルフは風光明媚《めいび》なすばらしいところなので、そういう点では、子どもと散歩したり遊んだりよくしました。それがものすごくよかったですね。ある意味ではとても豊かな生活でした。

ぼくらが住んでいたディールスドルフ村は、あと一七キロでドイツになるというぐらいのところにありました。家賃が安いからそこを選んだのですが、部屋数が多いということもあって、日本の人がよく来られました。「ペンション河合」というぐらいでした。

日本人の客の接待

というのは、当時だから日本の人が外国へ来るとみんなまいってしまうんですね。食べ物だけでもまいる。うちに来たらスパゲッティをうどんみたいにしたりとか、豆をすりつぶしてあんころをつくったりしていましたから、ニセ日本食だけど、来た人が喜んで、その結果、口伝えでいろいろな人がやってきましたね。

それで、うちでは「ちょいマニ」か「ちょいデプ」が来ると言うてました。日本人のお客さんはだいたい、ちょっとマニアックになっているか、ちょっとデプレッシブ(抑うつ状態)になっているか、どちらかなんですよ。それでこんどのお客さんは「ちよいマニや」言うたら、なんかむちゃくちゃに景気がいい。「ヨーロッパはすばらしいねえ」とか、「ミュンヘンのゲーテハウスは……」とか、ありもせんような話がいっぱい出てきたり、スライドを見せてくれるのはいいけれど、それがどこかわからなくなってしまって、「ここはどこでしたかなあ」と。マニアックになっているからどこか浮わついているんですね。一方「ちょいデブ」が来たら、もうショボーンとしている。それで、うちのニセ日本料理を食べると断然元気になってくるんですね。

それで、おもしろかったのは、偉いプロフェッサーの人が来られますよね。ところが、なかにはそれこそフラフラになっている人もいるんです。たとえば、二時頃に来ても昼飯を食べてないんですよ。それで、こちらはあいさつで「昼御飯どうですか」と言ったら、「いや、じつはまだでねえ」って言われるので、家内が慌《あわ》ててつくるでしょう。そうするとスパゲッティうどんみたいなものを、もうむちゃくちゃ食う。

ところが、その頃の若い人はといえば、若い人は適応しているから、礼儀正しいんです。だからうちではその頃、「近ごろの若い者は礼儀が正しい、偉い人はだめや」ってよく言っていたんです。つまり上の人は礼儀が悪いんじゃなくて、もう疲れ果てていたんでしょうね。

それでそんな方が来られたら、リフレッシュのためにその人を案内してジュネーブとかベルン（スイスの首都）とかに行ったりしました。その人はぼくの汽車賃も払ってくれますからね。おかげで、ちょっと山に登ったりもしましたよ。

最低三年間の必修課題

ところで、分析家の資格をとるためには最低三年間は必要ときまっているのです。あまり短いのはだめ。その三年間に、分析を何時間受けたとか、いろいろな必修課題があるんです。それから中間試験があって、中間試験に通ると、今度は、ぼく自身が指導を受けながら他人を分析できるようになるんです。そして、それを二五〇時間はしなくちゃならないとか、そういう必修課題がいくつもあって、それらをすべてクリアーするのに最低三年間は必要だということなんです。

ぼくは最短記録をつくったと思いますよ。みんなはもっと長くかかっています。もっとも、ぼくはアメリカで分析をすでに一年半受けていましたから、それを全部カウントしてくれたんです。

三年間というのは、ある意味じゃ非常に長いようだけども、短いとも言えます。ぼくにとってはすごく大事な時間でした。たとえば、初めは分析を受けるのに専念しているわけで、外的な刺激はなんにもないのです。自分の子どもと遊ぶだけですから。それで週に二回、多いときは三回分析を受けていました。

それでも、初めはなんかよう疲れました。日本にいるときに比べたら走り回っているわけでも仕事しているわけでもないのに、なんで疲れるんやろう言うたら、分析家のマイヤーから、「おまえは週に二回も分析を受けているではないか」と言われました。ですから、分析を受けるということは、初めのうちはそうとうエネルギーを必要とするもんやと思います。それはすごい集中でしたから。

オリエンテーション抜きのスタート

その当時のユング研究所というのは、規模の小さいものでした。その横に女学校があるのですが、そのあと日本人でユング研究所を訪ねてきた人は、初めはみんなその女学校へ行ってしまうんです。研究所というても、見たところ本当にふつうの家で、講義室と、面接用の部屋があるぐらいです。おまけに先生はだれもいません、みんな分析家として開業しているわけです。それで講義があるときだけやってくる。それから事務の女の人が一人いる、それだけです。

いまは変わりましたよ。いまはものすごくたくさんの留学生が世界中から来るし、場所も変わって立派になりましたけど、初めはびっくりしました。「これか?」と思った。おまけに看板も小さいのがかかっているだけです。だから最初に行ったときなんか、昼間は休憩でだれもいないわけです。それであとで行っても、「ああ、カワイか」というだけの話でね。

そして、住む家を探すことからはじめて全部自分でやるわけでしょう。まして、どんな研究をしたらいいかなんていうことについても、ほとんどなんにもオリエンテーションがないんですよ。ヒルマンがあとでいばっていたけども、なんにもオリエンテーションをしないので、向かないアメリカ人は怒ってすぐ帰ってしまう。これがいちばんいい方法だ、と。

それがひとつのイニシエーション（通過儀礼）になっているんですね。それに自分で適応できていかなかったらだめだという考え方です。

分析家を自分で選ぶ

そして、いまは変わっていますが、ぼくらがいた頃には、教育分析のできる先生が九人いました。教育分析家とは、資格をとるための訓練の分析ができる特別なベテランの分析家です。その九人の先生のうちのだれかにつきたかったら、自分でアポイントメントをとって訪ねて行くんです。九人の先生に会って、自分でだれにするか選んだらいいし、また、自分で選んで、たとえば、A先生にといっても、A先生がやりたくない場合には断わられる、そういうシステムなんです。

だけどぼくは、分析をやりたいと言ったら、クロッパーもシュピーゲルマンも絶対にマイヤーのところへ行けと言っていたんで、文句なしにマイヤー先生のところへ行って、ほかの先生には会いませんでした。

その分析というのは、英語でもドイツ語でもいいのですが、ぼくの場合は英語で行いました。講義も英語かドイツ語かどちらでもいい。試験も全部英語かドイツ語。しばらくたってフランス語もよいことになりましたが、ぼくのときは英語かドイツ語でした。ぼくは基本的に英語のクラスに出ていましたが、語学の勉強のためにドイツ語のクラスにも出ていました。

それから、リックリンというおもしろい所長がいました。この人に、あとでお話するスーパーバイズを受けるのですけど、それはドイツ語で受けていました。

分析も、あとのほうではしばらくドイツ語で受けていました。というのは、ぼくは資格をとるために自分が分析をしなくてはならない。そうすると、やっぱりドイツ語でやらなければいけないじゃないですか。それでその程度まではドイツ語をやらなきやいかんというわけです。

しかし、自分の試験やレポート、論文などは全部英語でした。アメリカから行っていますから英語はあんまり困らなかったですね。

それで、そういう分析が中心になるんですが、ほかにいろいろの先生の講義があって、その講義のなかの好きなのを聞くのです。そして、中間試験には八科目の試験があるんですが、それを通ると、こんどは指導を受けながら自分が分析をする。

ちょっと聞きしにまさる話で、最初は驚きました。しかし、ぼくはそういうのはわりあい平気なんですよ、すぐになれてしまうのです。それと、なんていったって、分析がありますからね。つまり自分のいちばん関心のあること、自分で考えたことを話す相手がいつもいるわけですから、すごい助けになります。それから講義もけっこうおもしろかったです。

各分野の第一人者による講義

講義のほうもみんな開業している人が行うのです。それから他から呼んでくる場合もあります。たとえば、すごく有名な人だったら、社会人類学者のレヴィ＝ストロースが来たり、神学のポール・ティリヒが来たり、それからイギリスの美術史をやっているハーバート・リードが来たりする。それは特別講義なんです。そういうのはおもしろいからみんな聴きました。ときどきチューリッヒ大学の宗教学や民族学の先生が講義しましたが、それらも全部試験があるので、そういう講義は必修なのです。

いま挙げたほかに、ユング派だから「セオリー・オブ・コンプレックス」(コンプレックス論)とか、精神医学もありますし、それから夢分析とか、昔話の講義がありました。昔話については日本でもよく知られているフォン・フランツ。彼女の講義はすごい人気があって、いちばんたくさんの人が聴いていましたね。というのは、ユング研究所の講義は外部の人でも聴きに行っていいからなんです。だからフォン・フランツの講義は、後にユング研究所のなかでできなくなるほど聴講生が多くなりました。

講義は一〇人ぐらいの場合もあるし、六〇人、七〇人聴いているときもあるし、本当にさまざまです。たとえば、精神病理学の講義だったら、資格をとりたい人だけのものですから、聴いているのは六、七人でした。

その国籍は、ヨーロッパ以外ではブラジル、韓国もいたし、いろいろいました。それでもやはりアメリカ人が多かったですね。韓国人の李符永《イブヨン》さんとは親しくなりましたが、後に韓国人として最初のユング派の分析家になりました。

そして私などが受けていた頃は、資格をとる人が年に二人とか三人とか、そのぐらいでした。東洋人はぼくの前にインド人が一人います。その人は資格をとって、もういませんでしたが、インド人のバサバダという人です。東洋人としてはぼくは二人目、日本人としては初めてです。

フォン・フランツの講義

フォン・フランツの講義にはぼくも感激しました。というのは、ぼくは昔話が小さいときから好きで、しかも子ども心にすごく疑問に思っていたことがあるのですね。グリムの『金の鳥』なんか、王子が狐《きつね》の言うことをなかなか聞かない。聞かずに失敗し、また聞かずに失敗するから、なんであんな何べんも失敗するんやろと思っていたとかね。

それからぼくは『つぐみひげの王さま』というのが大好きだった。初めは、王女さまというのが非常に横柄《おうへい》な人だから、乞食《こじき》にがんがんやられておもしろいなと思っているのです。ところがだんだん気の毒になってきて、ここまでやらなくてもいいのになんて思っているのだけども、その『つぐみひげの王さま』などをフォン・フランツはとりあげて、細部にいたるまで講義するのですよ。そうしたら、ぼくが子どものときに思っていた疑問が全部解消していくわけです。それでぼくは彼女の講義がすごく好きでした。そういうことをそれまでいっぺんも、どこでも聞いてないですからね。そんなことが学問として語られるなどとは考えもしなかったわけです。それを学問的にちゃんと語って、しかも、ぼくが子どものときに読んでいろいろ疑問に思ったことがストンと心に落ちるようにしゃべってくれるわけです。あのときの講義は本当になかなかの名講義だったと思いますね。

フォン・フランツは、たしかお父さんが日本に来ていたことがあって、日本に親近感を持っていました。それでぼくなんか黙って聴いているだけだけど、すごく注目してくれたんだと思います。

しばらくたって、フォン・フランツと話しているときに、「昔話の講義をしているところがあるなんて思わなかっただろう」と彼女が言うから、「いや、ぼくは子どものときから昔話が大好きやったんで、子どものころの疑問が解消して喜んでいる」と言ったら、「ワー、そうか」と、とても喜んでくれました。

そしてそのときに言うたんです、「ユング研究所の無意識におまえは困っていないか」って。つまりユング研究所では、誰も彼も無意識、無意識ばかり、アンコンシャスばかり言うているけれど、アンコンシャスなんてことは、ふつうの心理学ではぜんぜん問題にしないですからね。それでぼくは「無意識は小さいときから知っているんですけど、ユング研究所の意識に困っている」と言ったら、ものすごく喜んで、「わかった。東洋人にとってはそうだなあ」と賛同していましたね。無意識の話なんていうのは、日本人にとっては、仏教の話などを通して、子どものときから知っているわけですからね。だから、無意識にはたじろがないけれども、西洋の意識には困惑した。彼女もそれですぐわかったらしくて、「わかる、わかる」ってしきりに言っていました。

それから、バーバラ・ハナーという人がいて、このバーバラ・ハナーとフォン・フランツの講義が人気の双璧《そうへき》だった。どちらも満員だったんですが、ぼくはバーバラ・ハナーの講義には、念のためにちょっと顔を出したことはあるんだけど、なんとなくおもしろくなくて、結局はひとつも出ませんでした。バーバラ・ハナーとフォン・フランツはすごく仲がよかった。

ユングは、独身の女性というものは年とったらだれかと二人で生活すべきだと言うんですよ。つまり完全に独立しているんだけど、共通の間をひとつもって生きているほうが、危険とかいろいろなことに対していいとユングが言っていたんで、バーバラ・ハナーとフォン・フランツは大きい一軒の家を二人で分けて住んでいたんです。そのくらい仲のいい友だちだったんです。

バーバラ・ハナーの講義はぜんぜん聴かずじまいでしたけど、最近、彼女が猫のことを書きました（Barbara Hannah, *The Cat, Dog and Horse Lectures, and "The Beyond"*, Chiron Publications, Illinois）。それを読んだら、けっこうおもしろかった。しかし、ユング研究所にいるときには、バーバラ・ハナーが「ユング大先生」ということばっかり言うので、なんかいやになってきてたんです。

ユング研究所の講義のことでさらに言えば、人類学者のポール・ラディンという人がいて、ぼくは大変影響を受けました。ぼくはその講義で〝イニシエーション〟とか〝トリックスター〟という言葉を聞いて、「こんな考え方があるのか！」とすごく感激したんです。これは両方とも心理療法ではきわめて大事なことですが、とくにイニシエーションですね。心理療法にくる人をイニシエーションという観点から見ると、みんないわばイニシエーションのしそこないみたいなわけですから、これは日本に帰ってもわりと早く話せることじゃないかと思いました。

トリックスターのほうは、ぼく自身が好きだからそのあとも考えていました。しかし、こんなことは日本でしゃべっても通じないとずっと思っていたんです。そしたら、もう山口昌男さんが書いていた。『アフリカの神話的世界』（一九七一年）を読んで、「これでもう助かった！」と思ったですね。あれには感激しました。自分だけが言うんじゃなくて、それこそ岩波新書で出ている、「あれにある」ということが言えるわけですから。

だから、いわゆる文化人類学者の言っていることのなかで、ぼくが日本でいちばん初めに話をしたのはイニシエーションについてです。イニシエーションがみんなにいちばん通じるやろうと思って言ったのを覚えていますね。それでも調べてみると、イニシエーションについての最初の論文を発表したのは一九七五年です。帰国後一〇年くらいは黙っていたのですね。

可変のルール

研究所ができたのは一九四八（昭和二三）年ですから、留学したのは研究所ができてからまだ十数年の頃だったんですよ。シュピーゲルマンがそれこそ第一回卒業生で、彼の分析を受けてぼくは行っていますから。

じつは、研究所をつくるかつくらないかですごくもめたんですね。ユングには、そういう研究所をつくって形ができるとだめだという考え方があった。

しかし、片一方ではやっぱりもう形をしっかりしなければだめだというんで、いろいろ論議があったようですが、とうとう最後につくるんです。研究所をつくるのにユングはだいぶ抵抗していたんですね。だから、あんまりフォーマルにならないようにということをつねに考えていたみたいです。

そしておもしろかったのは、たとえば、資格の取得のためには、自分が他人を分析して、その分析したことを事例研究の時間に最低三回は報告しなくちゃならないとか規則がいろいろあるのですが、そういう規則について反対する者がいます。たとえば、自分は分析を絶対に大事にしているから、指導者には話すけど、みんなにしゃべるわけにいかないというわけです。すると、委員が聞いて、「よし、それならおまえはそれでよろしい」ということになる。ファイトを出して抗議すると、わりあいルールを変えることができるのです。おもしろかったですね。

心理学諸流派の並存

京大にいらした上山安敏さんが前世紀末以来のことを調べていらして、心理学的な流派などがたくさんチューリッヒのあたりにあったということを書いておられますが(『神話と科学――ヨーロッパ知識社会　世紀末~20世紀』一九八四年、岩波書店)、その他にもいろいろなグループがありましたね。とくにチューリッヒというのはいちばん多いところです。もちろん当時フロイト派もありますしね。それからダーザインス・アナリーゼ(現存在分析)のメダルト・ボス、そして、日本ではあまり知られていないけども、ゾンディなどもいたと思いますよ。

　メダルト・ボスの主張する現存在分析というのはハイデッガーの哲学に由来しています。このような考えと名称を最初に持ち出したのは、ルートヴィッヒ・ビンスワンガーですが、ビンスワンガーはこの考えを自然科学的な人間理解に対立するものとして、「現象学的人間学」という言い方で提出しています。つまり、患者を客観的対象としては見ずに、むしろ、その「人間」とのかかわりを重視し、その全体的な状況を現象学的にとらえるべきだと考えるのです。その際、ハイデッガーの基礎的存在論を踏まえて論じるのがその特徴です。

　ところで、そういう流派はみんな似たような格好で私設のインスチチュート(研究所)をもっている。おもしろいのは、大学というところはあまりプラクティカルじゃない、実践的じゃないんですよ。だから、大学で勉強しながらほんとにプラクティスをやりたい人は、自分の好きなインスチチュートで勉強するわけです。

しかしそれぞれが認められて、市民権を得ている状況かといえば、まだそれほどははっきりはしてません。あとで職業的にもっとはっきりしてきますけども、ぼくが行っている頃はまだそれほどでもなかった。だから下手したらちょっとカルト集団みたいなものになりかねないのです。それで「ユング大先生」とたてまつる人も出てくる。

しかし、ぼくがすごくうれしかったのは、マイヤーという人はユングに対してそういう感覚を持っていなかった。比較的に客観的なんです。

そういえば、ユングの悪口を平気で言っていましたね。たとえば、音楽のことはあまりわからなかったとか。でも、ほかの信奉者からいうたら、ユングはもう神様みたいなもんですからね。講師のなかでも「ユング先生が言った」というたら、もう神の託宣みたいに受け取る人がいるんです。

たしかにそういう人の弟子になっている人もいましたが、ユング研究所のおもしろいところは、みんな個性があるから、分析家同士、みんなの前で平気でけんかしたり言い合いをしたりするんです。それでいて共存しているんですから、おもしろかったですね。講義のときなぞ自分の同僚の分析家の悪口を平気で言う人もいましたしね。

精神病院に実習に行く

ところで、どうしてチューリッヒの周辺にそういう深層心理学の集団ができたのかと考えると、スイスは内向の国ですからね。ああいう山の上に住んでいるスイス人というのは、やっぱり内向性が強いんじゃないでしょうか。さっきのメダルト・ボスもビンスワンガーにしても、みんなスイス人ですから。

それから風光明媚な土地なので、上等な精神病院があっちこっちにあるんですよ。すごく風景の美しいところにすごく格好のいい建物がある場合、多くは精神病院なんです。要するに、世界中の大金持ちが治療を受けにくるわけです。クロイツリンゲンというところにビンスワンガーのやっているベルヴューという有名な精神病院があったのですが、そういうところへぼくらは実習に行くんです。

実習に行くと、二人ずつ組んで、一人の患者さんをあてがわれるんですよ。一時間ほどその患者さんと二人で面接して、それでその患者さんの診断名を発表する。そうすると、先生が「それは当たっている」とか「なんでそんなことを言う」とか批判される。そういう実習があるのですよ。

それで傑作なのは、ぼくに当たった患者さんが音楽祭を主催していたとしきりに言うので、完全に妄想やと思ったんです。しかし、それはほんとうだった。そういうとの判定はすごく難しいですよ、いろいろ有名人が入院しているんですから。そのクロイツリンゲンには舞踊家のニジンスキーが入っていたこともあります。ニジンスキーとその夫人については、あとで詳しくお話しましょう。

ユング研究所の場合、ビンスワンガーとかメダルト・ボスなどの流派とも交流がありました。というよりも、みんなお互いにある程度関係があるんです。たとえば、ビンスワンガーがやっている病院には、もう亡《な》くなりましたけども、フィルツという人がいて、彼はユング派だったんです。フィルツさんはクロイツリンゲンのものすごく重要な人間でしたから、ぼくらはフィルツのところに実習に行くわけです。

つまり人的に深い関係があるわけですね。だから、他の精神病院やらにも実習に行っていますけど、それはユング派でなくてもユング研究所と間接的な関係があったりするわけなんです。

実践から理論が生まれる

チューリッヒには深層心理学のいろいろな学派の研究所があると言いましたが、流派によってタテマエの上では、理論にも実際にも相異があります。それでも、実際のプラクティスになると、そんなに変わらない。それはおもしろいことですね。

ぼくが行って、二年ぐらいたった頃に、もう亡くなられましたが、三好郁男さんという京大の精神科医がメダルト・ボスのところに来られたのです。ぼくはいろいろなことを彼から聞いた。そうすると、やっぱり夢の分析をやることとか、そんなのはユング派もボスの現存在分析も同じですね。夢に対するものの言い方なんかでもあまり変わらないんですよ。三好さんがよく言うていたんは、「日本人はボスのことを本だけで読んでいるからむちゃくちゃ哲学的だと思うけれども、ぜんぜんちがう。もっと実際的だ。これをみんな知らなあかん」って。だから三好さんは帰国して、現存在分析を広めようとするのですね。

三好さんとぼくと、当時ユング研究所に来ていた樋口和彦さんとは、お互いに自分はどうやっている、おまえはどうやっているのか、とよう話していましたから、おもしろかったですよ。そうすると、プラクティスの実際場面ではそれほどちがわないですね。

そして、何よりも実際に患者さんに会って、ちゃんと分析していくことができていないと話にならないわけです。ところが、その体験を基盤にして書かれた哲学的な本だけを読んでいると、よくわからないんですよ、実際にどうやっているかということがね。

　ユングの場合でもそうです。ユングの理論だけ、哲学だけ書物で読んでいる人にはわからない。ぼくは実際に行って、患者さんに会い、分析を続けてきたから、そうした臨床例をもとにして理論が出てきたということがわかるのです。

中間試験はいつ受けるのか

　ところで、分析に行って、それから講義を受けるのですが、それでもそういうことに費す時間は少ないですから、自由な時間がかなりありました。

　教育分析には最低の時間数もあるのですが、問題は中間試験なんです。中間試験というのは一年半たったら受けられるんですね。

　ところが、いつ受けたらええのかと聞くと、「ホエン・ユー・アー・レディ」というう。つまり「自分が〝よし！〟と思ったら受けよ」というのですね。だけど、一年半は最少の期間なんです。ぼくは一年半で受けたけれども、ほかの人でどうしても自分が「レディ」なんていう状態にならなければどんどん時間がたっていく。つまり、各人の自己決定にまかされているわけです。

中間試験の科目は八つありますが、その八つの科目を順番に受けるのです。全部口頭試問です。だけど、英語で話すのが不得意な者は、筆記試験を希望することができます。ぼくは全部、口頭試問にしました。

試験官は三人で主査が一人、陪査が二人です。

フォン・フランツとカラスの夢

そのときもおもしろいことがありましてね、あれは傑作だった。ぼくにしたら日本から行って初めて口頭試問を受けるわけですから、大変やと思っていた。とくにフォン・フランツはきびしいんで有名でした。フォン・フランツにみんな落とされているんですよ。それから他は精神病理学でもよく落とされるのです。しかし、ぼくは日本から勉強して行っているから、精神病理学はもう絶対大丈夫と思っていたけど、フォン・フランツは恐《こわ》いなと思っていたんです。

そうしたときに、ある夢を見たのです。カラスが自分の肩の上にすばらしい宝石箱を背負って出てくる夢なんですよ。これはなんやろと、マイヤーに聞いたら、マイヤーも「わからないなあ」と言うんです。「ぼくもぜんぜんわからない。わからないから、せめてカラスのことでも調べておいたらどうか」ってマイヤーが言うんですよ。それでユング研究所に行って、カラスについてぼくはものすごく調べたんです。しかし「調べてみても、夢の意味はあんまりわかりませんねえ」と言うてたんです。

ところが、なんと、フォン・フランツの試験を受けたらカラスが話の中心やった。昔話がひとつ示されて、それをその場で解釈するのですが、その話の中核はカラスなのです。それでぼくは調べたことをワーッとしゃべったわけですよ、それで最高点をとった。

もう一つのシンクロニシティ

つまりその宝石箱というのは一つの象徴なんですね。そしてそれからまだ続きがあるんです。フォン・フランツというのはユング一辺倒なのですね。だからシンクロニシティの話がものすごく好きなんですよ。なんでもかんでもシンクロニシティになってくる。だけど、ぼくはそれがいやなんです。ところが、この場合にはものすごい見事なシンクロニシティになっているわけですね。だから「これフォン・フランツに言うか、言ったらまた喜びすぎて困るな」と思うてね。でも、あんまりおもしろいからやはり言おうかなと思うていたんです。

そうしたら、他の試験のときにフォン・フランツが試験官として来ました。だからそのときにぼくは「いや、あれはおもしろかったですよ」とカラスの夢のことを話そうかと思って、図書室で待ってたんです。待っているあいだにひまやから、その図書室にある本をパッと開いたのです。パッと開けると、それは中国の絵で、八咫烏《やたがらす》、太陽のなかにいる三本足の烏、それを猟師が狙《ねら》っているところの絵が描いてあったのです。そして「イト・イズ・トゥルー、バット・ピティー・ユウ・ハブ・セッド・イット（It is true, but pity you have said it.）」（「それはほんとうだけど、言ったのは残念だ」）と書いてあったんです。おもしろいですね。だからフォン・フランツに言うのをやめたんです。

これこそほんとにシンクロニシティ。しかも、本をパッと開けたらその絵がピタッと出てきたんですよ。しかもカラスでしょう。あれは感激しました。

ぼくはこのような傑作な話いっぱいあるんですけれども、あんまり言うとみんな喜びすぎますからね。

そしてもっとあとで、最後の資格試験に受かったときに、このことを全部フォン・

フランツに伝えたのです。フォン・フランツは大変喜んでくれました。というのも、つぎのフォン・フランツの試験のときにもおもしろいシンクロニシティが起こったのです。だから、それも不思議、あんまり不思議やったから、「前はじつはこうやった」と、ぼくはたしか手紙に書いたと思いますよ、あんまりおもろかったから。

さんざんな宗教の試験

いい話だけではなく、悪い話もしておきましょう。

宗教の試験官はチューリッヒ大学の某教授が試験官でした。彼は講義にも来ましたし、参考書として何冊かの本をあげる。ところがそれらは教科書的でおもしろくないのです。

ぼくはユング研究所の宗教の試験というので張り切って、「キリストをめぐる多くの女性がいるが、釈迦《しゃか》にもそのようなことがあるか」とか、「宗教の救いと心理療法の関係」とか、大きいことを考えて準備していました。

ところが試験官は、参考書のなかの教科書的な細かいことばかり訊《き》くのです。「そんなもん知るか！」というのでさんざんでした。

宗教は最低点で、これがなければぼくは研究所はじまって以来の最高点で中間試験をパスするところでした。

あとでこのことをマイヤーに話したら、彼は平然として、「あんなつまらない人物がチューリッヒ大学の教授をしているのを恥かしく思っている」と言いました。

クライアントが五人から一人に

さて、一年半終わって、中間試験を通りますね。中間試験を通ったら自分で他の人を分析してよろしいということになるんです。それをコントロール・アナリシスといいます。このごろ日本では、分析だけではなくて、心理療法全体にかかわってスーパーバイズという言葉を使っていますが、要するにかならず、スーパーバイザー、つまり指導者がつくんです。そして、分析をおこなったら、それを報告に行って指導してもらうのです。

ぼくがものすごく心配したのは患者がいないのじゃないかということでした。その頃だから日本人に分析を受ける人なんてちょっといるとは思われないし、かといって

「みなさんおいでください」とも言えないと思うていたら、なんか、パタパタパタッと偶然が重なって五人も来たのですよ、分析を受けたい人が。ものすごく感激しましたね。

分析の体験をしなかったら資格がとれないわけで、最低二五〇時間は絶対にやらなければいけない。そこに五人来て喜んでいたら、しばらくたって一人の人が転職になった。それから「もうこれでよろしいです」とか言う人――「よろしいです」というのはこっちも悪いんだけど――などがいて、ついに一人になってしまったんです、パッパッパッとね。

それで、これはもう絶対にぼくがおかしい。ぼくの力がないからこういうことが起こっているんやから、他人の分析を始める前に、もうちょっとぼく自身の分析に専念したほうがいいんじゃないか、と思ったんです。しかし、せっかく始めたわけだし、どうしようかと本当に迷いました。

易を立てる

それでどうしたかというと、易を立てたんです。『易経』をおもしろいからずっと読んでいたのです、英訳もあるしね。あれはコインでやれるわけですよ。それでコインで易を立てたら、いちばん下が陽で、あとは陰ばっかり出た。䷗です。

易としての解釈もありますが、その結果ともかく思ったのは、男性性の弱さということです。そして自分の男性性をしっかり確立する、ユング的にいうとアニマの問題というのをもっと確実にやらなければだめだ、と思いました。それに専念するために、残った一人の人にもいっそのことやめてもらおう、自分は他人を分析する人間にまだなっていないんだから、と思ったのです。

そのときはマイヤーさんと同時にドクター・フレーという女性の分析家に指導を受けていました。フレーさんは女性だから、ほんとにぼくのことに一生懸命になってくれている人ですね。

それでドクター・フレーのところへ行って、「偶然も重なっているんだけど、四人もやめていくということは、自分には力がないからだ。それでもういっぺんやり直したいと思って易を立てたら、こんな決定的な卦《け》が出てきた。だから、この人にもやめてもらって、自分の内面に専念する」と言うたのです。そうしたら、ドクター・フレーが「いや、そこまで考えなくてもいい、おまえは絶対にやれるんだし、その一人の人をちゃんとやったらいい」と言うんですよ。でもぼくはもう決意が固かった。そうしたら、ドクター・フレーが「おまえがそれほど言うのなら自分が易を立てる」と言うんです。易というのは絶対に二へん立てたらいかん、易はいっぺんしか立ててはいかんわけですね。「私はすでに立てている、だから、二へん立てることはできない」とぼくは言いました。そうしたら「いや、おまえは自分で立てなくてもいい、こんどは自分が立てたい」とドクター・フレーが言うのです。ドクター・フレーがぼくのことを思って立てたいんや。「そんな言うんやったらやったらどうですか」って、やったらぴったり同じ卦が出た。あれは感激でした。ドクター・フレーはそれ以上言うことがなくて、「それならおまえの好きなように」っていうわけで、しばらくコントロール・アナリシスをやめるんですよ。そのときはほんとに自分の問題に専念したんです。

アニマ像の追求を通して男性性を確立

そして、「まあ、よかろう」というわけで再開すると、前にやめてもらった人が待っていてくれた。「絶対おまえとやりたい」というので帰ってくるんです。それから転職した人が帰ってくる。それでまたバッバッバッバッと、五人全員じゃないけどそのうちの三人が戻ってきて、また始まるんですよ。だからほんとうに極め付きのできごとでしたね。

ぼくは自分の男性性を確立するためにアニマ像の探求に集中したのです。男性性が確立していないというのは、それは日本人だからあたりまえなことですけど。それから、分析を受けにくるのはほとんど西洋人だから、そういう人たちが来たとき、こちらが、どこか筋の通った強さをきちっと自分で持っていないとだめなんですね。

アニマ像というのはユング派では大切なことです。アニマは「たましい」で、アニマ像はそのイメージ。たましいそのものをわれわれは知ることはできないけれど、それを何らかのイメージとして把握できる。そのイメージは男性の場合、女性の姿をとって現れることが多いとユングは考えます。アニマ像としては、日本人のことなどを考えると、かならずしも女性像とばかりは言えないと思いますが、西洋文化のなかではそうだというのはよくわかりますね。男性的な自我を確立することが前提で、それとは異なる魅力ある存在として、女性像が浮かびあがってくる。そんな意味で、私は西洋的な意味合いのなかでのアニマ像の探索に努力を傾けたのです。

日本人クライアントとのすれちがい

それからもうひとつ、これもときどき書いているんですが、忘れがたいのは、日本の人を分析したときのことです。最初のうちは、ずっとうまいことといくわけです。そうすると、いまだからわかるけど、うまいことといっているということは、来ている人がすごく内面的に掘り下げていくからとても大変なことなんだけど、こっちはうまく進むことばっかり考えて、その人のしんどさがもうひとつわからないわけですね。

その人のつらさをわかりながら進んでいくんだったらいいけれども、こっちはうまいことといっているとばかり思っているわけだから、そうすると、どこかずれてくるのです。その結果、その人は急に来なくなるんです。うまいことといっているから来るはずやと思うているけど、来ない。「おかしいなあ」と思うわけですよ。それで「来てください」と手紙を出しますね。

ところが、その「来てください」という手紙を出すときに、ぼくはアメリカで訓練を受けたのでよくわかるのですが、アメリカでの場合に大事なことは、「来てください」と書いちゃ絶対にいけないわけですよ。なぜなら、クライアントがこっちに依存してしまうからです。「おまえが来いと言ったからきた」っていうわけです。それとは逆に、あくまで相手の自主性を尊重して書かないかんわけですよ。だから「来週も二時から三時まで時間を空けているから、よかったらお出《い》でください」という書き方になるんです。

そういう手紙をアメリカで教えられたとおり書いたんです。しかし、ふつう日本人にこんなことを書いたら、「ばかにするな」ということになる。ほんとに来てもらいたかったら「ぜひぜひお出でください」とか書くやないですか。しかし、「ぜひぜひ」はいかんから「よかったらお出でください」と書いたのです。向こうはこんなことは知らんからどうかなと思いながら、出したんです。そうしたら、その人はついに来ませんでした。

「日本の魂はどこへ行った」

そのときのスーパーバイザーは、研究所の所長をしていたフランツ・リックリンやったんです。リックリンのところに行ってその話をしました。「うまいこといっていると思ったけど、来なかった。それで手紙出したんやけど、手紙にぜひ来いと書けないからこういう文面で出した」と言うたんですね。

そうしたら、リックリンは「日本人はそういう場合はふつうどういうふうに書くのか」と質問するのです。それで日本人やったら「よかったらお出でください」というのは「来るな」みたいに感じられる。「転居しましたからお寄りください」というのと同じで。だから「ぜひお出でください」と書かなければならない。それでも、分析というものは相手の自主性を非常に尊重するのが建前だから、アメリカで習ったとおりに書いた、と言ったんです。

そうしたら、リックリンがニヤッと笑って、言うたんです、「ヴォー・イスト・イーレ・ヤパニッシェ・ゼーレ」と（彼とはドイツ語で話をしていました）。つまり「日本の魂はどこへ行った」と言うんですよ。あれには参りましたね。

そのときにすごいのは、そんなことは書くなとかこう書けとは言わないんです。「日本の魂はどこへ行った」と言うだけなのです。ほんとに日本の魂はここでは消え失《う》せているわけですよ、アメリカの魂で書いているわけですから。それで、つぎにどう書くかは自分で考えなければならないわけです。どっちがよいとか悪いとは言わんけれども、ともかく一面的に考えているということだけはバッと指摘するんです。リックリンという人はすごい人でした。

つまりリックリンが言いたいのは、日本人として日本に生きてきたおまえが、しかも、西洋の訓練を受け、それを身につけたうえで、日本の言葉で日本人になにを言おうとしているのか、そういうことでしょう。あれにはすごく教えられました。そして、このことはぼくが日本に帰ってきてからものすごく役立ったんです。

しかし、そのときにおもしろいのは、日本風に書けとは言わないことです。そこがすごいですね。たとえば、「ぜひお出でください」となぜ書かないか、とは言わないんです。ぼくは日本の魂に相談して、それでも来てほしいという内容を書かなければいかんわけですよ。なにも日本人風に書いたほうがいいとは限らない、ぼくはアメリカ流を習ってきているわけだから。ですからものすごく苦労して手紙を書くわけです。そうしたら、その人が来るのですね。それは大したもんです。

クライアントの自殺未遂

リックリンで思い出すことはいろいろありますが、もうひとつ感激したのは、ぼくはスイス人も分析していた。その人にはドイツ語でやっているんです。でも、むちゃくちゃ難しいんですよ、ぼくはドイツ語がわからんでやっているわけですからね。いちばん初め、リックリンのところへ行って、「ぼくはドイツ語があんまりしゃべれないのですが、やってよろしいですか」と訊いたら、「大丈夫だ、しゃべるのは相手で、おまえは聞いているだけだ」と言う。

しかし、やりだしたものの、やっぱりそんなにうまくいかない。そうしているうちに、その人が自殺未遂をしたんです。それで、ぼくはリックリンのところへすぐ飛んで行って、「彼が自殺未遂をした。問題は、自殺しそうだということをぼくがぜんぜん予想していなかったことだ」と言ったのです。それはそうですよね、もしこの人が自殺するんじゃないかと考えていて自殺未遂が起こったのなら別だけど、ぼくはなんにも考えていないのに自殺未遂が起こってしまうのは、分析家としては大失敗ですから。

そうしたら、リックリンが、そういう場合は自分がその人にすぐ会うと言うんですよ、命がかかっているのだから。そしてリックリンはすぐぼくのクライアントを呼び出して会ったんです。

それで、あとでリックリンのところへ行って聞いたら、彼はいろいろしゃべったけれども、最後に自分が彼に言ったのは、「あなたの話を聞いていると、自殺というのは非常にたいへんなことだというような言い方をされるけれども、そんなのは人類の歴史始まってから山ほどあったんだ。だから、あなたは自殺をしたかったら、その一人としてどうぞやっていただきたい。しかし、カワイがかわいそうだからカワイと関係なくやっていただきたい。だから、いますぐカワイの分析はやめたと宣言して、ユング研究所とは関係ありませんと言ってほしい。その上で死んでください」ということだと言うんです。

そうしたら、その人から電話がかかってきて、ぜひ続けてやりたいというわけです。まあ、本気ではないということをリックリンは見抜いているのですが、あれには感心しました。パッと会うというのもすごいことですしね。

しかし、そういうことを言うのは実際にはとても難しいのです。下手したら本当に自殺してしまうでしょうから。結局この人とは帰国するまで分析を続けます。

お金をもらって分析をする

あとの一年半はひたすら分析を続けました。二五〇時間どころか、ものすごくたくさんいろいろな人に会いました。中国人も、ハンガリー出身の人もいました。もちろんスイス人、日本人にも会いました。

二五〇時間というと、大変なことですが、お金をとってやるのが前提なのです。お金をとってやらないとそれは本物じゃない。しかし、高い金額ではないんですよ。

ふつうあのころ、正式の分析家の安い人で一時間二五フランぐらい、高い人は三〇フランとか四〇フラン、もっと高い一〇〇フランという人もありました。ぼくらのような研修生は一〇フランぐらいとったんじゃないかと思います。

そして、二五〇時間終わったら、あとの金はぼくがもらってもいいのです。二五〇時間までは、患者さんはユング研究所に納めるので、ぼくには入ってこない。ところが、二五〇時間して、経済的に困っているものは申請したらその金がもらえるんですよ。だから、終わりの頃にはちょっと金が入ってきた。

その制度はいまは変わっていると思います。他のこともいろいろ変わっていると思いますけれども、ぼくらの頃はそうでした。

スーパーバイザー

ところで、スーパーバイズについて、もう少し詳しくお話しましょう。

ユング研究所の場合、前にも言いましたけれど、中間試験に通ると、こんどは自分が他人を分析するという経験を少なくとも二五〇時間やらなければいけない。いまはもっと増えているかもしれませんが。これをコントロール・アナリシスといいますが、それには指導者、つまりスーパーバイザーがつくわけです。そして、少なくとも三人のちがうスーパーバイザーに頼まねばならない。なぜかというと、スーパーバイザーにはそれぞれ癖がありますから、一人だけだとパターンが決まってしまうので、少なくとも三人というわけです。ぼくはおもしろいから、もっと多くの人につきました。

初めのうちは、クライアントに一回会うと、一回スーパーバイザーのところへ行って、また一回会うと、もう一回スーパーバイザーのところへ行く。だから、初めは一人ですね。それがすごく大事なことなのです。

ぼくは、最初フレーさんにつきました。じつは、フレーさんはぼくの分析家で、「分析家とスーパーバイザーは分けろ」ということをよく言われる。なぜかというと、分析家はものすごく内面にかかわってやっているわけだから、いわゆる指導に近いスーパーバイザーとちょっとちがう。だから別人がするべきだと考えるのです。しかし、ユング研究所は、それでもかまわないという考え方なんです。そういうのをわりと平気で崩していく。それができないようでは話にならんという考え方が常にユング研究所にはある。

ふつうは、たとえば私が親子両方とか、夫婦両方ともに会ったりするということは絶対しないわけですね。来るほうもぼくも混乱してくるから。ところがユング研究所は、やりたかったらやってもいいという考え方なのです。そこのむずかしさをよく考えて、やるほうがいいと思い、やれると思うならやりなさいというように、ルールがわりと柔軟なのです。

これがアメリカの場合だったら、とくにアメリカのすごく杓子《しやくし》定規に考える人だったら、スーパーバイザーが分析家を兼ねていると、それだけでだめだという言い方をしますよ。そんなばかなことをやっているところはだめだと。チューリッヒのユング研究所はいつもその逆手なのです。むずかしいのを承知で、それを乗り越えたほうがいいと考えるわけです。分析を受ける場合もふつうは一人、一対一なのですね。ところが、いや、男と女と両方やったらいいとか、つねに少し意識的にルールをゆるくする。だから、私はいちばん初め、自分の分析家にスーパーバイズを受けたのです。

スーパーバイズのむずかしさ

はじめの頃に私がお会いしたクライアントはスイスの人でした。それも驚きでしたね。あの頃は、自分が西洋人を分析できるなんて思わないでしょう。まだ戦争の名残をぼくらは引きずっているわけだから、西洋人というと、なんとなく自分たちより上だという気がするのです。ところが、やってみるとちゃんとできるんですね。

でもなかには、ぼくにはすごくむずかしい人もいました。おもしろいのは、スーパーバイザーには、それがむずかしいとわかっているけど、ぼくには言わないんです。そして、一年ぐらいたったときに、「これはたいへんむずかしいケースだと思ったけど、おまえはよくやった」と言われて、初めてぼくにはわかるわけです。「そうだけど、非常にうまくいっているから言わなかった」と言いましたね。

このへん、スーパーバイザーの指導がすごくむずかしいのは、行くところをちゃんと見ておかなければいけない。だから、パッパッと正しいことを言ったらいいってもんじゃない。「これむずかしいぞ」なんて言って、それでぼくがビビッてしまったら、かえってだめですからね。だから、うまくいっているかぎりは黙っておこうと、そういうところはすごくうまかった。

ドクター・フレー以外に、マイヤーにも受けました。マイヤーのスーパーバイズというのは、ほとんどものを言わない。聞いているだけです。それで「ああ、よかろう」てなもんでしたよ。

ぼくが患者を分析するときの関係と、スーパーバイザーとトレーニングを受けている人との関係は、やっぱりどこかで似ていますね。つまりベーシックにはつねに人間の成長というか、人間の生き方を問題にしているわけだから、どちらもいわゆる知識の伝授ではない。たとえば、こういう知識を持ってやればうまくいくとか、そんなことないわけです。それよりも、分析の場合、クライアントとの関係のなかで生きているわけですから、そういう点では、スーパーバイザーとスーパーバイジーの関係とも似ているんだけど、やはりスーパーバイズを受けに行く場合のほうが知的な枠組みがありますね。理論的にいえばこういうことだとか、それから理論的に考えたらつぎはこうなるんじゃないか、とか話すわけですから。

われわれ分析家にとっていちばん恐ろしいのは、「アクティングアウト」、つまり行動化といって、たとえば気の弱い人が分析を受けているとだんだん強くなってきます。気が強くなってくるのはけっこうだけど、それを行動で出してしまう場合があるんですよ。今まで弱かった人が道で急に殴り合いのけんかをしたりしたら、下手すれば大《おお》怪我《けが》をするかもしれない。

それから、いままで何の気なしに生きていた人が、ものすごい罪悪感にとらわれたとしますよね、「こんなに自分は罪深い人間だったのか、死んだほうがマシだ」となりますね。その結果、自殺してしまうということすらありうる。だから、われわれはつねに行動化の危険性をいちばん注意しているのですよ。スーパーバイザーはそのところをすごく考えています。だから、行動化の可能性があるときには「ここは注意しろ」ということをかならず言います。それから「そういうことを話し合わないといけない」とか。ぼくらもそれをいまやっているわけですが、当時、スーパーバイザーがちょっ、ちょっと言うてくれたことが、すごい勉強になってます。

それぞれのやり方から学んだこと

研究所の所長のリックリンのスーパーバイズは、またちがっていました。彼はおもしろい人で、既に患者さんを二名もっていたぼくが「この人はこういう夢を見ました」って、一人の人の夢について話したら、リックリンがすっかり感激してしまって、一時間ぐらいバーッとしゃべりまくるわけですよ。それでふっと時計を見て、「もう終わり、帰れ」と言う。二人目のことなんてどこか行っちゃってる。そういうタイプの人もいます。

おもしろいので、ぼくはフォン・フランツさんとか、ヨランド・ヤコービさんにも受けました。ヤコービさんについてはおもしろい話があるんですが、その逸話はまた後ほどお話しします。ヤコービさんのスーパーバイズは、かたちよくピタッとするほうなんです。ぼくなんかは、クライアントがちょっと怠けたりサボったりしていても、そういうのを知りながらうまくやってゆくというやり方でしょう。ところがヤコービさんはといったら、「そんな怠け者はこんど来たときにバンバンとシビアに言え。文句を言うのだったら、そんな人には会わなくてもいいんだ」というわけですよ。

一方、マイヤーさんみたいにほとんど何も言わないというのは、うまいことといっていると思うからでしょうね。しかし、他の人に訊くと、相手によってはマイヤー先生もよくしゃべるときがあるようで、いつも同じではないようです。

そういえばある時、クライアントの中に釣りの夢を見た人がいました。それで、ぼくが、「釣りというのはたんに釣りじゃなくて、すごくおもしろい」と言うと、マイヤーが「そうそう」と応《こた》えたのですね。それでぼくは太公望の話をしたのです。中国には太公望という人がおって、真《ま》っ直《す》ぐな針で釣りをしていたと言うたら、マイヤーがむちゃくちゃに喜んで、「ああ、それは魚にディスターブされないようにしているということだな」と。そういう節目みたいなところでパッと言うことがとてもうまい。だけど、それ以外はだいたい黙っているんですよ。

逆にいえば、黙っているというのもなかなか大変なことで、いろいろなことを考えているんじゃないかと思います。だから、節目に言う言葉が、ちょっとした言葉にすぎないんだけど、印象的に覚えていることが多いですよ。

それから、これもすごく印象に残っているのですが、ユングは『易経』のドイツ語訳に序文を書いたりしています。だから、ユング派には易の好きな人が多い。それで易を立てたりしているのですね。それで、易の話が出たとき、日本では「当たるも八《はっ》卦《け》当たらぬも八卦」という言い方がある、つまり当たっても当たらんでも八卦に意味があると考えていると言うたら、マイヤーは「そこまではおれはついていけない」と言いましたね。これには感激しました。やっぱりこのおっちゃんでもだめなときはだめなんだ、とね。いつでもだいたい聞いているだけだから、いい加減に聞いているんとちがうかとさえ思っていた。ところが、「そこまで自分は追体験できない」と言う。言われてみたらその通りですね。「当たるも八卦当たらぬも八卦」なんて、変なことですよ。それも印象に残っています。

ですから、ふつうスーパーバイザーは三人のところ、ぼくはいろいろな人に受けておもしろかった。それを二五〇時間以上やって、全部についてレポートを出すのです。しかしもう終わりの頃は、レポートを書くのはほとんど苦にならなかったですね。英語で書いていたんですが、平気でバーッと書いていました。

いまから思えば、ぼくが自分で思っているよりは、スーパーバイザーの人たちは、ぼくを見込んでくれてたんじゃないでしょうか、いろいろ言われたことを考えると。というのは、日本人というのは人間関係がサッとつくとこがありますから。非言語的な世界に対してすごく開かれているから、西洋の人がむずかしいと思うような人に対してもスッと関係が成立するのですね。西洋の人だったら、関係を持つのはなかなかだという相手でも、ぼくだったらそういう関係が持てるわけですから。

これはぼくだけではなくて、当時アメリカへ行っていた日本人でもそういうことを言っている人たちは多かったですね。「おまえは患者との関係をすごくうまくつくる」と言われた、という人が多かった。

ところが、関係はスッとつくんだけど、そこから出てきたものを言語化して発表したり表現したりするのは日本人は下手なんですね。それでぼくは、箱庭療法というのはそれこそ日本人に向いていると思ったんですよ、これはもう日本人向きだとね。箱庭療法については、これを始めたカルフさんのことと関連して、またあとでお話ししましょう。

自分で道をつける

ところでユング研究所で当時、分析を実習としてやっている人は同じ時期に何人ぐらいいたのかというと、それがわからないのです。つまりきちんと制度化されているわけではないので、それとなく友だちになる人はいるけれども、いったい全体で何人いるかとか、全体の状況がどうなっているかはぜんぜんわからない。まったく個人ベースなんですよ。

ですから大学なんかのありようとはちがう。自分で分析家を探し、指導者を探し、すべて自分でやっていかなければいけないわけです。

そこが決定的にちがうわけですが、やはり一人単位ですからものすごく鍛えられますよ。ボヤボヤしていたらなんにもできない。おまけに「ホエン・ユー・アー・レディ」でしょう。だから途中でやめていく人もだいぶありました。試験に落ちる人もありました。あなたは分析家よりは他の職業につくべきだと忠告される例もあったようです。

アメリカのUCLAでは、大学院生としてやっていたのですが、ユング研究所に行ったら、そういうかたちでまったくちがう。クロッパーとシュピーゲルマンは、ぼくがアメリカの大学よりもユング研究所に向いていると判断したんですが、たしかにそうですよ。ぼくはわりあい勝手にするほうやから。

ザルツブルクでのドイツ語講習

ひとつ大事なことを忘れていました。中間試験に通って、これから自分で分析せないかんということになったとき、ザルツブルクに、四週間だったと思いますが、夏休みに集中してドイツ語の講習を受けに行ったのです。あれはたいへん役に立ちましたね。

ザルツブルクでは外国人ばかりで日本人はぼく一人ですから、ドイツ語でしゃべるよりしかたないし、それから民家に泊まるのですよ。ホームステイですね。ぼくはスウェーデンの人と一緒でした。

びっくりしたことには、あの頃のザルツブルクには風呂《ふろ》のある家はほとんどなかったんです。みんなときどき行水する程度なんですね。だから、ぼくらはよくプールへ行って泳いで風呂がわりにしていました。

そのときに、同じ受講生のイタリアの人たちと付き合ったのがすごくおもしろかった。というのは、男の人も女の人もとにかく明るいんです。ぼくもそういう人たちの中に入ったらパッと同調できるから、仲よくなった。そしてまだアメリカ留学の名残があってダンスができたから、一緒に踊ったり、安いワインを飲んで、毎日ドイツ語のばか話をやって、楽しかったですね。

それから、ザルツブルクだから音楽祭をやっていた。ところが、オペラなんかは高くて見に行けないので、安い室内楽とかそんなのばっかり聴いていました。それでもけっこうすばらしかったですよ。あのときたしかモーツァルトの『魔笛』を人形劇で見ています。本物のオペラのほうは敬遠して、ザルツブルクの人形劇。あれはぼくにとっては深く印象に残っていることです。

もうひとつおもしろかったのは、イタリアの連中とワーワーやっていて、あるときダンスに行ったんです。パッと入って行って、フッと見ると、一人異様なやつが向こうからくる。アッと思ったら、ぼくが鏡に映っているんですよ。つまりイタリア人と並んで歩いているところをパッと見たら、ぼくだけ異質なんですね、歩き方がちがうわけです。そのときに思いましたね。いや、この人らはこんなに一緒になってやってくれているけど、ぼくは本当はこれだけちがうんだ。また、逆にいうと、これだけちがうやつが飛び込んできて、よく付き合ってくれたなあという気もした。身振りというか、立居振舞がちがう。ちょっとギョッとなりました。

やはりカルチャーの違いというか、それはすごいなあと思いました。ぼくは例のごとくばか話がうまいから人気者になって、まるで皆を引き連れて遊び回っているみたいな感じだったのですけど。

それで本当にわかったのは、イタリア人と接して、外向のよさというものですね。ぼくら日本人はなんていっても内向的だと思うんだけど、外向というのはほんとにすばらしいということをあるところで話したら、マイヤーさんだったか、フレーさんだったか、よく覚えていないのですが、イタリア人は外向のよさそのものを持っていると言うのです。しかしそれに比べてアメリカ人は強制された外向なんだと。だから、自分はアメリカ人の外向性についてはちょっと嫌になっている、と言ったのです。それはものすごくうまい表現だと思いました。

夢が日本神話へと導く

それで、いよいよ資格論文を書くことになったのです。もちろん事例の報告とかも提出しますが、ぼくはその資格論文を日本の神話で書こうと思い始めたのです。

ところが、まだその当時にはものすごく抵抗があったんですよ。ぼくは戦争中に軍隊には否定的でしたから、日本の神話そのものに対しても抵抗があったんですね。それなのに、夢のなかではどうしても日本神話がテーマになってくるわけです。

で、日本神話をいろいろ読んでいると、ぼくがいちばん親近感を感じたのはスサノオなんです。あれは一種のトリックスターでしょう。反体制的で、思いがけない「悪い」ことなどして破壊的なんだけど、うまくゆくと新しい秩序の創造にかかわることになる存在です。その頃まだ、ぼくはトリックスターなんてことを日本で聞いたことはなかったけれども、スイスへ行ってから民族学とかいろいろ勉強しました。そうしたら、スサノオはトリックスターなんですよ。「おもしろいなあ」と思ってね。

そして、たとえば、スサノオをエジプト神話のセトとか、北欧神話のオーディン（ウォータン）とかロキとかと比べるとおもしろいなどと考えて、世界の神話をいっぱい読みました。

マイヤーにとうとう、夢分析の経過のなかで、日本の神話はほんとは嫌なんだけれども、「こうなったらもう日本の神話で論文を書くよりしかたないんじゃないかと思う」と言うたら、マイヤーが「日本人が日本の神話で書くのはあたりまえじゃないか」と言うんです。

「それはそうや」と答えたら、「ケレーニイに会え」と言うんですよ。そして、すぐ電話をかけて、「ケレーニイに会うようにしておいたから」と言うんです。そういうときはすごく迅速なんです。マイヤーはケレーニイと仲のよい友だちなんですが、ぼくにとってはケレーニイというのは大先生です。「そんな、ぼくが会うなんて……」と驚いてしまいました。

そして、マイヤーは「いまケレーニイと話したけれど、何月何日にチューリッヒの中央図書館の閲覧室に行ったら、ケレーニイがいるから会え」と言うんです。ぼくは「そんな……、だいたい、ケレーニイには一度も会《お》うたことがない」と言うたら、「いや、行ったらすぐわかるよ」と言うんです。「閲覧室に入ったらすぐケレーニイだとわかる、なんともいえない人物だから」とか言うてね。

思わず言った「太陽の女神」

それでぼくはケレーニイに会いに行ったんです。そうしたら、たしかにマイヤーの言ったとおりだった。やっぱりオーラかなんかがあって、普通とはちょっとちがうおっさんがいました。背は低かったけれどもね。

もうそのときはだいぶ年でした。それですごい白髪でね。入って行って「河合です」と言ってパッと見たときに、ほんとにリスみたいな目をしている人やと思いました。クリクリッとした目で、すごく輝いた顔をしていました。

ケレーニイはそのときたまたまスイスに来ていたんでしょうが、そのへんはよくわかりません。マイヤーがうまくアレンジしてくれて、そこへ会いに行っただけですから。

それで、「ここではなんだから喫茶店へ行こう」と言って二人で喫茶店に行ったのです。ぼくがコーヒーを頼んだら、ケレーニイは「ミルク！」と言うて、いちばん安い飲物を注文したのではないかと思いましたね。

ケレーニイが「何語で話しますか」と言うんですね。スイスではよくみんな聞くんです、いろいろな言葉を使っているから。それで、ぼくは「英語で」と言うたら、嫌そうな顔をしながら、「まあ、しゃべれないこともないが」とか言うているので、これはいかんと思うて、「ドイツ語もできます」と言ったら、「それならドイツ語でやろう」ということになりました。

そして、ケレーニイの第一声はといえば「どんな夢があなたをここに導いてきたか」という言葉なのです、直訳すると。

ケレーニイがそう言ったのです。それで「エーッ！」と思った。それでも、すぐぼくの見た夢を語り、なぜ日本神話をやることになったか、と話しました。そうしたら、ケレーニイがすごい喜んでね、「ぜひやれ」と言うんですよ。

「ところで、テーマは何にするのか」とケレーニイが質問をしたのです。そのときに、ぼくは思わず「ゾンネン・ゴッデス」と言うてしまったんです、なんでだか知らんけれども。スサノオで書くつもりやったのに「太陽の女神」と答えたんです。そうしたら、またケレーニイがすごく喜んじゃって、「それはぜひやったらいい、なぜなら世界のなかで太陽の女神はほとんどいないから」と言ったのです。

なぜそういうふうに答えたのか、自分でもわかりません。これもおもしろいことでしょう。ケレーニイの力でしょうか。

そして、ケレーニイは「ギリシアの場合も太陽は男だ。しかし、ギリシア神話では太陽の娘たちという格好で太陽のもつ女性性が描かれている。だから太陽も女性性をもっている。けれども、そういう格好でしか描かれていない。日本の場合は、太陽が女性で、直接的にそのことが語られている。ぜひ書きなさい」と言った。

詩を書くことと物語ること

それでぼくはちょっと自分のアイデアをしゃべったのです。もうだいぶ勉強していましたからね。たとえば、ネイティブ・アメリカンに太陽の女神があるとか、メキシコの場合とか、そんな話をしました。そうしたら、また急にケレーニイが「あなたは詩を書くか」と言うんです。ぼくは詩ってのはどうも読むのも苦手なほうなので、「詩はぜんぜんわかりません」と正直に答えました。そうしたら、「文献はあまり読まなくてよろしい。日本の神話を繰り返し繰り返し読みなさい。何度も何度も読んでいたら、あなたの心に自然に詩が生まれてくる。それを書いたら、それが最高の論文である」とケレーニイが言ったのです。それでぼくは「詩は書けないけれど、まあ、がんばってやります」てなことを答えて、それで別れたのです。

いまから思うと、ぼくは詩が書けないから、物語をいろいろと書いているんですね。まあ、似たようなもんですけれども。いまほどわかっていたら「物語るというのはどうでしょう」とか言ったと思うんだけど、そのときは「ハハアー」とか言うて、ひたすら恐縮するばかりでした。

ケレーニイのいろいろな著作は完全にそういうふうにできているんです。だから文献学的には批判されますね。しかし、ケレーニイは自分の詩を書いているわけです。そう考えたら、ケレーニイの文章はようわかります。あれはなんともいえんものですよね。

『ア・バー・オブ・シャドー』を読む

それでもうひとつ思い出しました。まだ資格をとる前、スイスで分析を受けはじめた頃のことです。

分析を受けかけた頃に、夢にコンロン（崑崙）が出てきたんです。コンロンというのは、伎楽面《ぎがくめん》の一つにあるものです。これは中国から日本に入ってきたけど、いまはあんまり詳しくわかっていない。実は狂言師の野村万之丞《まんのじょう》さんがすごく好きなんで、いま伎楽面を使ってなんかやろうとしています。それはともかく、ぼくはちょっとそのへんのことを本で読んで知ってたんで、コンロンが夢に出てきた。それはすごいシャドー（影）です。影というのは、簡単に言えば「その人の生きて来なかった半面」と言えます。私の生きて来なかった半面です。

それで日本文化のもっているシャドーというのはすごいとマイヤーに話をしたとき

に、彼が「この本を読め」と言うたのが、ロレンス・ヴァン・デル・ポストの『ア・バー・オブ・シャドー（*A Bar of Shadow*）』、『影の格子《こうし》』です（『影の獄にて』由良《ゆら》君美《きみよし》・富山太佳夫訳、一九八二年、思索社）。もちろんまだあのころ訳本はありませんが、「『ア・バー・オブ・シャドー』はユング研究所にあるから、借りて読め」と言われて、それでユング研究所で借りて、読みだしたらやめられなくなってしまった。電車に乗っているあいだも読んでいて、涙が出てきて困りました。あれも忘れられないことです。あまり感動したので、帰国してから書いた『影の現象学』のなかで、この本のことを取りあげて論じています。

ヴァン・デル・ポストとかケレーニイはユングの友人です。ユングの考えにしたがってついてきたというんじゃなくて、独立にお互いに知り合って友だちになった。ヴァン・デル・ポストはほんとにユングの親しい友だちだし、マイヤーとも仲のいい友だちでした。だからずっと友人として付き合っていたという感じですね。そして、マイヤーはヴァン・デル・ポストがものすごく好きやったんですよ。

あの本はぼくにとっても日本人のシャドーを考えるためにすごく役に立ちましたね。それからずいぶん年がたってから、チューリッヒであの有名な映画、『戦場のメリークリスマス』を見ましたよ。これは『ア・バー・オブ・シャドー』を映画化したものです。映画も素晴らしいものでした。

ニジンスキー夫人の日本語教師に

ところで、奨学金をもらっているからアルバイトはしないということを前に言いましたが、アルバイトというよりは、そのこと自体がおもしろいからした、ということがあります。分析家のヨランド・ヤコービさん、あの人から電話がかかってきまして、「ハンガリーの友人で日本語を勉強したい人がいる、だから日本語の家庭教師をしてくれ」と言うんですよ。「えっ?」と思って、「だれですか」と尋ねたら、それはマダム・ニジンスキーだと言うのですね。すごくびっくりして、「マダム・ニジンスキーって、あの舞踊家ニジンスキーの奥さんですか?」言うたら、「うん、そうだ」と言う。それでぼくはお金のためではなくて絶対にやりたいと思った。

そのロモーラ・ニジンスキーさんはいつも、たしかチューリッヒ駅前のグランドホテルに泊まるのです。それで、言われたとおり、そこへさっそく会いに行きました。

もうそうとうなお年でしたが、正確にはわかりません。六〇と七〇のあいだぐらいだったと思います。パーッと華やかなものすごく外向的な人で、とても喜んで、「自分は七ヵ国語できる。日本語をやりたいと思ってやっているんだけど、こんなにむずかしい言葉はない、今までのとぜんぜんちがう」と言うのですね。彼女ができるのは、もちろん英独仏、それからロシア語、ハンガリー語、ギリシア語、ラテン語とか、そんなものです。

これはおもしろいことだというんで家庭教師を始めるのですが、向こうはおしゃべり好きで、ぼくはまた話を聞くのがうまいほうだから、彼女はもう日本語のレッスンはそっちのけで、自分の人生のことをしゃべりまくるんですよ、それがまた大変おもしろい。

もちろん彼女に会いにいくというので、ロモーラ・ニジンスキーの書いた、『ニジンスキー』という本があるのですが、それをぼくも読んだりしました。それも大変おもしろい本なのですが、彼女自身の口から直接いろいろと聞くのは本当にすごいことでした。

分裂病（統合失調症）の夫とともに

彼女はハンガリーの貴族なんです。それで、バレエ・リュス（ディアギレフの率いるロシアバレエ団）がハンガリーに来たときに、ニジンスキーの踊りを見たとたん、「この人と結婚する」ともうきめてしまった。どうもぐり込んだか知らないけれど、バレエ・リュスの踊り子になってしまうんですよ。

そしてその舞踊団のいちばん下のところで、その他大勢として踊りながらニジンスキーにプロポーズする機会をずっと狙《ねら》っていたんです。すごい人ですね。

もちろん、これは彼女から聞いた話じゃなくて、ぼくが読んだ本に出てくるんですけど。そのへんはさすがに彼女も言わなかった。それで、彼女はそうして踊っているうちにわかるんだけど、ニジンスキーは団長のディアギレフと同性愛関係だった。それは有名な話です。彼女はそれを知っても、それでもずっとチャンスをうかがっていた。たしか、あれはアメリカへ渡る船か、アメリカからヨーロッパへ帰ってくる船か、その船のなかで彼女はプロポーズするのですよ。そうすると、ニジンスキーは部屋に入って、ドアを閉めてしまって出てこないんです。ダンサーのほうのニジンスキーは超内向人間です。そして、奥さんのほうは超外向人間なのです。

ところが、ニジンスキーは「結婚する」と答えたのです。それで、二人が結婚したとたんに、ディアギレフはものすごい迫害を始めるのですね。その迫害に耐えながら、それでもニジンスキーは自分で舞踊団をつくって踊るのです。たとえば、『牧神の午後』なんかは有名ですね。もちろんストラヴィンスキーのものはそれ以前から踊っていたのですが、『春の祭典』を踊ったりして、それなりに地位を獲得していく。しかしニジンスキーは分裂病（統合失調症）になるのです。

そのときは、奥さんの話によればすごくて、スイスに有名な保養地があるのですが、そこに彼女が住んでいたときに、雇っていた召使――男か女か忘れました――が「奥様、ほんとに言いにくいことですけれども、ご主人は絶対に精神の病を病んでおられます」と言うのです。夫人は常に夫と親しくしているからそんなふうに思わないですよね。「どうしてそんなことを言うのだ？」と訊《き》くと、その召使が「自分が前に仕えていた旦那《だんな》と言動が同じ感じがする」と言うんです。「前はだれのところに行ってたのか」と質問したら、「フリードリッヒ・ニーチェという人だ」と答えた。「ニーチェさんと同じようなことをされるので、絶対に精神病です」と言うのです。そう思って見ていたら、やっぱりだんだんおかしくなってくるのですね。

それで、彼女はとうとう思い切ってニジンスキーを連れてオイゲン・ブロイラーのところに行くのです。オイゲン・ブロイラーはチューリッヒ大学のプロフェッサーで、ユングなどと一緒に仕事をした人です。ブロイラーの診察を受けたら、ブロイラーがしばらく話したあとで、「大丈夫ですよ。こんなの、ぜんぜん問題ありません。まあ、しかし、落ち着いた生活をしてください」てなことを言って二人をいったん外へ出して、それから「奥さんだけ来てください」と言う。彼女が行ったら、「まことに残念ながら、現在の医学ではあなたのご主人を治すことはできない、精神分裂病だ」と言うのです。そして、そのつぎがすごいんですけれども、ブロイラーは「わたしはあなたのご主人の人生をよくすることはできないけれども、あなたの人生をよくすることはできる」と言うんです。「どういうことですか」と訊くと、「いますぐ離婚しなさい。いますぐ離婚して自分の人生を歩みなさい。彼と一緒にいるかぎり、病気はずっと治らないんだから」とブロイラーが言うのです。

それを聞いたとたんに、ロモーラ・ニジンスキーは決心して、「もう治らない精神病でも自分は一生夫婦でいる」とそこで断言するのです。ブロイラーが「それなら、これはまったく個人的なことだからあなたの決意を尊重したい。しかし覚悟はしてください、絶対治りませんよ」と言うんですね。それでニジンスキー夫人が「ありがとうございました」と言って部屋を出て行くときに、ブロイラーは「しかし、奇跡ということはありえます」と言ったのです。だから、分裂病（統合失調症）は治らないけど、奇跡的に治ることもあると、これは当時のブロイラーの考えですね。

ビンスワンガーのもとに

それを聞いて、彼女はニジンスキーを連れて、有名なセラピストのところを順番に訪ねて行くのです。フロイト、ユング、アドラー、ロールシャッハ、みんな訪ねて行っています。その行動力はたいしたものですね。それからお金を持っているしね。アメリカのだれかとも会ったと言っていました。ともかくそういう有名な人みんなに会っているのです。

フロイトは小さいおじさんで、あんまり印象に残らなかった。ユングはセラピストというよりも学者という感じがしたと言っていました。もちろんニジンスキーはその頃はもう一言もしゃべれなかったので、奥さんだけがいろいろしゃべるのです。ロモーラのほうが自分の夢の話をしたりしたら、ユングがスッと席を立って、ものすごく大きな本を持ってきて、そういうテーマはこれだとか、ワーッてしゃべりだす。それがプロフェッサーみたいな感じで、該博な知識を持っている人だという感じがした。けども、彼女としては夫を任せられないと思ったんでしょうね。

それで、こんどはアドラーのところへ行くのです。アドラーはすごい説得力のある人間だと言っていました。アドラーの話を聞いていたら、アドラーが絶対に正しいと思わざるをえないようなすごい説得力がある。そうではあるんだけど、それでも彼女はこの人は合わないと思うんですね。

そうして結局、だれのところに行ったかというと、ルートヴィッヒ・ビンスワンガーだったのです。ビンスワンガーというのはなかなかおもしろい人で、ユングがいちばん初めにフロイトに会いにウィーンに行ったとき、一緒に行っているのです。ユングとすごく仲がよくて、ユングの言語連想の実験なんかをビンスワンガーがやって論文を書いたりしているぐらいです。けれども、ビンスワンガーは、人間的には親しかったのですが、どちらかといえば、考えはフロイトに近くて、ユングにはつかなかった人ですね。

そのビンスワンガーがやっている病院がクロイツリンゲンというところにあるのです。ベルヴューという名前の病院で、その病院は、ビンスワンガー一派の人がやっています。ビンスワンガーの親族はもうみんな精神科医なのです。わりとユング研究所とは仲がよくて、ぼくらもよくそこへ実習に行ったりしたことは、前にも言ったとおりです。

夫人はそのルートヴィッヒ・ビンスワンガーがいちばんいいと思って、ニジンスキーをそのベルヴューに入院させるのです。ビンスワンガーにお任せしようと思っていたのです。

ところがそのうちに、年代は覚えていないのですが、ビンスワンガーの長男が自殺する。そのときの衝撃は忘れられない、と夫人は言っていましたね。というのは、いろいろな人がビンスワンガーを頼ってきていたわけでしょう。ところが、その人の息子が自殺したのですから、みんなものすごく動揺したそうです。それで、どうしようかとずいぶん迷ったのですね。

じつは、そのビンスワンガーの息子の自殺が契機になって、ビンスワンガーは「現存在分析」ということを言いだすのです。どういうことか簡単にいってしまえば、そのときの一回かぎりのこと、存在そのものが非常に大事であって、いわゆる自然科学的に簡単に説明したりするということはできない、という考え方ですね。

それはニジンスキーの奥さんと話をしていて、ぼくはハッとそのとき気がついたのですが、要するに、その頃だったらフロイトもユングもそのへんは曖昧《あいまい》で、彼らはやっぱり科学をやっていると思っているのですね。科学的に心の問題はどんどん説明できる、と。そうすると、まだその当時のことですから、どんな現象でも分析すれば原因がわかるという考え方でやっていくことになりますよね。

そこで、たとえば、だれかが自殺すると、その原因は何かということになります。

そうすると、これは父親がどうだった、母親がどうだった、なんだかんだとか言うでしょう。しかし、ビンスワンガーはもうそれはしないと宣言したんだ、とぼくは思ったのですよ。

要するに、他人のことは分析したり、何が原因で何が結果だとか言えるけれども、自分のことというのはそんなことではない。患者さんが自分のことを必死に考えているときに、他人がとやかくその原因とか結果とか言うのはおかしい、ビンスワンガーはそこから出発したのじゃないかと思ったのです。つまり、自分の息子の自殺の原因を考えだすと、人はいろいろ言うし、自分でも考えているでしょうが、そんなものではない。息子は死んだんだという事実、それがほんとに大事だ、というふうに思ったんじゃないかとぼくは思う。これはぼくの推察です。ぼく自身も、自殺した人の「心理」について原因―結果で説明するのは好きではありません。

それで、そこからビンスワンガーも「現存在分析」に非常に深く入っていくので、ニジンスキーたちも動揺したんだけど、結局、病院から出ることなくそこに留まるのです。こういうすごい話を、これまたニジンスキーの奥さんから直接に聞くから、なんともいえない感じでしたね。

そしてニジンスキー自身は残念ながら最終的には治らなかったのですが、発病後にたしか二度だけしゃべっているのです。いっぺんはバレエ・リュスで一緒だったミハイル・フォーキン（舞踊家・振付師）が訪ねて行ったときしゃべった。二へんめは、第一次世界大戦中のことだったと思いますが、ソ連の兵隊があのあたりまできて、クロイツリンゲンの病院に入り込んでくるのです。ソ連兵に会ったときにロシア語でしゃべっているのです。その二へんだけしゃべっている。そのあとは、彼自身とてもおもしろい絵を描いているのです。それから手記もあります。それはそうとう宗教的な内容ですね（『ニジンスキーの手記』『その後のニジンスキー』『ニジンスキーの手記　完全版』など）。これも奥さんから聞いた話ですが、彼は非常に深い宗教的な世界に生きていたのかもわかりませんね。だから、そういう観点でニジンスキーの手記を見ている人がいると思います。

ニジンスキー夫人との印象的な会話

ニジンスキー夫人にぼくが日本語を教えたというところに戻りますと、彼女の家に入って行くときにぼくが「グッドモーニング」って入って行ったら英語をしゃべるし、「グーテンモルゲン」と言って入って行ったらドイツ語をしゃべるし、意識していないのですね。ぼくとしゃべっているあいだに電話がかかってきてハンガリー語でバーッと応対していると思ったら、電話を切ったあと、ぼくにもそのままハンガリー語でしゃべるんですよ。「ちがうちがう」言うたら、「ああ、申しわけなかった」って。本を読むときでもロシア語とハンガリー語と英語とドイツ語は、それが何語かと意識せずに読んでいると言っていました。そのぐらい外向的で大変な才能の持ち主なんでしょうね。

日本語はどんなかというと、たとえば「あの人は性格の悪い人でありました」とか、そういうことは言えるんです。それがまたほとんどの人がみんな性格が悪いんですよ。ところが、ニジンスキーの奥さんがほめる人が出てくるのですね、性格の悪くない人が。それが日本の秩父宮《ちちぶのみや》妃殿下なんです。すごくほめていました。どこかで会っているんですね。

それともうひとつは、ニジンスキー本人は日本が大好きだったんです。それで、冗談で歌舞伎《かぶき》役者の真似《まね》なんかしていたらしい。その所作を真似したりして。絶対に日本に行きたいと言っていたそうです。

そのこともあるし、秩父宮妃殿下のこともあって、彼女は日本に来るのです。そして、日本を旅行していて、宝塚の少女歌劇を見るんですよ。少女歌劇を見ていたら、奥さんに言わせるとニジンスキーそっくりの人物が舞台で踊っている。それが有名なA・Tさんですよ。それでものすごく彼女に惚《ほ》れ込んだのですが、A・Tさんは日本語しかしゃべらないでしょう。だから、こんど行ったときには日本語でしゃべりたいと考えたのです。

日本語でしゃべってびっくりさせてやりたいというのと、できたら日本語で手紙を書きたいというので、ぼくはニジンスキー夫人のA・T宛《あ》ての手紙をだいぶ代筆しました。彼女が英語で言うのを日本語に訳して、最後に彼女が片仮名で自分の名前を書くんですよ。A・Tはびっくりしていたと思いますよ、日本の字で手紙が来たと。「マイ・ハズバンドにそっくりの人物が舞台に立っていて仰天した」と言っていたのは、どういう意味なのか、それがある程度わかる気がするのは、少女歌劇は女性が男性になっていること。だから、両性具有的なものがあるのでしょう。ニジンスキー自身も同性愛の人ですから、そのへんに直感的になにか深い関係を見たんじゃないかと思うのです。

そういうふうにニジンスキー夫人の話にはビッグネームがいっぱい出てくる。指揮者のイゴール・マルケビッチとか、みんな彼女に言わせれば性格が悪いんですけれどもね。野口英世《ひでよ》ともアメリカで付き合ったと言っていました。

そういうような話をいろいろしゃべるだけでなく、ずいぶん気に入られたらしく、ぼくの家にも遊びにきたりするのです。そうしてぼくがスイスから帰る直前の頃のことですが、いつものようにしゃべっているうちに、ふだんのパーッと華やかな雰囲気がすっかり変わって深刻な顔をして、「これはだれにも言っていないけど、あなただけに聞きたいことがある」と。どういうことかというと、ディアギレフと同性愛関係を保つことによってニジンスキーは踊り続けることができたんじゃないか。そこに自分が入り込んで結婚したために、ニジンスキーは分裂病（統合失調症）になったんじゃないか、それをおまえはどう思うかと言うのです。それに対してぼくは、「人生のそういうことは、なになにしたのでどうなるというふうな原因とか結果で見るのはまちがっているのではないか。ニジンスキーという人の人生は同性愛を体験し、異性愛を体験し、ほんとに短い時間だけ世界の檜《ひのき》舞台にあらわれて、天才として一世を風靡《ふうび》した。しかしその後一般の人からいえば分裂病（統合失調症）になってしまった。しかし、ニジンスキーにとっては非常に深い宗教の世界に入っていったということもできる。そういう軌跡全体がニジンスキーの人生というものであって、その何が原因だとか結果だとかいう考え方をしないほうがはるかによくわかるのではないか」と言ったのです。そうしたら夫人はものすごく喜んだ。「それを聞いて自分はほんとにホッとする。このことはずっと心のなかにあったことだ」と言っていましたね。ぼくはそういう話ができてほんとによかったと思います。

日本に帰ったあとも手紙が来たりしましたけれども、それから切れてしまいましたね。ぼくのほうがあまり熱心じゃなかったから。

実在の人物のことだから今まで黙っていたのですが、もう話をしてもいいんじゃないでしょうか。ぼくにとってもすごく大事な体験でした。

コーラ先生

ほかに人物的におもしろい人と言えば、一人印象に残っている人がいます。それはコーラ先生という方で、チューリッヒ大学の神学の教授です。このコーラ先生もまた日本がすごく好きな人です。

そのコーラ先生は、チューリッヒにハウス・デア・ベゲーグヌング（出会いの家）というのをつくって、いろいろな国の学生を泊まらせて、勉強させていました。自分の金でやっているんですね。奥さんは、ネリー・コーラさんというのですが、この人もすばらしい人でした。そのネリーさんがみんなと一緒に食事をしたりなんかする。

そのなかに、日本から内田伊佐男さんという人も留学していたんです。内田さんを通じてコーラさんを知ったのか、コーラさんを知って内田さんを知ったのか、それは曖昧なのですけど、これはもうチューリッヒ留学の終わり頃のことです。コーラさんのところに行って、よくしゃべりました。コーラさんは日本人とか日本の宗教とかに関心があったから、そういう点で話していておもしろかったですね。たいへんざっくばらんな人で、日本では同志社大学でもたびたび教えておられた。

それで、コーラさんの言った言葉ですごく印象に残っているのは、「日本のクリスチャンは孔子様に白ペンキを塗ったような人が多い」ということです。なかなか本物がいないと言っていましたけれども、それは日本人がキリスト教を本当にわかるというのは、どんなに大変なことかということなのでしょう。

ところで、内田さんがスイスの方と結婚するのです。それでいま二人は三重県で教会をしておられるのですが、その奥さんがぼくの『昔話と日本人の心』をドイツ語に訳した人です。『明恵《みょうえ》　夢を生きる』も訳されたし、いまは、最近出した『紫マンダラ』(二〇〇〇年、小学館)を訳すと言ってがんばっておられます。ほんとにありがたい話です。

そして、もうひとつコーラさんで思い出があるのは、有名な保養地のダボスのほうに山荘を持っておられたのです。いろいろ話をしているうちに、ぼくは金がぜんぜんないから、なんにも遊んでいないということがわかったのですね。そうしたら、コーラさんがものすごく残念がって、「せっかくスイスにきながら、スイスの山をあまりにも知らないというのは気の毒だ、だから自分の山荘を貸してやる」と言うんですよ。それは非常にありがたいことで、しかもコーラさんは日本が好きだから日本式の風呂《ふろ》をつくっているんです。ダボッと肩まで入れるように。

スイスの冬というのは、要するに、陽がぜんぜん照らない生活です。ちょっと薄陽がさすだけでも喜ぶくらい。ところが、山の上に行ったらもう陽が燦々《さんさん》と照っている。そりゃ高い山の上ですから。だから、みんな冬は山へ行って日光に当たることをしているんです。日本から来た人間がそれをまったく経験せずに帰るというのは気の毒だから、ぜひ行ってくれと言われて行きました。山で陽に当たったことはすごく印象に残っています。橇《そり》に乗ったりして、スイスの冬山のよさをコーラさんのおかげで体験した。そういうことをしてくれた人です。

あと、コーラさんは日本へよく来られたから、ネリーさんともずっと付き合いがありました。

バイリンガルについて

ぼくはアメリカ、スイスと留学しましたから、それ以後もアメリカとスイスには何度も何度も行っています。これは、その結果としての個人的な意見なんですけど、バイリンガルということがスーッとできる人と、ものすごくできにくい人とがいるんじゃないかとぼくは思っているんです。

これは音楽といっしょですね。つまり小さいときから音楽をやっても、みんなできるようになるわけじゃないでしょう。たしかに小さいときからやることは大事です、できる人にとっては。たとえば、一〇歳過ぎてからピアニストになるといってもむずかしいのだから、小さいときからやるのは大事だけど、三歳からピアノをやったら誰でもピアニストになれるわけではない。苦しんでばかりいる人だっているわけですよ。あれに近いようなものがあると思っているのです。

だから、バイリンガルをやりたい人はやってもいいけど、子どもをよく見て、無理と感じた場合はやめたほうがいいと思います。というのは、そういうことをやって、あとで精神的な病になる場合がある。そして、ほとんどの場合、ぼくはちがうと思うんだけど、大方の精神科医はみんな分裂病（統合失調症）だと診断します。

ぼくはバイリンガルの苦しみとは、言ってみればバイカルチャーの苦しみだと思うのです。二つのカルチャーにひきさかれているわけです。自分の中にある、その日本のカルチャーとスイスのカルチャーを二つに切るなんていうことは、大変なことだとわかっているから、その重圧からすればこのぐらいの病になっても当然じゃないか、なんとか治せるんじゃないかと思うけど、多くの場合は、スイスでもアメリカでも、他の国でもそうだけど、お医者さんの診断は全部分裂病（統合失調症）です。非常に優秀な人もだいぶぼくは知っているのですが、ある種の人にとっては、バイリンガルというのはたいへんな問題になると思うのですね。

しかし、本当にむずかしいのは、バイリンガルをどんどんできる人もいるわけです。実際スイスイとやってそれを職業にしている方もおられるし、それこそニジンスキーの奥さんじゃないけど、意識しないで七ヵ国語を操っている人もいるんですね。だから、バイリンガルがいけないとはけっしていえないけども、注意深くしないと危険なのではないかという気持ちはありますね。

これは言っている人はあまりいないけれども、ぼくがいろいろな人を見て思っているのと、ぼく自身も二つのカルチャーのなかでいろいろ苦労していますからね。これは下手したら自分自身がまさに分裂するんじゃないかと思うわけです。ぼくは日本の昔話の「片子《かたこ》」について書いています。これは半分人間で半分鬼の子の苦しむ話ですが、バイリンガルは下手をするとこのような苦しみになるわけです。このことはまったく個人的な意見で、一般的なこととしては言ったことがないのですが、ちょっと言っておきたいなと思います。

資格論文のテーマ

ところで、ユング研究所での資格論文は、最終的にアマテラスについて書くことにしました。ところが、アマテラスについて考えているうちに、じつは中心はアマテラスではなくて、日本神話は中空構造になっているということにだんだん気がつき始めるのですけど、論文はいちおうアマテラスを対象にして書いたんです。

資格論文以外に、いろいろレポートも書くのですが、あんがいスラスラ書けて、だいぶ英語が上手になったと思っていたら、論文がなかなか書けない。つまり、日本的なことがらを英語にするのは難しいのだ、ということもわかりました。

論文試問のときにはマイヤーがものすごく喜んで、「このペーパーは六〇歳の人間が書いたようだ、ここには六〇歳の知恵がある」と言ってくれました。そして、この論文の内容を日本人に絶対知らさないかんと言われたんで、ぼくは「いま日本に帰って神話の話をしたら右翼とまちがえられるかもしれません。だから、いつかかならず本を書くけども、いまはできない」と答えたのです。それに対してマイヤーは「わかった、ゆっくりやったほうがいい」と認めてくれました。

それからずいぶん時間が経過しましたが、ぼくはいわば最後の仕事として、これからそれを書くつもりです。

ユング研究所の資格をとるための必要な論文として、いろいろな人がいろいろな文化からやってきて、自分の好きなテーマを選ぶわけです。そして試験官もこっちが選べるんです、もちろんある程度の人数はきまっていますけれどね。

だから、テーマについていえば、ほんとにいろいろです。自分のケースを大事にして書く人もいるし、もちろん昔話や神話の分析もあるし、あるいは、たとえば、「目」について、そのシンボルについて書くという論文もありました。やはりシンボリズムとかが中心的なテーマになることが多いですね。それでも、たとえば「分裂病（統合失調症）の治療について」ということで書く人もいます。日本人で書いた人もいます。そういう臨床的なことで書く人もいるわけです。

ヨランド・ヤコービさんのこと

そして最終的な資格試験があります。それはどんなものかというと、これも口頭試問で、九科目ほどありましたが、そのときに、じつに印象的な経験をしました。それはひと昔前に書いたんですけど（『図書』一九七五年四月号）、あれがぼくにとってはいちばん印象的でした。

試験官の一人にヨランド・ヤコービさんがいたのです。前に、スーパーバイズを受けたことをお話しましたが、この人がまたおもしろい女性で、ハンガリーの貴族なんです。ところが、ハンガリーに来たユングの講演を聴いて、いっぺんにほれこんで、ユング研究所へ行って勉強したいと、ユングに手紙を出したわけです。すると、ユングが「まず博士号をとってください。その上でスイスへ来てください。それだったら引き受ける」と答えたのですね。

彼女は貴族なのにブダペストの大学に入って勉強して、もうちょっとで博士号をとるというところまでくる。そこへナチスが攻め込んでくるんです。ヨランド・ヤコービはユダヤ人なので身の危険を感じます。すぐユングに手紙を出して、「ナチスが入ってきた、どうしても自分はあなたのところへ今すぐ行きたい」と言ったのですが、ユングからは「博士号をおとりください」という電報が送られてきた。それでヤコービはちょっとのすきに死物狂いで博士号をとって、チューリッヒにやってきた、そして分析家になったという経歴の持ち主です。やっぱりすごい人ですよ。

だけど、ヤコービさんという人は、ユング派にもときどきそういう人がいるけど、ものすごくわりきって考えるタイプの人なんです。ぼくなんかはユングはわりきらんから大好きなんですけれどね。ところが、彼女はこれはこれ、あれはこれというふうにすごくきまりきった考え方をする人で、そういうスタイルの本も書いています。ぼくが読むと、いったいなんと単純な、と思うけど、それが好きな人もいるわけです。そういう意味でぼくはヤコービさんをあんまり好きじゃなくて、よう文句を言うたりしてたんです。その彼女が試験官の一人になった。

ヤコービさんは絵の解釈の専門家なので、その科目の試験ではかならずヤコービさんが試験官になるのです。

ユング理解で真っ向から対立

試験を受けるまでにもおもしろい経緯がありますが、それは省略して、ともかく試問のときのヤコービさんの第一声が「セルフのシンボルにはどういうものがあるか」というんですよ。それに対して、曼陀羅《まんだら》とか宝石とかなんとか答えればいいんです。ところが、ぼくは、そのときのことをよく覚えているけど、日本語の「森羅万象」という言葉がフッと思い浮かんだんですね。それで、森羅万象やから英語で「エブリシング」と言うたんです。そうしたら、ヤコービが「全部か、この机もそうか」と聞くんですよ。それでぼくは「この椅子《いす》もそうや」と言うたんです。

それで、ヤコービさんはわりきって考える人だから、セルフの象徴はこれ、あれはこれというふうで、つまりぼくはなんにもわかっていないのだ、と思ったわけです。

それでもヤコービさんもあまりけんかしちゃいかんと思うし、ぼくの分析家であるドクター・フレーも横についている。そして、ドクター・フレーが横からなだめてくれて、話がうまいこといきかけたと思ったら、またけんかになるんですよ、だいたいが二人の考え方が反対やから。結局、二人でものすごいけんかになって、一時間中論戦したんです。論戦というよりも、けんかに近いですがね。

それで試験が終わって、「これは困ったな」と思ったけど、「まあ、しゃあないや」とあきらめたのです。つぎにドクター・フレーのところへ分析に行ったら、ヤコービさんがこんなふうに言ったというのです。「カワイはなんにも知らない、最も基本的な知識さえ知らない。しかし、彼は日本からはるばる来たのだし、知識はないけれども、なかなか深いフィーリングをもっている。だからお情けで通すことにする」と。

それを聞いてぼくはおかしいと思った。そんなフィーリングとか知識の問題じゃなくて、これはユングの理解に対する根本的問題だ。そんなことでぼくは退けない。だから、「そんなこと言うんやったら資格はいらん」と言ったんですよ。ぼくはもう河合隼雄《はやお》で生まれてきたんやから、ユング派とかなんとか飾りはいっさいいらないから、いらんと言うたんです。

それを聞いてドクター・フレーは、「そんなことを言ったら、ヤコービさんってすごい性格の人だから、むちゃくちゃに言うにきまっている」と心配してくれるのです。そやヤコービさんはパスといっているのだから、このままにしておけと言うのです。そうけど、ぼくはユングをこういうふうに理解しているんやから、ヤコービさんとちがうんですから、その点ははっきりしてもらわないと困ると抗議したのです。そうしたら、ドクター・フレーが「よし、もう正面からけんかすることにしよう。そのかわりに資格はもらえないかもわからないから覚悟しろ」と言うから、ぼくは「そんなもんいらん、いらん」いうて元気よく帰ったんです。

資格審査会でも大激論

しかし、家へ帰ったらものすごくげっそりしてね。考えてみれば、そこまでたどりつくのにえらい苦労をしてきたわけですからね。

というのは、これがもう最後の試験なんです。論文も通っているし、「資格を持って日本に帰ります」とみんなに言うているじゃないですか。言うておいて、「じつはとれませんでした」ってわけにいきませんからね。いくらヤコービさんとけんかしたからといったって、みんなどうせ「試験に落ちたのだ」と思うだけでしょう。それで、「えらいこと言うてしもうたな」思うて、あのときは本当にデプレッション（抑うつ状態）になりましたね。一生懸命やって、最後はやっぱり、日本人にいわせたら「結局、だめでしたねえ」いうことにしかならへんじゃないですか。

それで、やっぱりヤコービに謝りの手紙を書こうと思い直して、「あんなことを言うたけども、やっぱり資格がほしいから……」と書きだしたのです。ところが、書き進むにつれて、手紙の文章がますます激烈になってくる。「おまえはぜんぜんだめだ」とかね。結局この手紙は出しませんでした。こんなことしたらよけいあかんわ思うて。それで「もうええわ」思うていたら、試験の委員会が大論戦になるんです。それで、結局、資格をもらうことになるんですけどね。

どんな議論があったのか、あとでいろいろ教えてもらいました。ぼくはそれを聞いてすごくおもしろいと思ったのは、バーバラ・ハナーという人がいる。前にも言いましたけど、彼女はフォン・フランツと友だちで、ユング研究所ではたいへん人気がある人です。イギリス人ですけれどね。ところが、バーバラ・ハナーもユング大先生をたてまつるタイプです。ぼくはそれが嫌いだからバーバラ・ハナーの講義をいっぺんも聴かなかった。ふつうはみんな聴きに行っているんですよ、人気があった人ですからね。

バーバラ・ハナーにしたら、あの日本人は自分の講義にぜんぜんこない、ということを知っているわけです。そのバーバラ・ハナーが、ヤコービが「絶対に通さへん」と言うたときに、「あなたはどういう質問をしたのか」と聞いたんだそうです。それでヤコービが「セルフのシンボルはなにかと聞いた」と言ったら、ハナーは大笑いして、「おまえがそんなあほなことを質問するから、カワイはあほなことを答えたんだ」って言った。つまり、「だいたい、質問が悪い」と言ったわけですね。それで試験の委員会は三時間ぐらいかかったそうですよ。それで、とうとうぼくに資格をやってもいいということになって、それでもらうことができたんです。

「これをアレンジしたのはだれか」

あの頃は、資格をもらう人は年に二人か三人でしたから、もらったら所長主催のパーティがあるんです。ユング研究所の所長のリックリンがパーティをしてくれる。それで、ぼくはそのパーティに出かけて行きました。そうしたら、リックリンが「じつはわれわれ一同はおまえがあんまりスイスイとなんでもこなしてしまうので、イエスマンなのではないかと心配していたんだ。最短距離で全部パーッとやってしまうからね。ところが、最後にユング研究所がつぶれるほどの〝ノー〟をあなたは言った。それで資格をあげることにしました」と言ったのです。それも気が利《き》いていますね。

それでおもしろかったのは、パーティから帰ろうと思ったら、ヤコービがぼくのところにやってきた。帰りがけにカードを持ってきて、「このカードを帰ってから開いてみよ」と言うんですね。また文句でも言いにきたのかなと思ったけれど、もらって帰りました。それで帰って開けたら、ものすごくきれいなバラの絵に「コングラチュレーション！」と書いてあったのです。彼女もまたすごいと思いました。

そういえば思い出しましたけれど、ヤコービとけんかしてぼくが資格を「いらん」

言うた話をマイヤーにしたら、彼が喜んで、「あいつはユング研究所のカスや」ってもうボロカスに言うんですよ。「ヤコービは特別で、ぼくもいろいろやられた」と言うのです。

ある時、ユングがものすごく怒ってヤコービを蹴飛《けと》ばしたものだから、ヤコービが二階から下まで落ちたことがあると言う人がいるけど、「そんなことあったのですか」とたずねたら、マイヤーは、「うん、それはほんとうだ」と言ってましたね。そんなことがありながら、ユングはヤコービの存在価値もちゃんと認めているのですね。ここがユングのおもしろいところです。

それで、まあ、資格をもろうたんだけど、考えたら、この一連の事柄は非常にうまいことといっているんですよ。資格をもらうための見事なイニシエーションになっています。そのときですよ、マイヤーが「これをアレンジしたのはだれか」と言ったのです。別にヤコービがアレンジしたわけでもないし、フレーがしたわけでもないし、ぼくがしたわけでもない。だれがアレンジしたわけでもないけど、ものすごく見事にできている。それで「アレンジしたのはだれか」と質問するんですよ。

その話をしたら、哲学の上田閑照《しずてる》さんが喜んで、「それはええ質問や」言うてね。それで、「質問には答えんでもええ」と言うんですよ。しかし、そういうことを考えてみるというか、そういう姿勢で臨むということが大事なんだというわけです。マイヤーも答えないんですよ、「アレンジしたのはだれか」と言うだけなんです。このとき、上田さんに「答は問処《もんしょ》に在り」という禅の言葉を教えてもらいました。ピッタリですね。

結局、みんなが死物狂いで好きなことをやっていたら、うまくいっていたということです。そういう意味では本当にすごいイニシエーションになっているわけです。そういうことができるユング研究所はすごいなと思いました。

アマテラスは自分の心の中に

ところで、ひとつ非常におもしろいのは、この話のなかで女性が日本の社会ではちょっと考えられないような役割を果たしていることですね。いままでずいぶんたくさんの女性が登場してきました。ドクター・フレーとかハナーさんとか、ヤコービさんもそうだし。

そのこととの関連でいうと、当時のことなので、ぼくは女性に分析を受けるのは最初はやっぱり抵抗を感じたわけですよ。日本人だから、女性のほうが自分より上の人っていうのはなんか抵抗があるんですね。初めはちょっとそういう気でいたけれども、しかし、実際ドクター・フレーに会ってみると、まったくちがいました。

そして、ずいぶん時間がたったときに、ぼくはドクター・フレーがアマテラスだという夢を見るんです。アマテラスを見てドクター・フレーと思ったのか、ドクター・フレーを見てアマテラスと思ったのか、ちょっと忘れましたけれども、ものすごく輝かしい女性を夢で見るんです。「ああ、アマテラスや」と思ったらドクター・フレーやったんですね。

それで、ぼくはそれをドクター・フレーに言いました。「最初は女性の分析家に分析を受けるということに抵抗があったけども、この夢で完璧《かんぺき》に解消した。あなたは太陽の女神だった」と言ったら、ドクター・フレーは「わたしは女神でもなんでもない、ふつうの人間です。アマテラスはおまえの心のなかにあるもので、心のなかにそれがいるんだからそれを大切にするといい」と答えたのです。自分をアマテラスと思う必要はぜんぜんない。しかし、女性というのがどんなにすごいかというのは、心のなかにあることだというわけですね。それはもう最後の論文を書くぐらいのときのことだと思いますね。

研究所への受け入れの条件

ところで、大学の卒業論文を書くという場合には、どういう文献を使ってとかなんとかいう話になるわけですが、ユング研究所の場合もそれはある程度あります。しかしぼくはそういうことをアメリカの大学などでわりとやってきていますから、サーッとできるので、あんまり言われませんでした。

それでおもしろいことを思い出しました。それは自分が中間試験を通って、いちばん初めにクライアントに会ったときのことです。そのときの指導者（スーパーバイザー）だったフレーさんに、その人に会ったことを記憶にしたがって逐語的に書いてこいと言われたのです。たとえば、その人に会って、「どうぞお掛けください」と言ったとすると、その「どうぞお掛けください」をそのまま書くのです。その後の会話を要約じゃなくて全部逐語的に書けというんです。言葉どおりに、しかも記憶にしたがって。

ところが、それはやったらできるんですよ。不思議でしたね、バーッと出てくるんです。それで一時間分書いて、それを持って行ったのです。そうしたらそれを見て「もうこれだけできるんだったら、しなくてもいい」と言われました。しかし、人によっては長くそれをやらされていました。

やっぱりそういうトレーニングが必要なんですね。ぼくは一回だけだったと思います。ぼくは、日本でスーパーバイズをするときにこの方法を使ったこともあります。

それからもうひとつ言いたかったのは、女性を含めて、じつにいろいろなことをやっている人が集まってくるわけで、それこそお医者さんであったり、それはもう本当にいろいろです。でも、ぼくがいた頃の条件は、なんでもいいから博士号をもっていることでした。あとでこれは修士号に変わるのです。けれども、ぼくはそのとき博士号を持っていなかったんです。しかし、日本人が博士号をとるのはむずかしいことをよく知っているから、「例外として認めるが、日本に帰ったら絶対にすぐとってくれ」ということでした。帰ってきてすぐとりましたけれども、特別にそれを認めてくれたんです。

つまり、なにかそういう資格を持ったうえでということですね。ユング研究所からいわせると、あるアカデミックな研究態度およびスタンダードを身につけている人、ということです。だから初めは博士号だったんです。したがってみんな論文は書けたはずです。そういうことはやってきたわけですから。

そのかわりに、その博士号は芸術でもなんでもいいんです。というのは、研究所に入ってからは、精神病理でもなんでも全部講義がありますからね。それで、たとえば芸術関係で入ってきたような人は、精神病理でなかなか試験に通らない。反対に、精神科医の場合には、宗教とか昔話とかの試験に落ちるんです。

たとえば、ユングを見るとき、一方ではある意味で合理的な思想家という像が描けるのだけれども、他方で著作をいきなりパッと見た場合に、錬金術が出てきたりして、ふつうの言葉でいえばオカルティズムのほうに吸引力があるとも言えるわけです。その両者のバランスがよくなかったらだめですね。さっき言ったように試験問題にも硬いのもあればやわらかいのもあって、両方ですよ。だから、論文もちゃんと形どおり書かねばならないわけで、両方いけるようにするのです。ちょっとユングにイカレているような人がいましたけども、そういう人は資格はとれませんでしたね。やっぱりその硬い勉強に耐えられないから。試験科目のなかにちゃんとそういうのが入っているのです。

おのずからバランスがとれている。しかし、そのなかで、ぼくが前に言ったようなおもしろい体験もしているわけですね。しかし、また実際にケースをもってちゃんと発表していかなければいけませんから、そうむちゃくちゃなことはできないのです。その指導もしっかりとあるし、だから両方ですね。

「資格はいらない」は日本人的

ところで、思い出したことがあります。資格をもらえたときに、ドクター・フレーが言ったのは、ふつうはユング研究所へ来て資格をとるまでには、だれでもすごいデプレッションになる。要するに、一種の創造の病みたいなもの、あるいはシャーマンになるための病気みたいなものですが、いろいろたいへんなことが起こる。そしてそれを経過してから資格をもらう。だけど、ぼくだけはなんにもそういうことなしにスーッときている。リックリンの言ったイエスマンやないけど、本当に不思議な人間やと思っていたけれども、最後にデプレッションになったときは、「やっぱり」と皆で言っていたそうです。

それから、もうひとつ思い出しました。それは、日本人だから「イエス、イエス」と言うけれど、やっぱりヨーロッパのカルチャーに影響されて最後に「ノー」と言うようになった。「これはやっぱりヨーロッパの文化のおかげですよ」と言ったら、ドクター・フレーが「それもそうだけど、欧米の人だったら〝ノー〟と言うときに、〝おれは正しいから資格を欲しい〟という闘いをするのに、〝資格はいらない〟と言ってけんかするのは日本人的だ」と言ったのです。これには「参りました」と言ったのですが、しかし、それもあとですごく役に立ちました、それ以後、欧米の人とけんかするときに。これはおもしろいことでしょう。

家族のこと、友だちのこと

その当時、六〇年代の半ばですから、いろいろ社会問題もありました。ケネディが殺されたときですからね。そういうことに対しては、もちろん友だち同士ではしゃべっていました。アメリカ人がいましたから、話はいろいろしていましたけども。

しかし、ある時期に自分の内界のことに集中するのはいいことだと思います、人間を理解するためにはね。外界と隔絶されたような生き方ですからね。

それから家族でずっといっしょにいたことも重要です。最初から家族と来ないとだめだと言われました。つまり、ぼくの内面的なことがいろいろ起こってくるときに、自分一人ではだめで、家族と行っているから意味があるわけでしょう。だからどんなことがあっても家族と来いと言われました。

だからふつうの留学なんかとぜんぜんちがう。やっぱり生きているということが大事ですからね。家族に支えられたことはじつに大きいです。

そういえば、いよいよ留学も終わって帰るというときに礼を言うと、マイヤーさんが「ユング研究所の経験をどう思うか」と言われた。「もちろん大変意味があってよかったけど、一つだけ残念だったのは友人ができなかったことです。ほんとうの意味の友人ができませんでした」と言ったら、マイヤーは「それはあたりまえだ」と答えたのです。そして、「おれが友人だから大丈夫だ」と。つまり、ぼくの友人になるような人はユング研究所のなかにはいないというわけですよ。それで「自分はおまえの友人だから、おれ一人いればいいいだろう」とか言ってね。これには感激しました。

それにしても、河合はアメリカの大学でドクターをとるよりもユング研究所に行ったほうがいいという、クロッパーのそういう判断がすごく的確だった。しかも、あらかじめ推薦状を書いてくれて、研究所のほうでもその推薦状で奨学金をくれると決定したのですからね。それはすごいことです。

そのこととユング研究所での広い意味での教育は非常につながっているようですね。だから、だめだったらだめと、あっさりと言われたと思います。

スクール（学派）というものをどう考えるか

で、日本に帰ってきたのが一九六五（昭和四〇）年、三五年前のことです。つまり、日本へ帰るということになったら、今度は帰る準備の夢をだいぶ見ました。その頃は、ユング心理学など日本人はだれも知らないわけです。だから、そういうそういうものを持って日本に帰ってどうやっていくか、という夢をだいぶ見て、分析家とよく話し合いました。

たとえば、Ⅲ章でお話したように、その頃の日本ではアメリカのカール・ロジャーズの考え方がすごく強いわけで、臨床心理学者はほとんどロジャーズ派だと言えるなかに帰って行くわけですから、そういう人たちとどういうふうに接していくかなんてことが夢のなかに出てくるんですよ。しかも、それはほんとに象徴的に出てきて、ロジャーズはこう言うんだけど、ユングはこうだとか、夢の中で議論するわけです。それから日本に帰っていってスーッと軟着陸する夢とかね。

そのときに、とても印象的なことをマイヤーが言ってくれた。ロジャーズは、前に言いましたが、患者さんに対する基本姿勢といったことをきっちりと説明しているのです（一五八頁）。ぼくはいまでもそれはすごいと思うのですけれども、ロジャーズのそういう基本姿勢をマイヤーもちゃんと知っていて、「ロジャーズの言うことに反対することはなにもない」と言うんですよ。「ナッシング・トゥ・オブジェクト」。つまりなんにも反対せんでもいい、だからいっしょにやれるというわけです。「しかし、あの考え方だけだったらスクールにはなれない。学派になるためにはコミットして、中身を言わなければいけない」というわけです。

つまり、基本姿勢としてはだれにも通用することだが、そのようにして見出《みいだ》した人間の心の現実に対してコミットして、それについて語らねばならない、ロジャーズはそれを言っていない。フロイト、ユングなどはそれを語っている。しかし、それが普遍的に正しいかどうかわからんわけです。それがないから、ロジャーズの言うことはなんら反対することはないんだけど、はたしてあれでスクール（学派）と呼べるかどうか、と言うのです。そういう点はほんとに的確ですね。

だから、普遍的に正しいことを言うのではなくて、やっぱり自分はこれだということを打ち出していかなければいけない。だけど、打ち出していくときにロジャーズとけんかする必要はないと言うのです。そういうことについて詳しく話し合ってきたことは非常によかったですね、日本に帰ったときに。

マイヤーさんだったからあそこまで言えたのだと思いますね。ふつうのユング派の人ならロジャーズを読んでいない人が多かったんじゃないかと思います。マイヤーさんはそれを読んでいたから、パッと言えたのです。

この体験は、学派とかいうことについてぼくに深く考えさせるものでした。特定の学派にコミットする意義もよくわかると思います。

箱庭療法のカルフさんとの出会い

もうひとつ非常に大事なことを言い落としていました。それは、スイスに行って一年ぐらいたったときに、箱庭療法（サンドプレイ・セラピイ）のドラ・カルフさんと知り合ったことです。

カルフさんという人はまだその頃ユング派の分析家ではなかったんですが、ユングを個人的に非常によく知っている人で、箱庭療法の個人開業をしていました。

カルフさんは大金持ちの奥さんで、もともと心理学にはぜんぜん関係のなかった人なのです。けれども、ユングの別荘の近くにカルフさんが別荘を持っていて、ユングの孫がカルフさんのところに遊びに行くんですね。そして帰ってくると、ユングは孫の感じが非常によくなっていると感じるのです。「どこへ行ってきたか？」と聞いたら、「近所のおばちゃんのところへ行ってきた」と答えたので、「いっぺんそのおばちゃんに会いたい」と会うのですが、カルフさんに会った途端に、ユングは「あなたはサイコセラピストになるべきだ」と言うんです。

しかし、カルフさんにしてみれば、ユング派の分析家になるのは大変なことでしょう、もう年もいっているし。それやったら、なんか自分には具体的なことがあったらいいと思うんですね。もちろんユングに分析も受けるし、ずっとそれを続けていくんですけれども、イギリスへ行って、箱庭療法の前身であるワールド・テクニックというのを学んできて、それで自分なりにチューリッヒで個人開業をしていたんです。そういうときにぼくが紹介されて、初めて会いに行くんです。

カルフさんという人は、もともとコンサート・ピアニストになるつもりだったのです。でも、あるところでもう才能がないと思ってやめたんですね。だから音楽家に知人が多く、その一人がヴァイオリニストの海野《うんの》義雄《よしお》さんです。ぼくが行ったときに海野さんがカルフさんのお宅で演奏しました。「すばらしいな」と思ったのを覚えています。

メニューヒンもカルフさんの友だちでした。どうも音楽家のノイローゼの人がいろいろ相談にきていたみたいですね。

箱庭療法への日本人の寄与

そしてカルフさんのところへ行ったところ、ぼくに箱庭をおけ言うから、おいたわけですよ。そうしたら、カルフさんが大いに感心して、もっと研究するようにというわけです。それでカルフさんのところへちょいちょい行くようになったんです。

それで、ぼくがそのとき思うたのは、ユングの夢や神話の解釈などは日本人にはすぐ理解されないが、箱庭ならいいだろうということでした。

カルフさんは東洋のことが好きで、日本のこともすごく好きでした。それから鈴木大拙とも仲がよかったんですよ。鈴木大拙はヨーロッパに行ったときにカルフさんの家によう泊まっていたんです

エピソードを一つご紹介すると、鈴木大拙がカルフさんにお礼にあげた掛軸というのがあるんです。非常に大きい涅槃《ねはん》図の掛軸です。細かく描いた涅槃図で、棟方志功《むなかた》の初期の頃の作品なんです。しかし、カルフさんはぜんぜん知らんわけですよ。「大拙がくれた」と言うだけ。それでぼくは「これは棟方志功だ、すごい高いですよ」と言うたのを覚えてますわ。

カルフさんはそのとき、はっきりとはわかりませんが、五〇歳ぐらいだったと思います。しかし、独力で箱庭療法をつくってしまったのだからすごいですね。つまり新しい療法をつくって、だんだん発展させていくわけです。そして、そう言うたらなんだけど、カルフさんの箱庭療法の発展に、ぼくら日本人がすごく寄与しているのです。

ぼくは日本へ帰ってきて、なによりも箱庭療法ならできると思ったので、すぐ紹介したわけですよ。そうしたら、いろいろおもしろいことが生じてきますね。それで、すぐカルフさんを日本へ呼んだんです。それで日本人がやっているのを見せると、カルフさんはとても喜んでくれました。箱庭療法の考え方もだんだんぼくら日本人に影響されていくし、日本人の寄与は大きいと思います。

そういう相互関係はじつにおもしろいのですが、当時、箱庭療法はユング研究所にはなかなか入りませんでした。しばらく抵抗がありましたね。やっぱり、ユングの直系の弟子でかためているようなところもあったのですよ。また、カルフさんというのは独特な人で、力をもった人ですから、ちょっと敬遠されていましたが、いまはユング研究所のなかでも箱庭療法をするようになった。それでも、日本でやっているほどではありません。だから、箱庭療法は日本で爆発的に進歩したわけです。カルフさんと知り合ったことはほんとに大きい体験です。

ユングと東洋

結局、ユング派とか箱庭療法とかが日本に定着する理由がなにかあるかと考えると、ユングは東洋的なことがすごくわかっている人ですから、それが大きいでしょうね。箱庭療法もなかなか東洋的です。

初めにユング研究所に行ったときに、講師などはみんな易経も老子も読んでいた人ばかりでした。翻訳でだけど。ほんとあわてましたよ、ぼくは読んでなかったので。Ⅳ章で話が出たへリゲルの本なんかもよく読まれていました。しかし、時間が自由に使えるので、いろいろと本が読めたのは本当によかったと思います。老子は翻訳の種類が多いので有名ですが、いろいろな訳を照らし合わせて読んだりしました。

そういえば、子どもとはじつによく遊んだのですけれどもね。それで、とうとう資格論文を書くときになって、「もういままでのようには遊べない」と子どもに言うたのを覚えています。ついにお父さんも忙しくなって、と。

ユング研究所での体験は、いわゆる大学の教育とはぜんぜんちがうものでした。やはり単なる知識の獲得ではなく、体験を通じて学ぶことが多い。分析家を育てるというのはまた別の訓練が必要だということなのです。

それからスクール（学派）のありようとかについても、下手をするとユング主義になってしまうけれど、ぼくの場合にはその臭さが薄いと思います。ぼくは、マイヤーについていたということもあるし、ぼく自身の性格もあるけれども、そういう傾向から自由だったのでよかったと思います。

最後に

ふり返ってみると、そもそも丹波篠山《ささやま》に生まれて、ふつうでは絶対考えられないことがぼくの身の上には次々と起こったのですね。しかも、外国に留学するなんてことは、大学を卒業した時点でもまったく考えていないことで、ほんとに思いがけないことが起こったのです。

ただ、ぼくは不思議なことに、小さいときからふつうの日本人よりも合理的に、あるいは論理的に考えたりするのが好きだったから、自分の意見をパッと言うて怒られたりして、日本人のなかで苦労していたわけですね。そういう意味では、日本が戦争に敗《ま》けてありがたいと思っています。そして憧《あこが》れの西欧に行って、そのなかで文化の差、カルチャーの差というものを身をもって体験をしたことが、ぼくにとってはいちばん大きなことだったと思います。

その体験のしかたも、いわゆる芸術とかそういう次元のことではなくて、生き方のレベルで体験したわけです。だいたい自分がそういう人間ですから、ふつうに生きていて、ここはどういうふうに感じるんやろとか、ここはどんなふうに言うんだろうとか、考えた。しかも、その考えたことをつねに分析家のところへもって行って検討していたわけです。つまり、ぼくにとっては文化差というものを自分の生き方のなかで一つ一つ踏まえてやってきたということが、もっとも重要なことだったのではないかと思います。

しかもそれを、英語で言わなくてはいけない。日本語ではなくて英語で言って、向こうの国の人にわからせなければならない。もちろん、分析家は勘がいいですから、下手な言い方をしてもわかってくれたけれども、それでもそれをちゃんと伝えるために努力しているうちに、だんだんぼくのものになってきた。

その両方を踏まえて生きてきたので、アメリカとかヨーロッパで習ったことを持って帰ってきて日本で仕事をするときに、日本でどうしたらいいかということをつねに心のなかで考えてきていたわけですから、それこそ「ユングの勉強をしてきました、ユングはこうです」なんてことはぜんぜん言う必要がなかったのですね。

それよりも日本人はこれからどう生きていくかという問題のほうへ入って、それを考えるためにユングはどれだけ役に立つか、というふうに課題を設定することができた。そういう点でほんとによかったと思います。

それからもう一つは、家族と一緒に行っていたということが大きいと思います。ユング研究所は初めから、どんなにむずかしくても絶対に家族と来いと言いましたからね。それが必要条件だったのです。それは文化の違いの体験を家族全体のなかで受けとめて生きるということだったのです。だから、いわゆる留学で一年間行って、何かの学問を勉強して帰ってくるというのとは、まったくちがうことを体験したのだと思っています。

あとがき

人間は思い出話にうつつを抜かすようになると、もうおしまいだ、などとよく言っていたので、この年齢で「自伝」めいたものを書くとは思ってもいなかった。

しかし、編集者として長いおつき合いのある大塚信一さんから「未来への記憶」などというカッコのよい題を与えられ、まんまと誘いに乗って本書ができあがることになった。

何しろ、大塚さんが聞き手ということなので、興に乗ってどんどんと話すことができた。不思議なことに、話しはじめると眠っていた記憶がつぎつぎと起こされてきて、やはり、「聞き手」の力というのを感じさせられた。話をしながら、その内容が結構、未来へもつながっていると感じ、「未来への記憶」というのは、本当にいい題だと思った。

考えてみると、大塚さんにはじめてお会いしたのはずいぶん昔のことである。まだ天理大学に奉職していた頃、岩波新書を書かないかと訪ねて来られ驚いてしまった。長髪の好青年で、それまでに書いた私の専門の論文まで読んでおられ、出版企画の意図を的確に話され、ウーンと唸《うな》らされた。それから以後も、私の書物の編集を多く手がけていただいた。あれから四〇年近い年月がたっているが、こんなふうな書物を出すことになるとは思ってもいなかった。ありがたいことである。

あまり準備もせず、大塚さんの導きのままにしゃべったので——都合の悪いことは伏せておくとしても——、大事なことで抜けていることもあるし、相当に恣意《しい》的である。その点では「自伝」とも言い難いところがあるが、読者にとっては、かえってそのほうがよかったのではないかと思う。ともかく、私はいわゆる客観よりも主観のほうに、いつも賭《か》けてきた人間なのだから、それが反映されていると言うこともできる。『図書』に連載（一九九八年七月〜二〇〇〇年一一月）したので、多くの方が読んで下さり声を掛けて下さったのも励みになった。この連載中は、『図書』の鈴木稔さんに大変お世話になった。心からお礼申しあげる。『図書』の連載終了後、スイス留学の体験を語り、これは下巻に収められている。すべて大塚さんとの対話で話が運んだのだが、本書は私が語った形に再構成されている。

私が現在に至るまでには、私の家族、親兄弟、それに妻子との関係がどれほど大きい意味をもったかわからない。ただ、後者についてはまだまだそのプライバシーを守りたいと思うので、あまり言及しなかった。この点は御了承願いたい。

新書版作製にあたっては、岩波書店編集部の山本しおみさんに、大変お世話になった。ここに心からお礼申しあげる。

二〇〇〇年一二月四日

河合隼雄

〔付〕未来への記憶のつづき

――米国留学のあと、一九六五年にスイスのユング研究所から帰って、まず天理大に復職されるわけですね。

ええ。天理大学は六五年から七二年に京大へ移るまでですから、七年間ぐらいおりました。

――そのころは京大の非常勤講師ともダブっていますね。その間、カウンセリングのお仕事も始められたんですか。

臨床心理の仕事は帰ってすぐに始めたわけですが、ユング研究所で学んできたこと、たとえば夢とか神話とか昔話とか、そういうのは日本では通じるはずがないし、それから下手なことを言うと、当時ですから非科学的であるということで非難されることはわかっていましたので、ゆっくり導入していったんですが、それでもわりと早くに導入したのが箱庭療法です。

というのは、箱庭というのはつくってもらったものがそのまま見られますからね。それをスライドに撮っておくと、素人《しろうと》が見てもちゃんと変わっていくのがわかることがあるんですよ。だから非常に説得力があってわかりやすいので、まず箱庭療法を進めました。私は帰ってすぐに夢の分析をしたりしていたんですけれど、そういうことはあまり人に言わなかったんです。

ただ、天理大学は非常に早くから教育相談室をつくっていたんです。それは外部の人に開かれた相談室としては、日本では珍しいほど早くからのもので、僕が天理大学に行ってすぐつくったぐらいです。だからそこへみんな相談に来られます。

――天理大というのは、もともと先生が行かれる以前からそういう問題意識がわりとあったんですか。

僕がやりたいと言うと、すぐに援助してくれる先生がおられたから。

――先生から始まったということになるわけですね。

それで非常によかったんです。

――先生のカウンセリングの足場みたいなことをおうかがいしますと、最初に天理大があって……。

天理大学が一番の足場ですね。それから京大へ行きますから。京都大学にも早くから相談室があったんだけど、それを正式なものとして認可を受けてお金を取ってもいいというところまでつくり上げたんです。それには案外時間がかかっているんです。国立大学としてははじめて正式に外部の人の相談を料金をいただいてするようにしたのが一九八〇年です。だから僕ははじめてのものをいろいろとつくっていますよ。

――京都大学とは何かつながりがあったのですか。

せっかくユング研究所に行ってきたんだからということで、京大の文学部でユング心理学の講義をしたんです。その講義をまとめて一九六七年に『ユング心理学入門』を出しました。そのときもだいぶ慎重で、あまり思い切ったことを書くとだめだからと考えながら書いたんですが、それでもわりとまあまあ受け入れられたという感じはしました。

それから一九七二年に京都大学の助教授になります。そこで京都大学の学生を相手に臨床心理の講義をしたりすると、実際にやっていることの話をするからだんだん私のやっていることがみんなにわかってくる。それで昔話の話をしたりしてみると、なかなか大学院生というのは反応がよくて、みんなよくわかる。これならいけると思いだして、京大に行って一、二年したころから、少しずつ昔話とか文化人類学のイニシエーションとか、ああいうことを学界の中で言いはじめたわけです。

それで夢のこともちょこちょこ言っていたんですが、小学館が出している『創造の世界』という雑誌があって、それを主宰者になってやっておられたのが湯川秀樹さんと、もう亡くなられましたが園原太郎という心理学の先生がおられたんです。園原さんともう一人、市川亀久弥《きくや》さんという工学系の方も主宰者でした。湯川先生というのは非常に興味の広い人でしょう。だから夢にも関心があったんですね。それで『創造の世界』で夢の話をしてくれということで、このころは非常に珍しかったんですが話をしたんです。そうしたらすごく面白がられて、湯川先生も、それから梅原猛《たけし》さんも聴きに来ておられたんですけれども、夢をやるのやったら明恵上人《みょうえしょうにん》の「夢記《ゆめのき》」を研究せよと言われるわけです。ところが僕は仏教にまだあまり関心がなかったからやる気がなくて。それはずっと心の中にあったのですが、ずっと先にやることになるんです。十年ほど経《た》ってからですけれど。

――湯川さんも当時「夢記」は注意して読んでいらっしゃったんですか。

ええ、感心しますね。梅原さんもです。ところが結局のところ、二人とも読んだけど面白くなかったんでしょうね。よっぽど夢のことがわからないと、わかりにくいですから。それで、ともかくこんなのがあるのだからちゃんと本式にやるべきだというので、本当に夢の研究をしているのやったら読んだら面白いだろうと言われたんですけれど、そのときはあまりやる気がしなかった。

それで一九七五年に京都大学の教授になりまして、そのころからだんだん、つまり帰って十年ほど経ってから自分の思っていたことを少しずつ外に発表するようになって、そこでたとえば「昔話の深層」を『子どもの館』に発表するとか、それから『中央公論』で日本が母性社会だということを発表した。つまり自分が臨床で見てきたことをもとにして、文化的なことを発言しだしたわけです。これはわりと一般の人に受けたというか、理解されたと思います。

ところが心理学界の方ではそんなのはもう問題外で、誰もそんなことに関心がなかったんです。むしろ私は心理学以外の分野の人にすごく評価されたと思います。ただここら辺が難しいんですが、日本の心理学界は大体は実験心理学が主流で、そこに臨床心理学という新しい学問がだんだん台頭してくる。臨床心理学の分野では非常に評価されたんですね。京大の教授になったわけだし、大学生もどんどん訓練していくし。ところが心理学の中ではまったく、もう傍流も傍流という感じだったと思います。

それから、京大の教授になったころは、まだ教育学部には学生運動の余波が残っていたんです。ほかのところは大体収まっていましたけれども、京大教育学部ではいわゆる民青系の人と、それから全共闘系の人と両方ともいましたから、なかなか大変だったんです。そういう事態を収めるためにだいぶ時間を費しています。このころは運動している学生とよく会っていますよ。何度も団交したり何かして。

――板挟みというとなんですが、学校側と学生側の調停役というか……。

調停なんかはしなかったんです。

――それでは学生の話を聞くみたいな？

学生も教官もどんどん変わっていくし、いわば燃えたのをちゃんときれいに平和にしたというか、そういう感じですね。

――先生のお弟子さん筋でも、当時そういう運動をされていた方というのは。

僕の弟子はほとんどしないんです。臨床をやっていると、人間というのは中身が複雑で、ちょっとぐらい制度を変えたってどうともならんと思うしね。

――それは社会がどうのとか、そういう発想にならないと。

そういうことを言うたってしゃあないとわかっているし、それから僕のこともようわかっているし。僕は教育学部で補導委員長とか学部長とかをやって問題を収めていったんだけど、非常にありがたいことに、僕の教室の大学院生はだいたい僕についていたわけです。

このあたりの時期は心理療法に専念していまして、それと非常に大きい出来事は、一九七〇年の終わりごろに中村雄二郎、市川浩、山口昌男、多木浩二、前田愛と、それから岩波書店の現社長の大塚信一さんも入っているんですが、「都市の会」という私的な会に入れてもらって、つまり心理療法以外の世界から心理療法を考えるということをやって、これはすごく役に立ちました。この人たちも私のやっていることがすぐにわかるんですよ。私がやっていることは実験心理学の人にはわからない。というのは実験心理学というのはいわゆる自然科学ですから。

ところがこの人たちはよくわかってくれて、またこういう人たちと話をしたために、僕は自分のやっていることを人にわかりやすく、いろいろな角度から言えるようになったというところがありますね。これは僕にとっては本当に大きいことでした。自分の考えを述べるときに、この人たちの考えを援用できましたからね。

みんな、手弁当で集まってね。僕が行く前に、もう東京の人ばかりで集まっていたというのをちらっと大塚さんから聞いたんです。それで入れてくれということで入ったんです。僕はたとえば山口さんの本とかはよく読んでいるから、絶対入りたいということで入ったわけです。

——特に機関誌を出したりとかそういう感じでもなく、岩波の『思想』に皆さん発表されたりみたいな？

そういうのはまったく関係なしにしゃべっていました。

――これがのちのち『へるめす』につながっていくわけでしょうか。

ええ。僕はそれには入っていないんです。そして一九七八年に、「岩波講座」というのに頼まれて話をするときに、いっぺん思い切ったことをしようと思ったんです。それで岩波から出ているアーシュラ・K・ル＝グウィンの書いた『ゲド戦記』がありますね。あれを取り上げて、たしか「『ゲド戦記』と自己実現」という話をしたと思います。日本は大体みんな自分の専門領域から外へ出て行かないんだけど、それを思い切ってやったんです。そうしたらそれを見て、今江祥智《よしとも》さんと上野瞭さんが喜んですぐに会いに来られて、彼らに引っぱりこまれて児童文学の世界に入るんです。これも僕にとってまた非常に大きい意味のあることでした。

というのは、ずっと考えているけれども、なかなか人に言えずに黙っていることというのがあって、たとえば「魂」の問題ですが、それを語るのに児童文学というのはすごく言いやすいわけです。それで児童文学の世界の人たちにだったら魂なんて言ったって別にびっくりはしないわけだから、そういう人たちと付き合いが始まりました。それから一九八一年に『飛ぶ教室』という児童文学の機関誌が今江さんを中心にできるんですが、これにずっと参加しました。これも大きかったです。

それで一九八二年に『昔話と日本人の心』を出版して、それまでにも『昔話の深層』ではグリムのことを書いたりしていたんです。そのときから岩波の大塚さんに日本のことを書くべきだと言われていて、ずっと考えて七年間経ってとうとう出したわけです。これが大佛《おさらぎ》次郎賞を受賞したということは、僕にとってはすごい意味があったと思います。僕はまったく勝手にやってきている人間だから、人脈というのがまったくないんですよ。だから人脈関係でものごとが動くということがあまりないわけです。そう言うとおかしいけれど、日本の場合、賞とかというのは割合人脈関係がありますね。ところがまったくそういうのと関係なしにもらって、いったん大佛次郎賞を受賞したということになると、一種のステータスが出てきて認められるし、それから信頼感が増して、たとえば昔話なんていうことを研究していてもいいのだという、二重三重の意味があったのは大きかったと思います。

それから一九八三年で大事なことは、エラノス会議に招待されたことです。これは僕にとってすごく大きいことでした。おそらく井筒俊彦《としひこ》先生が僕を推薦されたのだと思います。というのはエラノス会議なんていうのは、僕からみると雲の上みたいなものので、自分が発表するなんて思ってもいなかったんです。そのときの一回目の発表が明恵の夢の話で、これがすごく評判がよかったので、それ以後エラノスに何回も行くのです。

今度はこれが僕にとってはさっきの「都市の会」ではないけれど、国際的に分野の違う人といろいろな交流をして考え方を広くすることができて、あちこちで日本の神話とか昔話とか夢とか、そういうことがどんどん発表できるようになりました。今度は外国の人の目から見た自分というものを見ることができるわけで、いいのは外国の人は日本人と違って平気でどんどん質問しますからね。それに答えているうちにまたよい考えが出てきて、これも非常に役に立ちました。それから自信もできました。というのは、一九六五年に帰ってから、ずっと外国に行かずに日本で一人でやっていたわけでしょう。日本で一人でやってきたことというのがどの程度のものか、自分ではわからなかった。ところが何のことはない、やってみるとすごく通用するということがわかって、これも僕にとっては意味がありました。

それでまだ国際箱庭療法学会という学会はできていなかったのですが、当時は箱庭療法をつくったカルフさんという女の人のところへよく行っていたんです。そしてみんな一緒になって勉強会をしました。それからこれも一九八三年の経験ですが、アメリカのユング心理学者が二人、スーパーバイズを受けたいと言ってきた。僕はものすごくびっくりしたわけです。というのは、そういうのは全部僕が学ぶ方で僕が教える人間になるなんて考えてもいなかったわけです。それをアメリカのれっきとした学者が二人、僕にスーパーバイズを受けたいと言うてきたのだからえーっと思ったんですが、話をしたら向こうはものすごく感心するし、お礼をどうしたらええとか言うんで、はあーっと思ってね。それからエラノスもあるし、つまり向こうで自分がちゃんとお金をもらっていろいろなところで講演や講義ができるということが実感されたのです。それまで自分が外国で教えるなんていうことは考えられなかったですからね。

それから箱庭療法学会の中で僕はだんだん有名になっていきます。それでカルフさんが亡くなられて、僕が一九九〇年から二代目になった。だから箱庭療法についてはアメリカでもスイスでもロンドンでも、それから韓国へも非常によく行っていますけれども、いろいろなところで講演しています。

――それは当時から今まで、ずっと盛んに各地でやられているのですか。

日本ですごく発達しましたからね。僕が導入してやり出したら日本人がどんどんやりだすから、それをもとにして発表をしたりしましまして。

――日本でユング関係の学会ができたとかは。

僕が指導した人がチューリッヒのユング研究所に資格を取りに行って、その人の教えた人がまた資格を取ったりして、今日本にユング派の分析家が二十人余りいるんです。その仲間で一応グループはつくっているわけです。それがつい最近発足して勉強会をしたりしています。

――「ユング学会」というものはありませんか。

それは国際学会に入るわけです。インターナショナル・アソシエーション・オブ・アナロジカル・サイコロジー（国際分析心理学会）というのがあるんです。それがＩＡＡＰという会で、それに所属すると思います。団体としてまだちゃんと認可されていないんですけれど、今つくっているところで、それは今年から来年にかけて発足するでしょう。その会長が樋口和彦《ひぐちかずひこ》さんです。樋口さんを会長にして、それを今やりかけておるんです。（註：二〇〇一年、ＡＪＡＪ、日本ユング派分析家協会設立）

――エラノス会議に戻ると、それ以後もずっと明恵について発表されていたんですか。

いいえ、いろいろです。エラノス会議で僕がしゃべった内容を僕らの方でまとめたのが英語の講演集として出版されています。

――エラノス会議というのは、そもそもユングが始めたということですか。

ユングだけではないんです。その前からやっていたところへユングが入って、それから急に盛んになるんです。それからずっと歴史があって、そこへエリアーデとかが来ていたわけです。日本人ではたしか井筒さんが行かれたけれど、ひょっとしたら鈴木大拙が行っているかもしれません。井筒さんはずっと常連だったんです。そして日本人で僕と一緒だったのが上田閑照《しずてる》さんで、エラノス会議でよく一緒になってしゃべっていました。

エラノス会議というのは有名な円卓があるんです。この円卓に座って、それもまた座る場所をホストがアレンジするのでいろいろなすごい学者といっしょになるんですけれど、そこで昼飯を食ったり晩飯を食ったりしながらずっとしゃべらないかんわけです。そのときに、あまりおもろうないやつは落とされていくわけで、それはある意味では厳しいですね。だからはじめはすごく緊張しましたよ。

――エラノス会議は今でも続いているんですか。

それが不幸なことに、もともとのエラノス会議は財政難でうまくいかなくなって、歴史があるのだからというので新しいエラノス会議ができたりして、ちょっとガチャガチャして残念ですけれど。ずっと昔にできた財団ですから、だんだんと基本財産もなくなってということと、いろいろほかにもあるんですが、今はパッとしません。もう一回復活しようという動きはあります。

――先生は海外の講演などは英語でされるわけですか。

全部英語です。シュトゥットガルトのユング研究所ではドイツ語でしたこともあります。一九八四年にはロサンゼルスのユング研究所で「昔話と日本人の心」という講義をして、その間にその本を自分で訳して、もちろん向こうの人にも見てもらいましたけれど、それを出版したんです。

明恵については一九八三年ぐらいに京大で講義したりしていたんですが、これを本にするためにはどうしても仏教のことを読まねばならないし、それから当時の男女のことを知るために物語を読まざるを得ないということになって、華厳経《けごんきょう》を読んだり、「とりかへばや」とかいろいろな物語なんかを読みだすわけで、明恵がきっかけになってこのころから日本文化のいろいろなことをやりだしました。

それから僕は一九八八年に六十になったんですが、還暦祝いに一年遊ぼうと思って京大の学生部長になったんです。京都大学には吉田寮というのがあって、みんな金も払わず名前も言わずに二十年以上ずっと入っていたんですが、それを僕が学生部長になって、一年半で解決したんです。このときも学生さんとよく団交なんかをやりました。

――還暦祝いにそういう問題を収められた。

それに専念せなあかんでしょう。だから一九八八年というのは、僕はあまり論文を書いていないですよ。

——その吉田寮問題を一年半で見事に収められたというのは、一種のカウンセリングみたいなものですね。

そう。痛み分けみたいなものですね。学生さんもある程度満足する妥協点を見つけて。

——それから「ウソツキクラブ」の話を忘れてはいけませんが、そもそもどういう発端で？

あれは昔からずっと冗談で言っていたんですけれど、「ウソツキクラブ短信」というのを『飛ぶ教室』に連載したんです。あれはそもそも京大におるころでしょう。いろいろな会議に出ますよね。会議に出ている間にそういうのを考えておくんですよ、暇だから（笑）。

それから勉強の方とは話が違うけど、還暦のときに何か面白いことをしよう、何をしようかと家族でしゃべっていて、だったら何か不得意なことをやったらどうやということになって、五十八歳からまたフルートをやりだしました。

——直接のきっかけというのは何かあったんですか。

フルートは学生時代に吹いていたんですが、下手なのでだんだん吹かなくなってやめていたのがやっぱりまたやってみようかということになったんです。それで先生にレッスンを受けたりしました。

一九九〇年からは国際日本文化研究センターの教授を兼任するようになりまして、一九九二年には京都大学を退官しました。このときに心理療法についてそれまでいろいろなことを書いていましたけれど、やっぱり自分の考えをまとめて一つのものにしようというので『心理療法序説』というのを書きました。これは自分としてはすごく大事な本のつもりだったんです。

――カウンセリングの方の一応の集大成だったと。

集大成でもあるし序説でもあるから、これから始まるというわけです。この間で大事なことは、臨床心理学というのは日本でいわば発見したものがないような感じだったんです。それをだんだん学会として形を整えて、一九八五年から九一年まで二代目の日本心理臨床学会理事長になったりして（註：九四〜九七、二〇〇〇〜二〇〇三年も理事長）、そちらの方で臨床心理学をできる臨床心理士を育てるという仕事もずいぶんやってきたと思います。

――養成され、組織も整えられた。

ええ。だんだん組織をつくったり、それから箱庭療法もどんどん発展させて、国際箱庭療法学会の会長になったりしていますから、国際的にもずいぶん仕事をしました。一九九四年には国際日本文化研究センターを退官して、アメリカのプリンストン大学に二か月間、客員研究員で行っていましたしね。その間にほかの大学でも講義をしました。僕にとって一番大事やったのは、この二か月間で『源氏物語』を読んだことです。

——アメリカで研究してらっしゃったわけですか。

ひたすら読んでいたんです。あんなのは集中しないとなかなか読めないでしょう。だからプリンストンにいる二か月で『源氏物語』を集中して読んで、すごく面白かったから本を書こうと思ったんです。

——そもそも何で『源氏』を選ばれたんでしょうか。

それまでに日本の物語の大事なのはほとんど全部読んでいるんです。それで『源氏』だけ長いから置いてあったわけです。それでプリンストンに行ったときに読んで、しかもそれはすごかったから、これは絶対本にしようと思ったんですが、実際に本になるにはだいぶ年月がかかりました。大体『明恵』もそうですし、『昔話と日本人の心』もそうですけれど、書こうと思ってから数年はかかっていますね。僕は本を読む時間があまりないでしょう。だから必要なことを読むのにだいぶ時間がかかるんです。

僕はクライエントに会う時間も相当ありますし、普通の学者と違うから、そんなに本を読んでいる間がないんです。そうやってちょっとずつ読んで、思っていたことの大筋ははじめに思ったのと変わらないんですけれど、それを補強するために大体数年はかかりますね。だから『源氏物語』も書こうと思ってから出版まで数年かかっています。

そして一九九五年には国際日本文化研究センターの所長になりました。要するに臨床心理学でやってきたんだけれども、一人一人の個人を一所懸命見ているということから、結局日本人ということを考えざるを得なくなって、それからさらに日本文化ということを考えざるを得なくなって、ということになってきたと言ったらええと思いますが、そういう加減で所長になったんです。

ここで一つ言えることは、京都というところのよさというか、たとえば僕が結局所長になったのは、やっぱり桑原先生の気持ちも大きいと思いますし、もちろん梅原さんもわれわれと一緒なんですけれど、僕は桑原さんとも梅原さんとも人脈的に言えば何の関係もなかったわけです。ところが面白いのがおると思ったらぱっとやる。桑原さんに会うたときはものすごく印象的で、いつごろ会うたのかちょっと覚えていないんですが、僕がまだ若造のときにパーティで一緒になってぱーっとしゃべってこられて、そのときに話をしてこいつは面白いと思ったら、もうどんどん向こうから接近してこられるとか、そういう格好で結局僕は梅原さんとか桑原さんとかいろいろな人と知り合いになってセンターの所長になったんです。これが京都のよさでしょうね。それがまったくとらわれずにできてしまうというか。またよく飲み屋で一緒になったりもしますからね。

――先生も京大で重なったところがあったというわけでもなく……。

どう言ったらええか、ぱっと会った瞬間から本当の話ができるというか、あまり構えんでもええわけです。桑原さんが、「わしは人と半時間も話をしたらもうわかるんです」とよう言うておられたけれど、そのときも桑原さんが会うなりばーっと本当の話をしてくるんです。そのときの受け答えで合格したやつはあとでまたということで。

――面接みたいなことですね。

そんなものです。

――いわゆる「京都学派」みたいな言い方がありますけれども。

そうですね、まあ何となく入っているけど、というみたいなもんです。

一九九五年でもう一つ大事だったことは、アメリカのテキサスA&Mユニバーシティーというところで世界中のユング派の人を年に一回一人呼んで講演させていて、そこに僕が行ったのはその五回目ぐらいだったと思いますけれど、「ユング心理学と仏教」という話をしたんです。

——そこでとうとう仏教というものが出てきたと。明恵との関連もあったわけですね。

ええ。これはもう自分でやっている仕事と仏教とを絡《から》めてしゃべったんです。これも相当受けて、もともと英語の本もあるわけですが、だいぶ売れていると思います。それから明恵の本も英語に訳されていますから。

——先生はそもそも仏教とはちょっと距離を置いていらっしゃったということですが。

禅はわりと好きやった。だから以前にも鈴木大拙が書いたものは英語で読んだりしていたんですけれど、仏教全体に関しては到底、と思っていた。それが明恵をやるために急に変わってくるわけです。それから華厳経なんて読んだらすごくおもろいから、こんなすごいものがあったかと思ってね。

——これからますます仏教の方をやってみようかなというお気持ちはあるのでしょうか。

今は思っています。それでそうやって今まで来ている中で一つ大きいことは、臨床心理学というものが日本でだんだん学問として認められてきて、大学に認められるより先に社会に認められたと思うんです。社会の要請によって認められていって、結局大学でも認められていってということになっているんですが、まだまだ国家の資格とかいうところまでは行っていませんから、そういうのをちゃんとするまでは死にきれないというか、今はそれが僕の課題になっています。

――カウンセリングとか、ユングの分析心理学ということで、箱庭療法なんかも含めて、たとえば小此木《おこのぎ》啓吾さんとか精神分析家の方とも接点が出てこられたと思いますけれども。

それは早くからずっと接点がありました。小此木さんとは考え方は違いますけれども、ずいぶん早くからわりとよく一緒に話をして、対談をしたりとかしています。お互いにけんかなんかしている場合じゃないですからね。共にマイノリティですから何とかしてやろうというので、手を組んでやっています。

――いわゆる実験心理学の人たちと較《くら》べると、教育心理学の方がまだ接点があるということはないですか。

それがないんです。教育心理学もみんないわゆる実験心理学的にやるのが科学的であると言っています。しかし、それは生きた人間を扱う臨床心理学にはあまり役立たないのです。

――それから村上春樹さんなど、小説家の方々が河合先生に会いに来るようになったということがありますが、それも九〇年代からですか。

それはいつごろかな、まず児童文学の人がいますね。たとえば阪田寛夫《さかたひろお》さんとか、それからすごく早くからずっと付き合っているのはやはり谷川俊太郎さんです。僕が『子どもの館』に昔話のことを書き出したでしょう。これを谷川さんが読んでいたのかな。だからそのころからの付き合いです。気が合うし、わりとどんどんものを言うから。谷川さんは付き合いがすごく長いですね。例の『魂にメスはいらない』とかいう対談集を出したりして、あれは今でも売れているんです。谷川さんはそういう人たちのはじまりかもしれませんね。それでいつごろからかな、たとえば大江健三郎さんとか筒井康隆《やすたか》さんとか。筒井さんも大江さんもものすごく真面目《まじめ》で感心しました。僕の本についても、「この本のここはどういう意味ですか」とか聞いてね。それから遠藤周作さんもいるな。一九六七年に『ユング心理学入門』を書いたときに、いかに日本人が西洋で仕事するのが大変かということで、文化が違うということは大変だということを書いたんですが、そのちょっと前に『沈黙』が出ているんです。六六年ぐらいかな。それで僕は『ユング心理学入門』の中に『沈黙』を引用して書いていたんですが、それを見ていた僕の友人で、もう亡くなりましたけれど牧康夫さんという人が、「これが遠藤さんに読まれたらひとたまりもない、あの人は恐い人や、危ないからやめとけ」と言うのでやめたんです。僕は大体原稿の書き直しがないんで珍しいのですが、そこは違うふうに書き直したんです。それから十年以上経って、一九八一年になって、カソリックの『あけぼの』という雑誌の対談で遠藤さんにはじめて会うんですが、会ったらすごく意気投合したんです。

――やっぱり日本のカソリシズムにおける母性というところで？

僕がユングという西洋のものを習って来て、日本にどう同化させるかということで悩んでいるのと、遠藤さんがキリスト教をどうするかということではパラレルなところがあって、すごく話が合うし、遠藤さんはすごい真面目ですからね。それから遠藤さんは僕の『影の現象学』が大好きで、文庫本に解説を書いてくれているんですよ。

――安部公房さんとも対談されていますね。

しましたしました。安部さんの『砂の女』とか、たくさんは読んでいないんですけれど、すごいと思いました。安部さんに直接会ったのは大佛次郎賞の選考委員になったときです。それでそこから一緒になって、すごく気に入られて二回ぐらい対談したのかな。

——あとは文学の研究家を含めて、『創造の世界』の物語をめぐる対談連載でさまざまな文学関係者とお話しになっているわけですね。

僕は本を読む時間がないから、対談でだいぶ勉強させてもらっています。

それからちょっと言っておくとしたら、亡くなられた小渕《おぶち》恵三さんの「二十一世紀日本の構想」懇談会の座長になりましたけれど、あれは僕にとってはまったく予期しないことで、というのは僕は小渕さんは個人的には知りませんでしたからね。ただいろいろ情報があったりして、この人は日本の総理大臣の中ではなかなか仕事をするのではないかなんて言うたりしていたんですけれど。呼ばれて行って面白かったのは、山崎正和さんもいましたね。別に小渕さんのためにその仕事をする気はないなと言うておったら小渕さんがぱっとやって来て、これは小渕内閣を超えて日本のためにやってくれと言われたから、聞こえたのとちゃうかと冗談を言うておったんですけれど、そういうふうに言われてすごく感心しました。それで僕らもやる気になったんです。あの会は僕だけが七十を超えていて、平均年齢五十代ぐらいでしょうか、だからすごい若い人も入っていて、論客が多かったから面白かったですね。その報告書のようなものが講談社から出ています。もちろん政府には出しましたけれども、面白いことに講談社から市販したんです。ものすごく珍しいと思います。結構売れたみたいですよ。

――その組織は小渕さんが亡くなると共になくなったのでしょうか。

つぶしてしまうのはちょっと残念だからと、名前だけ残っています。

――そして、二〇〇〇年の文化功労者顕彰、おめでとうございました。最後に今後のご予定は。

臨床をもっとやることと、それからもっとみんなを指導せねばいけないと思っています。そっちの臨床心理の方にもっと力を尽くすことと、外国へ行って外国で鍛えられて来て、という感じですね。外国から呼ばれるのでいろいろ行きたいんですけれど、職に就いておったらそんなに長い間は行けないですよ。だからいずれ辞めたら外国に行くのが増えると思います。ちょっとしんどいんですけれど、せっかくだから自分の思っていることをもうちょっと外国でしゃべって、外国の人がそれをどう評価するか、どう評価されるかということで、できたら外国で本にするとか、そういうことを考えていきたいと思っているんです。楽しい本業の仕事と、趣味のフルートの苦しい練習で心のバランスをとっていくことは変わらんと思いますけど（笑）。

今を生き、未来を残した人、河合隼雄

河合俊雄（臨床心理学者）

父河合隼雄は、あまり自分のことを語るのを好まない人であったと思う。『魂にメスはいらない―ユング心理学講義』（朝日出版社・一九七九年、講談社＋α文庫・一九九三年）として出版された谷川俊太郎《しゅんたろう》との対談の後も、「谷川さんが、ぼくの個人的なことをいろいろ聞いてきて、話さなあかんかったから困ったわ」とぼやいていたのを記憶している。本書のあとがきに、「人間は思い出話にうつつを抜かすようになると、もうおしまいだ、などとよく言っていた」と書いてあるように、家族の中の会話でもおよそ自分の思い出話や自慢話に耽《ふけ》るということがなかった。よくあるような、飲んだら必ず同じ思い出話が出てくる父親や先生のイメージというのとは無縁の人だったと思う。

その意味では、常に今を生きている人だった。そして何かを目標にしたりしていたのではなくて、今を懸命に、また楽しく生きているうちに、「まさか」ということが数多く展開していったのが河合隼雄の人生であったことが、本書を読むと如実《にょじつ》にわかると思われる。数学を学んでいて、まさか心理学を研究するようになるとは思ってもいなかっただろうし、心理学の道に入ってきてもまさかユング派の分析家になるとは考えていなかっただろうし、ましてや自分の考えや著書がこれほど世の中に受け入れられるようになるとは夢にも思っていなかっただろう。

1　受動性と主体性

そのような河合隼雄の人生における数多くの不思議な転機で、意外と自分が主体的に決断していなくて、いつの間にか決まっていたり、他人の意見や行動の方が決定的であったりするのが興味深い。たとえば高校の数学教師をしつつ心理学を学ぼうとするときに、兄の雅雄が京都大学の心理学の教授たちのところに連れて行ってくれたのが大きなきっかけになる。アメリカ留学中に分析を受けるようになったのも、本人の意志はそれほど固まってもいなかったのに、助手がクロッパー教授に話し、教授から「おまえは分析を受けたいと言っているそうだね」と電話がかかってきて、日本人だから思わず「オー、イエス」と言ってしまい、あとは勝手に分析を受けることが決まっていく。そして紹介されたユング派分析家のシュピーゲルマンのところで十回くらい分析を受けた後、チューリッヒのユング研究所に資格を取りに行くことがクロッパーとシュピーゲルマンの間の話し合いで決まっている。

後に河合隼雄はエラノス会議での講演で、『宇治拾遺物語』での他人の見た夢に従って出家した侍の話などを取り上げている（『日本人の心を解く――夢・神話・物語の深層へ』岩波現代全書、二〇一三年）。そのような中世における自他が相互浸透したり、他人によって自分のことが決まっていったりする意識のあり方を、現代の日本人にも通じるものとして論じている。そこには自分の心理療法における経験のみでなく、自分の人生におけるいくつかの転換点が他人からのアレンジで決まったという自身の経験も反映されているのであろう。

しかし何もかもが他人の言うままに、流れに任せて河合隼雄の人生が決まっていったのではなくて、時々はっきりとした主体性が立ち上がるのも興味深い。その一つは、中学四年生の終戦少し前ぐらいのときに、陸士への推薦を受けたときの強い拒否反応であろう。日本全体が軍国主義に染まっている異常な状態の中で、河合隼雄は陸軍士官学校入学への推薦を受け、先生も父親も喜ぶ。他人が望み、アレンジしてくれるものに従っていくなら、推薦を受けて入学するのが当然のはずである。しかし軍国主義が嫌いで、死ぬことの怖かった河合隼雄は、父親に陸士に行きたくないという手紙を書き、それを受けて父親は推薦を断ってくれる。ここにははっきりとした主体性がある。

もう一つ印象的なのは、チューリッヒのユング研究所での資格試験におけるヨランデ・ヤコービとの論争である。最終試験でセルフ（自己）の象徴について尋ねられた著者は、試験官好みの定番的な象徴を挙げておけばよいものを、思わず「エブリシング」と答えてしまう。そのために試験官をかんかんに怒らせる大論争になって、危うく資格をもらい損ねそうになってしまう。このときも強烈な個が対決のために立ち上がったのである。

おもしろいことに、このようなこころの動きも先述のエラノス会議での講演で取りあげられている。「わらしべ長者」の話を題材にして、ずっと受動的であった主人公が、どこかで主体性になり、能動的になるときが訪れるというのである。日本人の主体性や個性というのは、西洋の文化に接する中で河合隼雄が常に課題としてきたことであるけれども、それへの答えは、自分の生きざまの中に現れていると言えよう。

2 親・兄弟たち

河合隼雄は、国中が軍国主義に染まっているときにもそれに違和感を覚えるような、特異な感覚を持った少年であった。それには危険が伴う。本書を読むと、そのような河合隼雄をいかに親や兄弟たちが守ってきたかが窺《うかが》われる。先述の陸士への推薦を断ってもらったのはその典型的な例である。

特にそれぞれに個性豊かだった兄弟たちとの交流は、河合隼雄の人格形成において大きな役割を演じたことがわかる。年齢の違いもあって、一番上の兄の仁《ひとし》は、時には父親のように接することもあれば、雅雄兄との関係は、切磋《せっさ》琢磨《たくま》する親友のようである。兄弟に関することは、河合隼雄の子ども時代をフィクションとして描いていて、没後に出版された『泣き虫ハァちゃん』（新潮文庫）を合わせて読まれると、一層本質が浮かび上がってくるように思われる。是非一読をお勧めしたい。

筆者にとっては、父を通じて知っているだけではなくて、直接に伯父として交流があったり、いまだに交流があったりする人たちなので、本書での兄弟たちについての記述を読むと感慨深いものがある。九十歳で亡くなってしまったが、一番上の仁伯父には、筆者が高校・大学時代に大怪我《おおけが》や病気をしたこともあって、とてもお世話になった。本書で河合隼雄に語ったとされている話も、直接楽しく聞かせてもらった。四十歳近くも年齢が離れている筆者に友だちのように接してくれた。様々な分野で、世の中の超一流と言われる人々にその後会う機会にめぐまれたけれども、いろいろと話していてこの伯父は能力が高く、その気になれば学者でも実業家でも活躍して有名になれた人かもしれないと思う。でも本人はその気がなく、田舎の立派な医者として生きた。

そうすると、立派な一高校教師として生きようとし、「わが生涯の最良の年」を過ごしながら、その後全く違った方向に人生が向かっていった河合隼雄の生き方とは本当に紙一重のように思えるのである。

3　語ること、語らないこと

戦争というひどい出来事があったけれども、家族という意味では河合隼雄はめぐまれた子ども時代をおくったと言えよう。でもそのことをあまり語らない人であった。それは必ずしもめぐまれない子ども時代をおくった人もいるかもしれず、自分の話をすると人を傷つけるかもしれないという配慮があったと思う。語ることには慎重で、とても相手によって語ることを変えた人であった。たとえばトリックスターについても、山口昌男《まさお》が取り上げて、はじめて自分も発表できると感じている。

だから本書においても、語ると同時に語っていないことが当然ながらある。本書は基本的に、スイス留学から帰国した三十六歳までのところで終わっている。過去の人間関係については語れるが、現在の人間関係については語れないということが大きいのかもしれない。幸い『文藝別冊・河合隼雄』に掲載された「未来への記憶のつづき」(河出書房新社『私が語り伝えたかったこと』所収、二〇一四年)を本書では補うことによって、二〇〇一年までの活動は織り込まれることになった。その後には、集大成の仕事というべき『神話と日本人の心』(岩波書店、二〇〇三年)の出版とまたもや思いがけないこととしての文化庁長官就任が待っている。そして残念ながら、これもまた全く思いがけないことに、文化庁長官在職中に河合隼雄は脳梗塞《のうこうそく》で倒れ、その後の闘病と多くの人の祈りにもかかわらず、意識が回復することなく、二〇〇七年七月十九日に亡《な》くなったのである。

この突然の最後のために、河合隼雄は語られないことを一層多く残したかもしれない。しかしそれは、われわれの未来へのためのポテンシャルであって、本書が、そして河合隼雄の他の作品が、多くの読者にとっての「未来への記憶」となるように願いたい。

本書は、『未来への記憶―自伝の試み』(二〇〇一年、岩波新書)として出版され、しばらく絶版になっていたものの復刊である。復刊に際しては、書名を『河合隼雄自伝―未来への記憶』に改め、上述の「未来への記憶のつづき」を補い、細かな編集上のチェックを行った。出版を認めていただいた岩波書店、丁寧な編集作業を行っていただいた父の生前からの担当であった新潮社の寺島哲也さんに、本書が再び世に出ることを感謝したい。

二〇一五年四月十九日、月命日に

本書は二〇〇一年一月、岩波新書から上下巻で刊行された『未来への記憶―自伝の試み』を改題し、「未来への記憶のつづき」(河出書房新社・二〇一四年刊、『私が語り伝えたかったこと』所収)を増補して一冊としたものである。

遠藤周作著

海と毒薬

毎日出版文化賞・新潮社文学賞受賞

何が彼らをこのような残虐行為に駆りたてたのか？　終戦時の大学病院の生体解剖事件を小説化し、日本人の罪悪感を追求した問題作。

遠藤周作著

留学

時代を異にして留学した三人の学生が、ヨーロッパ文明の壁に挑みながらも精神的風土の絶対的相違によって挫折してゆく姿を描く。

遠藤周作著

沈黙

谷崎潤一郎賞受賞

殉教を遂げるキリシタン信徒と棄教を迫られるポルトガル司祭。神の存在、背教の心理、東洋と西洋の思想的断絶等を追求した問題作。

遠藤周作著

イエスの生涯

国際ダグ・ハマーショルド賞受賞

青年大工イエスはなぜ十字架上で殺されなければならなかったのか――。あらゆる「イエス伝」をふまえて、その〈生〉の真実を刻む。

遠藤周作著

死海のほとり

信仰につまずき、キリストを棄てようとした男――彼は真実のイエスを求め、死海のほとりにその足跡を追う。愛と信仰の原点を探る。

遠藤周作著

侍

野間文芸賞受賞

藩主の命を受け、海を渡った遺欧使節「侍」。政治の渦に巻きこまれ、歴史の闇に消えていった男の生を通して人生と信仰の意味を問う。

大江健三郎著
死者の奢り・飼育
芥川賞受賞

黒人兵と寒村の子供たちとの惨劇を描く「飼育」等6編。豊饒なイメージを駆使して、閉ざされた状況下の生を追究した初期作品集。

大江健三郎著
われらの時代

遍在する自殺の機会に見張られながら生きてゆかざるをえない“われらの時代”。若者の性を通して閉塞状況の打破を模索した野心作。

大江健三郎著
芽むしり仔撃ち

疫病の流行する山村に閉じこめられた非行少年たちの愛と友情にみちた共生感とその挫折。綿密な設定と新鮮なイメージで描かれた傑作。

大江健三郎著
性的人間

青年の性の渇望と行動を大胆に描いて波紋を投じた「性的人間」、政治少年の行動と心理を描いた「セヴンティーン」など問題作3編。

大江健三郎著
個人的な体験
新潮社文学賞受賞

奇形に生れたわが子の死を願う青年の魂の遍歴と、絶望と背徳の日々。狂気の淵に瀕した現代人に再生の希望はあるのか？　力作長編。

大江健三郎著
聞き手・構成 尾崎真理子
大江健三郎 作家自身を語る

鮮烈なデビュー、障害をもつ息子との共生、震災と原発事故。ノーベル賞作家が自らの文学と人生を語り尽くす、対話による「自伝」。

小川洋子
河合隼雄 著

生きるとは、自分の物語をつくること

『博士の愛した数式』の主人公たちのように、臨床心理学者と作家に「魂のルート」が開かれた。奇跡のように実現した、最後の対話。

小川洋子 著

博士の本棚

『アンネの日記』に触発され作家を志した著者の、本への愛情がひしひしと伝わるエッセイ集。他に『博士の愛した数式』誕生秘話等。

小川洋子 著

海

「今は失われてしまった何か」への尽きない愛情を表す小川洋子の真髄。静謐で妖しく、ちょっと奇妙な七編。著者インタビュー併録。

小川洋子 著

博士の愛した数式

本屋大賞・読売文学賞受賞

80分しか記憶が続かない数学者と、家政婦とその息子――第1回本屋大賞に輝く、あまりに切なく暖かい奇跡の物語。待望の文庫化！

小川洋子 著

まぶた

15歳のわたしが男の部屋で感じる奇妙な視線の持ち主は？　現実と悪夢の間を揺れ動く不思議なリアリティで、読者の心をつかむ8編。

小川洋子 著

薬指の標本

標本室で働くわたしが、彼にプレゼントされた靴はあまりにもぴったりで……。恋愛の痛みと恍惚を透明感漂う文章で描く珠玉の二篇。

宮部みゆき著

あかんべえ（上・下）

深川の「ふね屋」で起きた怪異騒動。なぜか娘のおりんにしか、亡者の姿は見えなかった。少女と亡者の交流に心温まる感動の時代長編。

宮部みゆき著

理由

直木賞受賞

被害者だったはずの家族は、実は見ず知らずの他人同士だった……。斬新な手法で現代社会の悲劇を浮き彫りにした、新たなる古典！

宮部みゆき著

返事はいらない

失恋から犯罪の片棒を担ぐにいたる微妙な女性心理を描く表題作など6編。日々の生活と幻想が交錯する東京の街と人を描く短編集。

上橋菜穂子著

狐笛のかなた

野間児童文芸賞受賞

不思議な力を持つ少女・小夜と、霊狐・野火。森陰屋敷に閉じ込められた少年・小春丸をめぐり、孤独で健気な二人の愛が燃え上がる。

上橋菜穂子著

精霊の守り人

野間児童文芸新人賞受賞
産経児童出版文化賞受賞

精霊に卵を産み付けられた皇子チャグム。女用心棒バルサは、体を張って皇子を守る。数多くの受賞歴を誇る、痛快で新しい冒険物語。

上橋菜穂子著

流れ行く者

―守り人短編集―

王の陰謀で父を殺されたバルサ、その少女を託され用心棒に身をやつしたジグロ。故郷を捨てて流れ歩く二人が出会う人々と紡ぐ物語。

山極寿一著

父という余分なもの
―サルに探る文明の起源―

人類の起源とは何か、家族とは何か――コンゴの森で野生のゴリラと暮らし、その生態を追う霊長類学者による刺激に満ちた文明論！

養老孟司著

養老孟司の大言論Ⅲ
大切なことは言葉にならない

地震も津波も生き死にも、すべて言葉ではない。大切なことはいつもそうなのだ。オススメ本リスト付き、「大言論」シリーズ最終巻。

佐渡裕著

僕はいかにして指揮者になったのか

小学生の時から憧れた巨匠バーンスタインとの出会いと別れ――いま最も注目される世界的指揮者の型破りな音楽人生。

最相葉月著

絶対音感
小学館ノンフィクション大賞受賞

それは天才音楽家に必須の能力なのか？ 音楽を志す誰もが欲しがるその能力の謎を探り、音楽の本質に迫るノンフィクション。

柳田国男著

日本の昔話

「藁しべ長者」「聴耳頭巾」――私たちを育んできた昔話の数々を、民俗学の先達が各地から採集して美しい日本語で後世に残した名著。

安部公房著

砂の女
読売文学賞受賞

砂穴の底に埋もれていく一軒屋に故なく閉じ込められ、あらゆる方法で脱出を試みる男を描き、世界20数カ国語に翻訳紹介された名作。

夏目漱石著

こころ

親友を裏切って恋人を得たが、親友が自殺したために罪悪感に苦しみ、みずからも死を選ぶ、孤独な明治の知識人の内面を抉る秀作。

夏目漱石著

三四郎

熊本から東京の大学に入学した三四郎は、心を寄せる都会育ちの女性美禰子の態度に翻弄されてしまう。青春の不安や戸惑いを描く。

夏目漱石著

文鳥・夢十夜

文鳥の死に、著者の孤独な心象をにじませた名作「文鳥」、夢に現われた無意識の世界を綴り、暗く無気味な雰囲気の漂う、「夢十夜」等。

E・ケストナー
池内紀訳

飛ぶ教室

元気いっぱいの少年たちが学び暮らすギムナジウムにも、クリスマス・シーズンがやってきた。その成長を温かな眼差しで描く傑作小説。

宮沢賢治著

新編 風の又三郎

谷川に臨む小学校に突然やってきた不思議な転校生――少年たちの感情をいきいきと描く表題作等、小動物や子供が活躍する童話16編。

河合隼雄
村上春樹著

村上春樹、河合隼雄に会いにいく

アメリカ体験や家族問題、オウム事件と阪神大震災の衝撃などを深く論じながら、ポジティブな新しい生き方を探る長編対談。

河《かわ》合《い》隼《はや》雄《お》自《じ》伝《でん》

―未来への記憶―

新潮文庫　か－27－14

平成二十七年六月一日発行

著者　河《かわ》合《い》隼《はや》雄《お》

発行者　佐藤隆信

発行所　株式会社新潮社

郵便番号　一六二―八七一一
東京都新宿区矢来町七一
電話 編集部(〇三)三二六六―五四四〇
読者係(〇三)三二六六―五一一一
http://www.shinchosha.co.jp

価格はカバーに表示してあります。

乱丁・落丁本は、ご面倒ですが小社読者係宛ご送付ください。送料小社負担にてお取替えいたします。

印刷・株式会社光邦　製本・株式会社植木製本所

ISBN978-4-10-125234-6 C0195